¡Apúntate!

Nueva edición

Lehrerfassung

2

Cornelsen

Inhaltsverzeichnis

Anexo

Symbole und Verweise

👥	Partnerarbeit	soy	neue grammatische Struktur
👥👥	Gruppenarbeit	cama	Lernwortschatz
🎧₂	Hörverstehen/Tracknummern	►M	methodischer Schwerpunkt
📺	DVD	PF	Vorbereitung auf die Lernaufgabe
✏️	Schreiben	Mateo	Namen der Hauptfiguren
ES/DE	Sprachmittlung		
⊙	Differenzierungsaufgabe (leicht) ↗ p.134	↗ 13/1	Seiten und Aufgaben im Cuaderno de ejercicios
●	Differenzierungsaufgabe (schwer) ↗ p.134	►KV1	Kopiervorlagen (Handreichungen)
¡Tú eliges!	Aufgabe zur Neigungsdifferenzierung	►F1	Folien
►Algo ... p.134	Verweis auf Zusatzaufgabe im Anhang	►GH 7/1	Seiten und Kapitel im Grammatikheft
►Wort ..., S.146	Verweis auf Methodenanhang	►KV1 DVD	Kopiervorlagen DVD (Handreichungen)
🌍	Interkulturelles Wissen		
webcode APU-1-01	Die Eingabe dieser Webcodes unter www.cornelsen.de/webcodes führt zu den jeweiligen Materialien.		

¡Hola!

▶ KV1

1 ¿Qué hora es?
6:55 **10:45**

2 ¿Qué es?

3 Conjuga el verbo **querer**.

7 Frage eine/n Mitspieler/in, wann er/sie Geburtstag hat.

8 Describe el camino para llegar al cine.
CINE

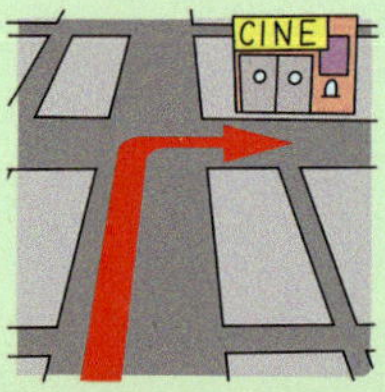

9 ¿Qué es la Ciudad de las Artes y las Ciencias?
a. un grupo de museos
b. un colegio
c. un estadio de fútbol

13 Completa con un adjetivo:
El chico con el pelo [...] es [...].
La chica con el pelo [...] es [...].

14 ¿Qué se celebra[2] en Valencia?
a. los Sanfermines
b. las Fallas
c. la Feria de Abril

15 ¿Dónde está Pepe?

19 ¿Cómo se llama un parque de Valencia?
a. el Turia
b. el Retiro
c. el Oceanográfico

20 ¡Comodín![1]
¡Elige un color!

21 Contesta: ¿Por qué Ana no está en clase?

25 Completa las frases con **ser** o **estar**:
Ana [...] de México.
Ahora [...] en el cole.

26 Formula la frase en el **futuro inmediato**:
Ana escucha música.

27 ¿Qué es?

¡Acuérdate!

 1 Jugad en grupos de tres.

– Zwei Spieler/innen benötigen **neun Spielsteine**. Der dritte Spieler / die dritte Spielerin **überprüft** die Antworten. ▶ Soluciones, p. 160

– Wählt abwechselnd eine Aufgabe aus und legt für jede **richtige Antwort** einen Spielstein auf das Feld. Wer zuerst **vier Felder** in einer **Reihe** oder **Spalte** hat, gewinnt. Die vier Felder müssen **drei verschiedene Farben** enthalten. ▶ Vocabulario para jugar, p. 160

4

Menciona tres ciudades de España.

5

¿Qué tiempo hace?

6

¡Comodín!¹
¡Elige un color!

10

La madre dice a Mateo:
¡(*Ordenar*/tú) tu habitación y (*hacer*) tus deberes, por favor!

11

La hermana de tu padre es tu [...] y su hijo es tu [...].

12

Completa:
A José (*gustar*) cantar.

16

¿Qué asignaturas son?

17

Relaciona las frases con que:
Valencia es una ciudad.
La ciudad tiene muchos museos.

18

¿Cuáles son los días de la semana?

22

¿Qué actividades son?

23

Completa con los determinantes posesivos:
Ana: Mamá, ¿dónde está [...] mochila?
Madre: Seguro que está en [...] habitación.

24

Completa:
Los amigos (*vivir*) en Valencia.

28

Conjuga el verbo ir.

29

¿Qué tienen muchos chicos en España y América Latina en su cumpleaños?
a. una tortilla
b. una piñata
c. un pádel

30

María habla

¡A jugar!

Ana

Julia

Nico

Mateo

Tarek

1 el comodín *der Joker*
2 se celebra *man feiert*

¡Bienvenidos a mi barrio!

¡Acércate!

1

🎧 1 2

"A las chicas no les gustan los deportes."

¿Qué? ¡Para nada! Y a vosotras, ¿también os gusta el fútbol como a nosotras? ¡Entrenad con nosotras!

Entrenamientos:
los jueves desde las tres hasta
las cinco de la tarde en
el campo del instituto

Tablón de anuncios

3

Tarek

¡¡¡Monopatín!!!
Soy nuevo en el instituto. Me gustaría quedar con chicos y chicas para andar en monopatín. ¿Adónde vais vosotros?
Tarek: 670851545

2

A nosotros nos gusta el teatro. ¿Bailas o cantas? Somos el grupo de teatro Ana María Matute y ¡queremos ensayar contigo!

Los martes **desde las 16:00 hasta las 18:00** en el teatro del instituto.

teatro@instituto.es

¡Acuérdate!

1 Menciona tres cosas que te gustan. | Nenne drei Dinge, die du magst.

3/1
3/2
4/5

A mí me gusta [...].

el fútbol   el teatro   cantar
tocar la guitarra   chatear
ver vídeos   tocar el piano
hacer camping
escribir mensajes   [...]

A mí me gustan [...].

las fiestas   los libros de [...]
las vacaciones en la playa
las golosinas   los ordenadores
las consolas   los helados
los caballos   las clases de guitarra
los gatos   los perros   [...]

1

4

Tu barrio en fotos

¿A ti te gusta sacar fotos?
Los padrinos y las madrinas
del instituto organizan un
paseo por el barrio.
¡Ven con nosotros!
Domingo 10 de octubre,
a las 11 de la mañana
enfrente del instituto.
Ana: 604465991

5

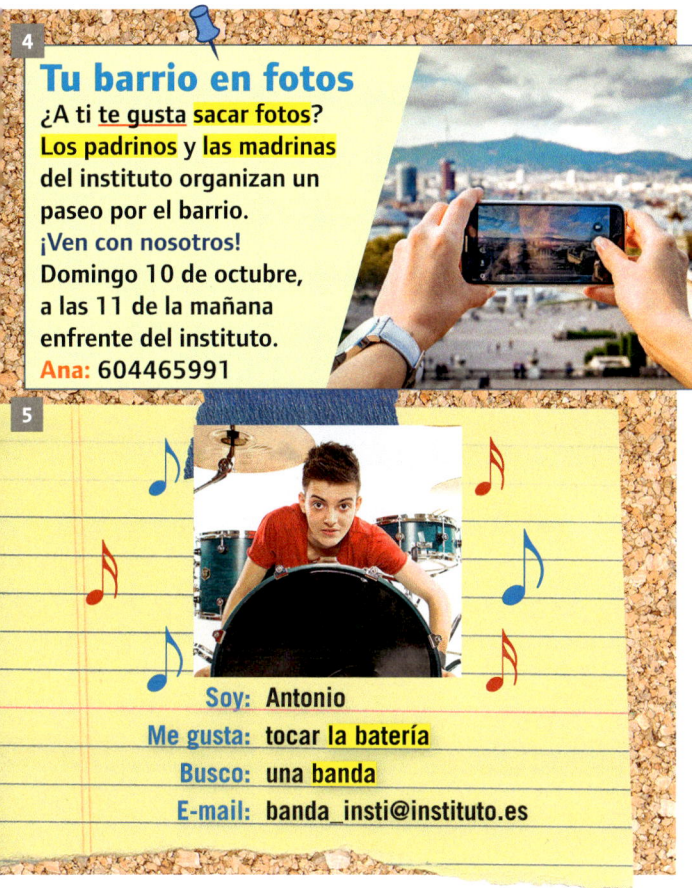

Soy: **Antonio**
Me gusta: **tocar la batería**
Busco: **una banda**
E-mail: **banda_insti@instituto.es**

6

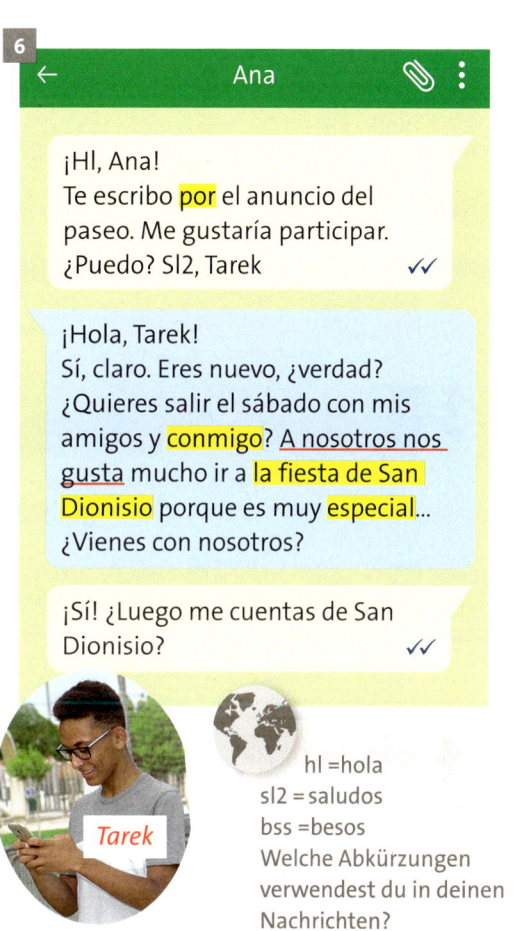

Ana

¡HI, Ana!
Te escribo por el anuncio del
paseo. Me gustaría participar.
¿Puedo? Sl2, Tarek ✓✓

¡Hola, Tarek!
Sí, claro. Eres nuevo, ¿verdad?
¿Quieres salir el sábado con mis
amigos y conmigo? A nosotros nos
gusta mucho ir a la fiesta de San
Dionisio porque es muy especial...
¿Vienes con nosotros?

¡Sí! ¿Luego me cuentas de San
Dionisio? ✓✓

Tarek

hl = hola
sl2 = saludos
bss = besos
Welche Abkürzungen
verwendest du in deinen
Nachrichten?

Comprender el texto

PF
▶ M

2 Lee los anuncios y contesta: ¿qué les gusta a los chicos? |
Lies den Text und antworte.   ▶ Algo más, p. 124

1. A las chicas del instituto les gusta [...].
2. A Antonio le gusta [...].
3. A Tarek le gusta [...].
4. A Ana y sus amigos les gusta [...].

Escuchar

3 Escucha los tres diálogos: ¿de qué anuncio hablan los alumnos? | Höre die drei Dialoge an:
Von welcher Anzeige sprechen die Schüler?   ▶ Globales Hörverstehen, S. 140

1. En el diálogo 1
2. En el diálogo 2   hablan del anuncio [...].
3. En el diálogo 3

Practicar

4 a Los padrinos organizan el paseo del domingo y Ana charla con los alumnos nuevos.
Completa las frases con **nos**, **os** y **les**. ▶ Algo más, p. 124

Ana: Vamos a ir a pie. ¿A vosotros [...] gusta ir a pie?
Tarek: Sí, [...] gusta mucho.
Ana: El centro es genial, pero a nosotros no [...] gusta ir allí los domingos.
Tarek: Vale. ¿Y van a ir profesores con nosotros?
Ana: Sí. Dos van a ir porque también [...] gusta sacar fotos.
A las tres pasamos por una heladería. A nosotros [...] gustan mucho los helados de allí.
Tarek: Bien. ¿Empezamos a las once?
Ana: Sí. A nosotros [...] gusta empezar temprano y a vuestros compañeros también [...] gusta.

b ¿Qué dicen los chicos? Completa con **me**, **te**, **le**, **nos**, **os** y **les**. ▶ Resumen, p. 22/1   p. 124

—Chicos, ¿[...] gusta el pádel?
—Sí, [...] gusta mucho.

—¿[...] gusta bailar?
—¡No! No [...] gusta nada.

—¿Es una postal para tu tía?
—Sí, [...] mando una.

—¿Escribes a tus abuelos?
—Sí, [...] escribo una carta.

—A vosotras [...] gusta el
fútbol, ¿verdad?

—A ti [...] gusta la playa.
Pero a mí no [...] gusta.

Ya lo sé

5 a Encuentra a tres personas con tus mismos gustos. | Finde drei Personen, mit denen du
mindestens drei Vorlieben gemeinsam hast. ▶ Mis actividades, p. 157

A mí me gusta tocar la guitarra. ¿Y a vosotros?

A mí también.

A mí no me gusta.

A mí tampoco.

ir en bici   escribir
jugar al baloncesto
cantar   bailar
correr   leer
tocar la guitarra   [...]

▶ M   **b** Presenta los resultados en clase. ▶ Algo más, p. 124

A Manuel, a Lisa y a mí nos gusta tocar la guitarra.

A El regalo de San Dionisio

Hier lernst du:
- zu sagen, was jemand gerade tut.
- Vermutungen anzustellen.

Actividad de prelectura

▶ M **1** Mira los dibujos y lee el título. ¿De qué trata el texto?
Schaue dir die Bilder an und lies die Überschrift.
Worum geht es im Text? ▶ Texte über ihre Gestaltung erschließen, S. 141

▶ KV 1
DVD

Hoy es el día de San Dionisio en Valencia. Es «el día de los enamorados». Los chicos quedan en el centro para ver el desfile. Ana está leyendo un mensaje de Tarek cuando llegan sus amigos.

5 **Ana:** Por cierto, Tarek también viene.
Nico: Oye, te gusta Tarek, ¿verdad?
Ana: ¿Qué? ¡Para nada!
Julia: ¿Y por eso siempre chateáis?
Ana: ¡Por favor!
10 **Mateo:** Chicos, mirad allí: es Tarek y tiene un regalo.
Ana: ¡Trágame tierra! ¡Adiós!

Tarek: Hola, chicos, ¿dónde está Ana?

Nico mira a Mateo, Mateo mira a Julia y Julia
15 mira a Nico. Entonces, los tres contestan a la vez:
Nico: ¡Creo que está sacando fotos!
Mateo: ¡Seguro que está haciendo la compra!
Julia: ¡Está escribiendo mensajes a los padrinos del instituto!
20 **Tarek:** ¡Eh!... Sí, puede ser...

Los cuatro van a la plaza y allí esperan a Ana. Poco después, Tarek le escribe un mensaje: «¿Dónde estás? ¿Qué estás haciendo? Nosotros estamos viendo el desfile en la plaza». Pero Ana
25 no contesta.

Tarek: ¿Qué pasa? Creo que Ana no quiere venir.
Julia: No, ¡qué va!... Oye, ¿qué tienes ahí?
Tarek: Es mazapán.
Julia: ¡Qué rico! ¿Me das un poco?
30 **Tarek:** Lo siento. No te doy mazapán porque...
Nico y Julia: ¡¿Es para Ana?!
Tarek: ¿Qué? ¡Para nada! Es para mi madre. ¡Le gusta mucho el mazapán! Hoy es su cumpleaños y este es mi regalo.

In Valencia feiern Liebespaare am 9. Oktober das Fest des *San Dionisio*. Verliebte schenken sich Früchte aus Marzipan.
Welche ähnlichen Feste gibt es in deiner Region?

Aprender mejor

► M
5/1(a)
GY 5/1(b)

► KV 2

2 **Schlüsselwörter in einem Text finden**

a Lee el texto y contesta las preguntas con las palabras clave del texto.

► Schlüsselwörter im Text finden, S. 142

¿Quién?   ¿Cómo?
¿Dónde?   ¿Cuándo?
¿Qué?   ¿Por qué?

✔ Die Inhaltsangabe einer Geschichte ist immer kurz. Wenn du also die Zusammenfassung eines Textes schreiben möchtest, solltest du nur die wichtigsten Informationen nennen. Überlege dir Antworten auf folgende Fragen: Wer? Wo? Was? Wann? Wie? Warum?

b Utiliza las palabras clave del ejercicio 2a y escribe un resumen en tu cuaderno.

Escuchar

1
5
DELE
PF

7/8

3 ¿Qué pasa? Escucha y elige el dibujo correcto. | Höre zu und wähle das richtige Bild aus.

Modelo para hablar

1
6

4 a Escucha, lee y repite.

Wo ist Ana?
Tarek: ¡Hola! ¿Dónde está Ana?
Nico: [...] está leyendo.

Tarek: No, no creo. [...] pronto llega.
Nico: Sí, puede ser.

b Tarek y Julia están esperando a alguien delante del instituto. Presentad el diálogo.

Tarek:		Julia:	
¡Hola! ¿Dónde está	Ana/Nico/[...]? el/la profe de [...]?	Seguro que Creo que	está enfermo/-a. ya viene. está en casa. llega tarde. está sacando fotos. está leyendo.
No.	Seguro que Creo que	no tiene ganas de venir. pronto llega. está hablando con la directora. todavía está haciendo los deberes. no encuentra el aula.	Sí, puede ser.

Descubrir

▶ GH
8/4

5 **a** Wie wird das gerundio gebildet? Suche im Text weitere Beispiele. ▶ Resumen, p. 22/2

1 — ¿Qué estáis **haciendo**?

2 — Estoy **tomando** el sol.

3 — Estamos **escribiendo** mensajes.

b Was drückt estar + gerundio aus? Aus welcher anderen Sprache kennst du eine ähnliche Zeitform?

1

Practicar

5/3
6/4
6/5
▶ GH
8/4

6 ¡A jugar! Elige tres actividades y haz pantomima. Tus compañeros adivinan.
Wähle drei Tätigkeiten aus und stelle sie pantomimisch dar. Deine Mitschüler erraten sie.

> correr   escuchar música
> cantar   discutir   bailar   escalar
> escribir   tocar la batería   nadar
> tocar la guitarra   beber un zumo
> comer un bocadillo   abrir la puerta
> ver una película   ordenar tu habitación
> sacar fotos

Estás llamando.

▶ GH
8/4

6/6
7/7
▶ GH
8/4

7 ¡Tú eliges! Elige a o b. ▶ Resumen, p. 22/2

María   Rafa   Sergio   Isa   PASTELERÍA   CLIC
Tarek   BLA   BLA   BLA
Hugo   Tania   Laura
Miguel   Julia   Ana

a ¿Qué está haciendo la gente en la fiesta de San Dionisio? Describe a las personas.

▶ M

b Describe a una persona del dibujo (p. 15). Tu compañero /
tu compañera adivina quién es. | Beschreibe eine Person
auf dem Bild. Dein Partner / deine Partnerin errät,
wer gemeint ist.

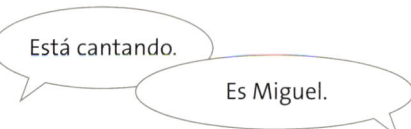

Está cantando.

Es Miguel.

5/2(a)
DS 5/2(b)
▶ GH
10/6

8 Lili y su familia están en la fiesta de San Dionisio. Completa con una forma del verbo **dar**.

▶ Resumen, p. 23/4

Lili: Ana, Carlos, ¿me [...] mazapán?
Ana y Carlos: No, Lili. No te [...] mazapán porque siempre
comes golosinas.
Lili: Oye, Paco, ¿tú sí me [...] un poco?
Paco: No, Lili. No te [...] mazapán.
Lili: Pues seguro que mamá me [...] uno, ¡solo para mí!
Paco: Ay Lili. Sí, papá y mamá siempre te [...] todo.

Vocabulario

9 a Relaciona. Hay varias posibilidades.

Ejemplo: *chatear* con su abuela

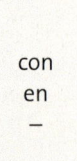

| comprar
estar
chatear
dar
discutir | con
en
– | un regalo
un mazapán
su abuela
un paseo con su familia
los padrinos
el instituto |

PF
▶ KV 3

b «Chicos, ¿dónde está Ana?»
Contesta a Tarek y utiliza el vocabulario del ejercicio **9 a**.

Creo que [...].
Seguro que [...].

Escribir

10 Ana chatea con su abuela y le manda fotos del desfile. Escribe el chat.

Puedes empezar así:
—Saluda a la abuela.
—Cuenta que estás mirando fotos del desfile.
—Describe las fotos: ¿quiénes son las personas
de las fotos y qué están haciendo?

B En mi barrio

🎧 1 / 7
▶ F1

El domingo todos los padrinos y todas las madrinas quedan con alumnos del instituto para sacar fotos del barrio. El jueves ponen sus fotos en el aula de Artes y hacen una exposición sobre sus lugares favoritos.

El pan y el fútbol

El Parque Gulliver

Mi cine

Libros, música y amigos

Ahora mi lugar favorito es el Parque Gulliver. Casi siempre ando en monopatín por todo el parque. Toda la gente pasa por allí, porque cerca hay tiendas de ropa, supermercados y farmacias. Pero yo voy allí porque hay un medio tubo que es muy chulo. A veces busco un lugar tranquilo, pongo mi monopatín al lado y miro los trucos de los chicos. **Tarek**

Para mí un lugar especial es la biblioteca pública. Allí puedes hacer de todo: leer libros, usar la mediateca... Mis amigos y yo a veces quedamos fuera de la biblioteca, ponemos música y charlamos. ¡Mola mucho! **Julia**

Todos los sábados, después de los partidos, mi equipo de fútbol y yo compramos algo en la panadería de la esquina. Luego vamos a un parque cerca de mi barrio. Allí hablamos de fútbol toda la tarde. ¡Es genial! **Nico**

A mi familia y a mí nos gusta ir los sábados al cine del barrio. Es ideal porque siempre ponen películas para toda la familia. Después del cine vamos a la heladería o al chiringuito de la playa. **Ana**

Comprender el texto

1 Lee el texto (p. 17). ¿Qué foto está presentando cada chico?

> Tarek está presentando la foto número [...]. En la foto hay un/una [...].

▶ M

2 Corrige las frases.

1. Los padrinos y las madrinas quedan con los profesores para estudiar.
2. Los padrinos, las madrinas y los nuevos van a organizar una fiesta.
3. Julia: Quedamos fuera de la biblioteca y a veces andamos en monopatín.
4. Tarek: En el parque Gulliver puedo jugar al fútbol.
5. Nico: Siempre tomamos algo en la panadería Gulliver y ponemos música.
6. Ana: Después del cine vamos al parque.

Escuchar

3 a Escucha: ¿de qué seis lugares hablan? | Höre zu. Von welchen sechs Orten wird gesprochen?

| del instituto | de la farmacia | del supermercado |
| de la panadería | del cine | de la biblioteca | del centro comercial |

b Escucha otra vez. ¿Qué hacen los amigos de Nico? ▶ Selektives Hörverstehen, S. 140

Practicar

4 ¿Qué hacen los chicos en su barrio? Utiliza una forma de **todo/-a** y cuenta. ▶ Resumen, p. 22/3

[...]	la semana	tienen clases.
	las tardes	pasan por la panadería.
	las mañanas	quedan fuera de la biblioteca.
	los fines de semana	pasan por el Turia.
	los domingos	van al cine.
	el día	usan la mediateca.
	la tarde	van a la playa.

> ✔ *toda la tarde* → den ganzen Nachmittag
> *todas las tardes* → jeden Nachmittag

¡Acuérdate!

▶ M

5 a Relaciona. Hay varias posibilidades.

| *salir* *tener* que | | del cine música deporte |
| *poner* *hacer* | | ir al instituto en autobús de casa películas divertidas |

b Cuenta: ¿qué haces en tu barrio? Formula seis frases y utiliza los verbos de **5 a**.

los fines de semana siempre		en la plaza en casa
a veces por la tarde con mis amigos		en el cine en el instituto
todos los sábados [...]		en mi parque favorito [...]

Mediación

6 Pedro está de visita en tu instituto. Tus amigos mandan mensajes para quedar. Contesta las preguntas de Pedro. | Deine Freunde schicken dir Nachrichten. Beantworte Pedros Fragen.

¿Adónde vamos hoy?
¿Qué vamos a hacer allí?
¿A qué hora quedamos?

Jonas Hi! Ist Pedro bei dir? Wollen wir in den Park?

Michael Ja! Er muss unbedingt unseren Skatepark ausprobieren!!! Tolle Idee!!

Jonas Ich fahre kein Skateboard, aber ich bin dabei! Ich kann Fotos von euch mit meinem neuen Handy machen.

Michael Super! Später gehen wir Eis essen. Wann treffen wir uns? Um 4 vor der Schule?

Jonas Nein, besser um 3. Der Park ist nicht so nah. Bis dann!

El mundo del español

▶ M
▶ KV 4

7 a Lee el folleto. ¿Qué palabras entiendes? ▶ **Wörter verstehen, S. 136**

CURSOS DE MONOPATÍN

Todos los niveles: iniciación y perfeccionamiento
Más información al teléfono: 623 456 129
E-mail: valencia-skate@skate.es
Inscripciones: hasta el 30 de abril

Iniciación: ¡empieza con nosotros! (5 domingos)
Lugar: Polideportivo Beteró
Hora: 16:00–19:00
Tutor: Miguel Bordonado

Perfeccionamiento: para los expertos (3 viernes)
Lugar: Parque Gulliver
Hora: 10:00–14:00
Tutora: Julia Bazán
¡Cupo limitado a 6 personas!

Otros
–Alquiler de skate
–Trucos: ¡haz todo con tu skate!

▶ M

b Mateo quiere aprender a andar en monopatín. ¿Qué curso puede hacer Mateo?
¿Qué curso es ideal para Tarek?

Vocabulario

PF

8 a Busca en el texto (p. 17) vocabulario para presentar tu barrio. | Suche im Text passendes Vokabular, um dein Wohnviertel zu präsentieren.

▸ Algo más, p. 125

actividades — **mi barrio** — lugares

[...] [...] [...] [...]

DELE

b Tú (**A**) estás en Valencia y pides información a **B**. | Du (**A**) bist in Valencia und bittest **B** um Hilfe. Spielt die Szene. **A** beginnt.   ▸ B, p. 125

> – Entschuldige dich und frage **B**, ob er/sie weiß, wo das „Estrella" ist.
> – Du bedankst dich und fragst, ob es weit ist.
> – Du möchtest gerne wissen, welcher Bus zum Kino fährt und wo die Bushaltestelle *(la parada)* ist.
> – Du bedankst dich und verabschiedest dich.
>
> **A**

Hablar

DELE
PF
▸ **M**

9 ¿Qué barrio prefieres? Imagina que vives en ese barrio y preséntalo.

En mi barrio hay | muchos/pocos [...].
| muchas/pocas [...].

Mis amigos y yo siempre | vamos al / a la [...].
| quedamos en [...].

A veces | voy al / a la [...].
| hago [...].
| quedo con [...].

Mi barrio me gusta porque [...].

el centro

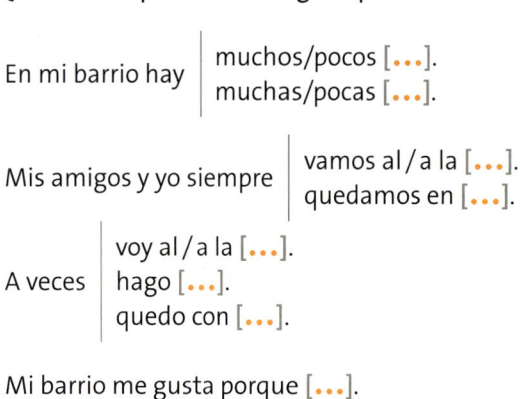

Port Saplaya

Ya lo sé

PF
▸ **KV 5**

10 Habla de tu lugar favorito en tu barrio. Utiliza tu mapa mental del ejercicio **8 a**.

p. 125

> ¿Cuál es tu lugar favorito?

> ¿Qué haces en tu lugar favorito?

> Mi lugar favorito es [...] porque [...].

> Siempre quedo con [...]. / Todas las tardes [...].

Punto final 1

Wählt **eine** der beiden Aufgaben aus. Wollt ihr euch gegenseitig einschätzen, findet ihr hier Evaluierungsbögen: **Webcode APU-2-01**

Minitarea: Du schreibst eine Antwort auf eine Annonce

Du verbringst drei Monate an einer Schule in Valencia.
Am schwarzen Brett findest du einige interessante Annoncen. Du antwortest auf eine.

1. ¡Preparados!
– Lies dir die Annoncen (S. 10–11) durch und wähle eine aus.

2. ¡Listos!
Schreibe deine Antwort:
– Begrüße die Person.
– Stelle dich kurz vor (wer du bist, was du magst). ▸ Para comunicarse, p. 164
– Sage, warum du antwortest.
– Verabrede dich mit der Person oder bitte um mehr Informationen.
– Verabschiede dich.

3. ¡Ya!
Überarbeite deine Antwort mit Hilfe der Fehlerliste. ▸ Fehler korrigieren, p. 146

Tarea final: Die Klasse organisiert eine Fotoausstellung

Eure Klasse bereitet eine Fotoausstellung über euren Stadtteil für eure Austauschklasse vor.

1. ¡Preparados!
– Wie würdet ihr euren Stadtteil / euer Dorf vorstellen? Sammelt Ideen und Vokabular. Nutzt eure Mindmap (Übung 8 a, S. 20).
– Was sollte man unbedingt in eurem Viertel kennen?
– Ihr könnt auch ein Fest vorstellen, das bald stattfindet.

2. ¡Listos!
– Macht Fotos und schreibt dazu, was darauf zu sehen ist, und warum ihr den Ort mögt.
– Überprüft, ob die Fotos zu euren Beschreibungen passen.

3. ¡Ya!
– Präsentiert eure Fotos.
– Bewertet eure Präsentation mit Hilfe des Evaluierungsbogens.

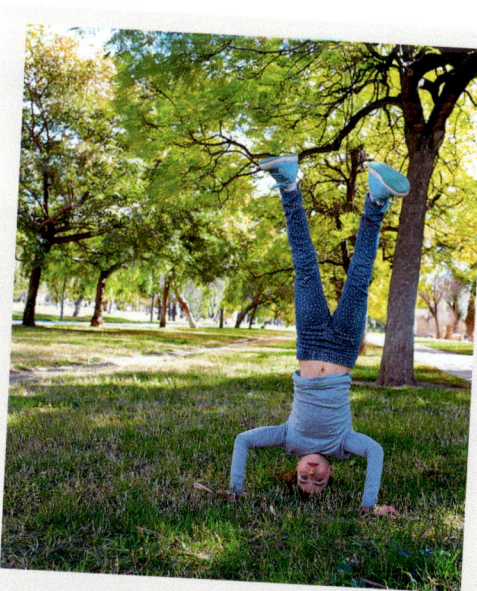

Este es el parque de mi barrio. Es muy grande. Aquí vengo con mis amigos y hacemos deporte.

Sagen, was jemandem (nicht) gefällt | Dazu benötigst du:

1
–Chicas, ¿**os** gusta el fútbol?
–Sí, **nos** gusta mucho.

die indirekten Objektpronomen: ▸ GH 6/1

Me	
Te	
Le	gusta mucho leer.
Nos	
Os	
Les	

–¿**A ti** te gusta el pádel?
–No. **A mí** no. Pero **a él** sí.

die Personalpronomen und die Präposition **a**: ▸ GH 7/2
▸ GH 7/3

a	mí
	ti
	él/ella
	nosotros/nosotras
	vosotros/vosotras
	ellos/ellas

Sagen, was jemand gerade tut | Dazu benötigst du:

2

¿Qué *estás* **haciendo**?

Ahora *estoy* **buscando** a los chicos en el parque. Y también *estoy* **comiendo** … ¡y *estoy* **hablando** por teléfono!

estar + **gerundio**: ▸ GH 8/4

Estoy	toc**ando**	la batería.
Estás	busc**ando**	tu libro.
Está	com**iendo**	un bocadillo.
Estamos	beb**iendo**	un zumo.
Estáis	discut**iendo**	mucho.
Están	sal**iendo**	de casa.

❗ **leer**: le**y**endo
❗ **dormir**: d**u**rmiendo
❗ **seguir**: s**i**guiendo

Über dein Wohnviertel sprechen | Dazu benötigst du:

3
Pasamos **todo** el día en la playa.
Toda la clase va a la biblioteca.
Todos mis amigos van a esa cafetería.
Ensayamos **todas** las tardes en el teatro del instituto.

den Begleiter **todo**: ▸ GH 9/5

	männlich		weiblich	
Singular	tod**o**	el institut**o** el centr**o**	tod**a**	mi famili**a** la calle
Plural	tod**os**	mis amig**os** los martes	tod**as**	sus amig**as** las tardes

4 Tarek **da** un poco de mazapán a Ana.
¡Me **da** corte hablar con Tarek!

das Verb **dar:** ▸ GH 10/6

A veces	**doy**	mazapán a Lili.
¿Me	**das**	mazapán?
Nico	**da**	un regalo muy bonito a Pablo.
Ana y yo	**damos**	agua a Rufo.
¿Me	**dais**	vuestros deberes?
Los chicos	**dan**	sus deberes al profe.

5

Hoy **ponen** una película interesante.

das Verb **poner:** ▸ GH 10/7

¿Dónde	**pongo**	mi monopatín?
¿	**Pones**	tu libro en la mesa?
Ana	**pone**	su diario en la mochila.
	Ponemos	música de México.
¿Qué música	**ponéis**	en vuestras fiestas?
¡Ahora	**ponen**	música para cantar!

1

Teste deine Grammatikkenntnisse: ▸ Soluciones, p. 160

1 Escribe la forma correcta del pronombre de complemento indirecto (me, te, le,...). ▸ GH 6/1
1. a nosotros, a vosotros: –¿Cuándo [...] escribes? –[...] escribo mañana.
2. a ella, a mis abuelos: [...] hablo el fin de semana. [...] escribo los sábados.
3. a ti, a mí: –Tarek, ¿qué [...] gusta de Valencia? –[...] gusta mucho el Parque Gulliver.

2 Completa con a mí, a ti, a él, a ella,.... ▸ GH 7/2 ▸ GH 7/3
1. [...] me gustan las películas de horror.
2. [...] le gustan los paseos por el Turia.
3. [...] nos gusta mucho sacar fotos.
4. [...] no les gusta ir al centro.
5. ¿[...] os gusta la playa de la Malvarrosa?
6. [...] nos gusta mucho nuestro barrio.
7. [...] no me gusta el parque de mi barrio.
8. [...] le gusta ir al polideportivo de su barrio.

3 Escribe las frases con estar + gerundio. ▸ GH 8/4
1. **Leo** un libro interesante.
2. **Vemos** una peli en la tele.
3. **Comes** un bocadillo.
4. **Hacéis** los deberes.
5. **Habla** con los nuevos.
6. **Chatean** con Tarek.

4 Completa las frases con una forma de todo/-a. ▸ GH 9/5
1. [...] el fin de semana voy a la playa.
2. [...] mis amigos están en el Turia.
3. [...] las chicas de mi clase cantan.
4. A [...] los nuevos les gusta el Turia.
5. Tarek pasa [...] la tarde en el medio tubo.
6. Creo que [...] las fotos son bonitas.

5 Conjuga el verbo. ▸ GH 10/6 ▸ GH 10/7
1. *dar* [yo]
2. *poner* [yo]
3. *poner* [vosotros]
4. *dar* [ellas]
5. *poner* [él]
6. *poner* [tú]
7. *dar* [ella]
8. *dar* [nosotras]
9. *poner* [ellos]
10. *dar* [tú]

Teste, was du jetzt sagen kannst: ▸ Para comunicarse, p. 164
– Sage, was drei Mitschüler gerade tun.
– Nenne drei Aktivitäten, die alle deine Freunde mögen.

¿Qué te duele?

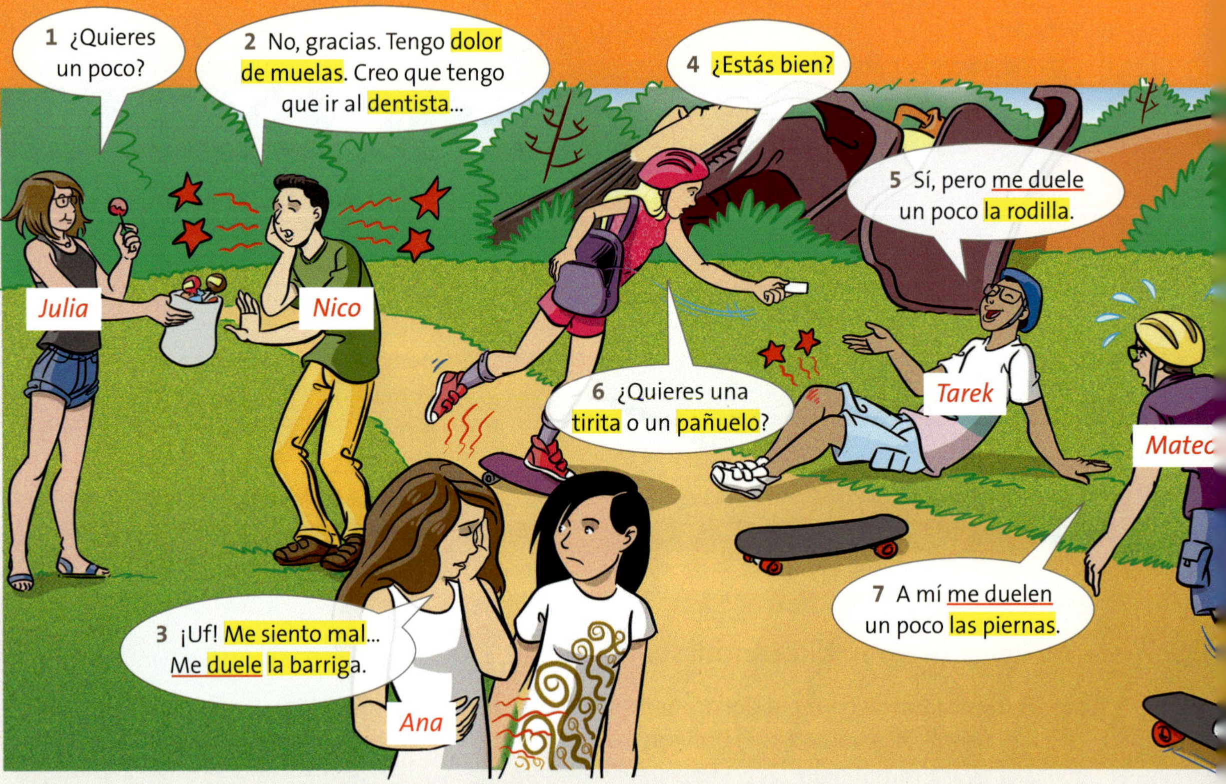

> **1** ¿Quieres un poco?

> **2** No, gracias. Tengo dolor de muelas. Creo que tengo que ir al dentista...

> **4** ¿Estás bien?

> **5** Sí, pero me duele un poco la rodilla.

Julia

Nico

> **6** ¿Quieres una tirita o un pañuelo?

Tarek

Matec

> **3** ¡Uf! Me siento mal... Me duele la barriga.

Ana

> **7** A mí me duelen un poco las piernas.

Comprender el texto

1 Busca las expresiones en los diálogos.

- Wie fragst du jemanden, ob es ihm gut geht?
- Wie sagst du, dass dir das Knie / die Beine weh tun?
- Wie sagst du, dass du Kopfschmerzen hast?

Escuchar

2 a Lili y Ana hablan con el médico. Escucha los diálogos. ¿Qué le pasa a Lili? ¿Qué le duele a Ana?

b ¿Qué les dice el médico a Lili y Ana? Elige los dibujos correctos.

1 — Lili

2 — Lili

3 — Ana — HOSPITAL

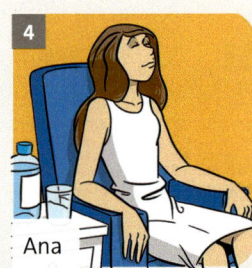

4 — Ana

Hier lernst du:

- Körperteile zu benennen.
- über dein Befinden zu sprechen.

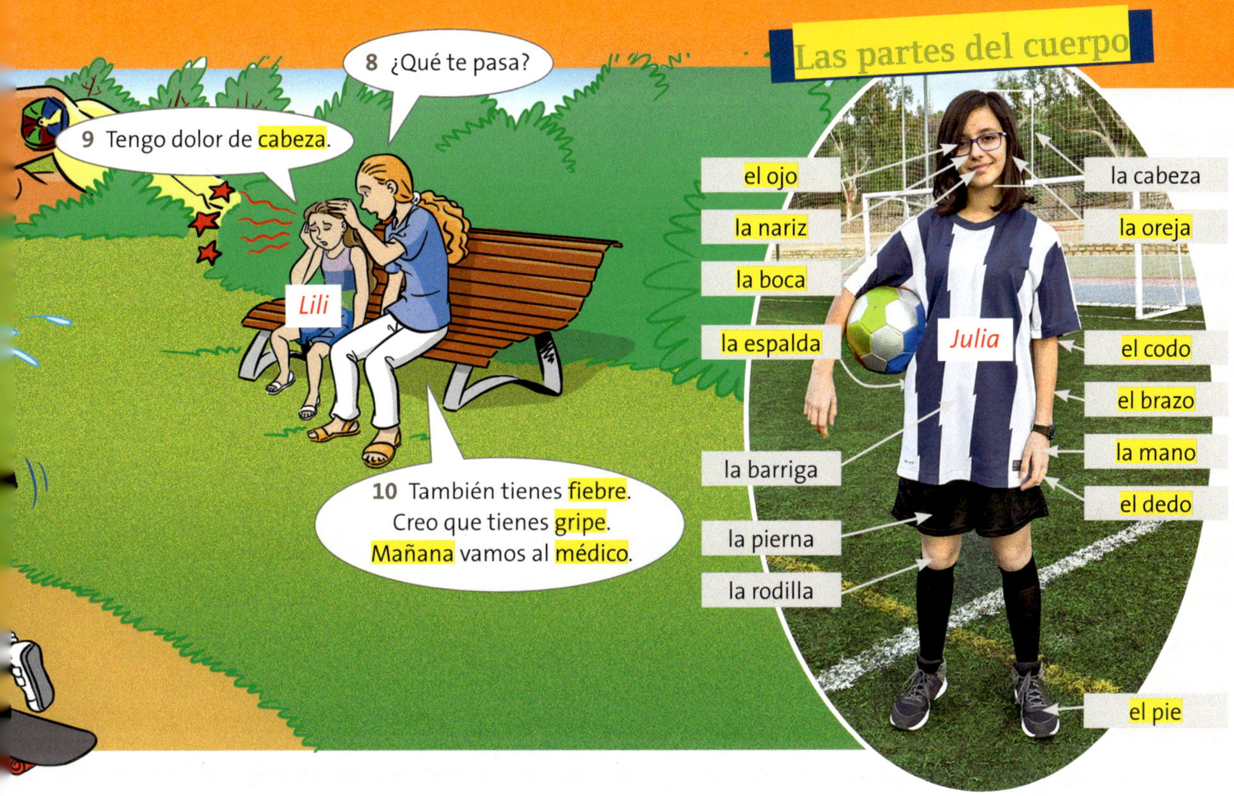

Las partes del cuerpo
8 ¿Qué te pasa?
9 Tengo dolor de cabeza.
Lili
10 También tienes fiebre. Creo que tienes gripe. Mañana vamos al médico.
Julia
el ojo
la nariz
la boca
la espalda
la barriga
la pierna
la rodilla
la cabeza
la oreja
el codo
el brazo
la mano
el dedo
el pie

M1

Hablar

3 ¿Qué te pasa? Presentad el diálogo. ▸ Estoy mal, p. 158

A:		B:	
¿Estás bien?	→	Sí, estoy bien.	
		No,	me siento mal. me duele el/la […]. me duelen los/las […]. tengo dolor de cabeza. / dolor de muelas. / fiebre. / gripe.
¿Quieres una tirita? / un pañuelo? / ir al médico? / ir a la farmacia?	←		
	→	Sí, por favor. / No, gracias.	

4 ¡A jugar! | Spielt das Kettenspiel wie im Beispiel. ▸ Resumen, p. 39/5

13/5 13/6 ▸ GH 16/12

Ejemplo: –Me duele la mano. Y a ti, ¿qué te duele?
–A mí me duele/duelen […].

En el instituto

¡Acércate!

PARTIDO
Las Leonas
Vs
Alicante
MARTES 13 DE OCTUBRE
14:00 EN EL ESTADIO DEL INSTITUTO

1 ¿Estudiamos juntas el martes?

2 Hmm... el martes no puedo, tengo un partido de fútbol muy importante.

3 Estoy muy nerviosa por el examen...

Ana

Julia

Mateo

4 ¿En serio? Pero Naturales es tu asignatura favorita y siempre sacas buenas notas.

5 Genial, tengo un notable.

6 Vaya, eres muy bueno en Mates. Yo solo tengo un bien...

In Spanien werden die Klassenarbeiten mit Punkten bewertet:
9–10 = *sobresaliente*
7–8 = *notable*
6 = *bien*
5 = *suficiente*
0–4 = *insuficiente*
Was fällt dir im Vergleich zu den Noten in Deutschland auf?

¡Acuérdate!

1 Pregunta a tus compañeros.

▸ Algo más, p. 126

¿Cuál es tu asignatura favorita?   Mi asignatura favorita es [...].

- über die Schule zu sprechen.
- deine schulischen Stärken und Schwächen zu beschreiben.

2

7 ¿Qué nota tienes en Francés?

8 Mira, tengo un sobresaliente. Es que para mí es muy fácil y me gusta un montón.

9 ¡Qué buen estudiante!

10 Uf... ¡qué mal día! Estoy harto de Naturales, no entiendo ni jota y siempre saco malas notas...

11 Yo también. Tengo que empollar todo el fin de semana para el examen. Un suficiente más y no voy a Madrid con vosotros...

12 Por eso tengo una chuleta...

Tarek *Carmen* *Nico*

Comprender el texto

14/1

▶ KV 7

2 ¿Qué expresiones utilizan los chicos para hablar del instituto y de sus notas? Lee el texto y haz una lista en tu cuaderno.

☺	☹
Naturales es tu asignatura favorita. Siempre sacas buenas notas. [...]	Estoy muy nerviosa por el examen. [...]

Escuchar

3 Pablo habla con Julia. Escucha el diálogo y completa las frases con los nombres.

▽ **Selektives Hörverstehen, S. 140**

1. [...] es muy bueno/-a en Inglés y en Naturales.
2. [...] tiene que estudiar todo el fin de semana para un examen.
3. [...] no entiende ni jota en Mates.
4. Para [...] Mates es muy fácil.
5. [...] saca malas notas en Educación Física.

> Pablo
>
> Nuria
>
> Sara

Practicar

4 Completa las frases con las formas correctas de buen, bueno/-a (+) y mal, malo/-a (–).

▽ **Resumen, p. 38/1**

14/3a
15/3b
15/4
▶ **GH**
12/8

1. Ana y Julia son (+) alumnas.
2. Para Nico hoy es un (–) día.
3. Pablo siempre saca (–) notas en Naturales.
4. Carmen es una (+) profesora.
5. Para mí, el lunes es un (+) día porque tenemos Inglés.
6. Mateo es (+) en Música.
7. Ana: «Nico, esa es una (–) idea. No necesitas chuleta.»
8. Nico: «Uf, soy muy (–) en Naturales.»
9. Pablo y Nico son (+) amigos.
10. En nuestra clase no hay (–) alumnos.

Ya lo sé

5 Y tú, ¿en qué asignaturas (no) eres bueno/buena? Cuenta a tu compañero / tu compañera. Utiliza la lista de expresiones del ejercicio 2. ▶ **En el instituto, p. 158**

p. 126

15/5

Ejemplo: —Soy muy bueno en Mates, siempre saco buenas notas. ¿Y tú?
— Yo no soy muy buena en Mates, pero Inglés para mí es muy fácil.

El mundo del español

6 Leed el documento y contestad las preguntas.

1. Wie sagt ihr „Zeugnis" und „Schuljahr" auf Spanisch?
2. Was denkt ihr: Um welche Unterrichtsfächer handelt es sich bei „Geografía e Historia" und „Valores Éticos"? Woher wisst ihr das?
3. Was bedeuten die Abkürzungen NT, BI und SB?

BOLETÍN DE CALIFICACIONES

Alumno/a:	Carmona Rodríguez, Elena
Numero exp:	2017/60
Curso:	1º de E.S.O.
Unidad:	1º B
Convocatoria:	1EVA
Año académico:	2017/2018

Don Juan Carmona Delgado
Av. del Port, 58
Valencia – 46023

Asignaturas	1EVA	2EVA	Ord
Educación Física	NT	8	
Lengua Castellana y Literatura	NT	7	
Inglés	BI	6	
Matemáticas	SB	10	
Francés (Segundo Idioma)	SB	9	
Ciencias Naturales, Biología y Geología	BI	6	
Ciencias Sociales, Geografía e Historia	SU	5	
Valores Éticos	NT	8	
Educación Plástica Visual y Audiovisual	SB	10	

Resumen de faltas de asistencia desde 01/09/2017 hasta 10/09/2018

	Justificadas	Injustificadas	Retrasos
Día/s completos	0	0	
Tramo/s horario/s	0	0	0

Observaciones:

Sello del Centro

Les saluda cordialmente,

▶ KV 8

Hoy va a ser un día difícil porque tengo **otro** examen de Naturales.

Me despierto muy temprano (¡¡¡a las siete!!!), **me levanto** y...

¡otra vez estoy cansado! Después normalmente empieza **el rollo** con mi

padre: «¿Por qué no **te duchas** ahora?», «¿Por qué **te pones** esa ropa?».

5 Pero hoy no **se queja** porque estoy nervioso.

1 Schatz, möchtest du ein Brot mit Käse?

2 No, mamá, todos los días lo mismo. Prefiero **galletas** y **Cola Cao**.

3 Vale, toma, Nico. ¿Quieres **otra** galleta?

Nico

Hoy mamá **prepara** el desayuno.

2

No voy a **aguantar** el día... En el instituto tengo clases desde las ocho y

media hasta la una y media y por la tarde, después del **almuerzo**, ¡¡¡EXAMEN!!!

En otras asignaturas no **me pongo** tan nervioso, pero en Naturales...

A veces **incluso me siento** mal y me duele la barriga. ¡Qué nervios!

4 ¡No **me acuerdo**! ¿Dónde está mi chuleta?

5 Seguro que te acuerdas, ¡**tranquilo**! No necesitas chuleta.

6 ¡El pobre! Siempre **se pone como un flan** cuando tenemos un examen de Naturales...

Nico

Ana

10 A las cuatro **vuelvo** a casa. Uf, ¡qué día! **A ver** qué nota voy a sacar... ¡**sin** chuleta!

Normalmente tengo que hacer los deberes, pero hoy no tenemos. A las nueve

cenamos, pero no tengo hambre. Bueno, **me voy a la cama** y **me olvido** de este día...

Comprender el texto

1 ¿Qué cuenta Nico de su día? Lee el texto (p. 29) y ordena las actividades en una lista.

p. 127

me ducho · tengo un examen · desayuno · ceno con mi familia · voy al instituto · me despierto · me pongo la ropa · me voy a la cama · hago los deberes · me levanto

por la mañana	por la tarde	por la noche
[...]	[...]	[...]

▸ **Algo más, p. 127**

Escuchar

2 a Mira las fotos. ¿Qué comes tú por la mañana?

la magdalena · el aceite de oliva · el cruasán · la tostada con aceite

la mermelada · el huevo · el panecillo · el Cola Cao · la mantequilla · los embutidos

b ¿Qué comen Mateo y Julia por la mañana? Escucha y contesta.

¡Acuérdate!

3 ¿Qué hora es? Escucha y elige la respuesta correcta.

p. 127

1. a. 9:00 / b. 9:30
2. a. 11:20 / b. 11:40
3. a. 13:15 / b. 13:04
4. a. 14:30 / b. 15:30
5. a. 17:15 / b. 16:45
6. a. 20:50 / b. 8:50

4 Ana y Julia hablan por teléfono.
¿Qué cuenta Julia? Escucha y completa las frases.
▸ Selektives Hörverstehen, S. 140

1. Mañana me levanto a las [...].
2. Voy al instituto a las [...].
3. Tengo clases hasta las [...].
4. Tenemos un examen a las [...].
5. El partido de fútbol empieza a las [...].
6. Tengo que estar allí a las [...].

Modelo para hablar

1
17

5 **a** Escucha, lee y repite.

Wann stehst du montags auf?

Ana: ¿A qué hora [...] los lunes?

Nico: Los lunes [...] a las ocho de la mañana, pero los domingos [...] a las diez.

b Ana habla con Nico. Presentad el diálogo.

Ana:

¿A qué hora	te despiertas te levantas te duchas te vas a la cama	los lunes? los martes? los miércoles? los jueves?
	desayunas vas al instituto vuelves a casa cenas	los viernes? los sábados? los domingos?

2

Nico:

Los lunes Los martes Los miércoles Los jueves Los viernes Los sábados Los domingos	me despierto me levanto me ducho me voy a la cama	a la [...] a las [...]	de la mañana. de la tarde. de la noche.
	desayuno voy al instituto vuelvo a casa ceno		

¿Y tú?

Practicar

16/3
17/4
19/7
▶ GH
13/9

6 ¿Qué hace Mateo?

Completa las frases con ir, irse, poner o ponerse. ▸ Resumen, p. 38/2

[...] su mochila en la mesa.   [...] al instituto en bici.

[...] a la cama.   [...] nervioso.   A las tres Mateo [...].   [...] la ropa.

7 Hoy Mateo tiene dos exámenes. Completa las frases con otro/-a. ▶ Resumen, p. 38/3

16/2
▶ GH
14/10

1. Mateo se levanta y ya está cansado [...] vez.
2. Hoy tiene un examen de Mates y [...] examen de Inglés.
3. A Mateo le gusta Mates, pero prefiere [...] asignaturas, como Inglés.
4. Los [...] chicos están nerviosos.
5. Sobre todo Pablo porque no quiere sacar [...] mala nota.
6. Pero el profesor de Mates está enfermo y los chicos van a escribir el examen [...] día.

Hablar

PF

17/5
18/6
19/8
▶ GH
13/9

8 a Describe el día de Ana. Utiliza los verbos de la casilla. ▶ Resumen, p. 38/2

p.127

| 7:20 | 7:30 | 8:00 | 8:20 | 16:00 | 19:00 | 21:00 | 23:00 |

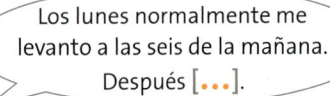

hacer sus deberes   *ducharse* y *ponerse* la ropa   *irse* a la cama   *ir* al instituto
quedar con sus amigas   *levantarse*   *cenar* con su familia   *desayunar*

DELE
▶ KV 11

b Ahora tú: ¿cómo es un día normal para ti?
Habla con tu compañero / tu compañera.

Los lunes normalmente me
levanto a las seis de la mañana.
Después [...].

siempre   después
pero   luego
normalmente   a veces

✔ Utiliza el vocabulario
del ejercicio **1** (p. 30).

Aprender mejor

▶ M

9 **Mithilfe eines Modelltextes einen Text schreiben** ▶ Modelltexte verwenden, S. 146

Hoy Ana también tiene un mal día. ¿Qué escribe?

a Lies dir noch einmal den Text auf S. 29 durch. Du kannst ihn als Grundlage für deinen Text
verwenden und einzelne Teile verändern. ▶ Para comunicarse, p. 169

b Schaue dir nun die Bilder an. Was passiert? Notiere passende Vokabeln.

c Formuliere dann deinen Text.

Hoy va a ser un día difícil porque tengo un examen de...

4 Julia **juega** al fútbol.
Las chicas **juegan** muy bien.

das Verb **jugar**: ▸ GH 15/11

Los lunes	**jue**go	al pádel.
¿Por qué no	**jue**gas	con nosotros?
Julia	**jue**ga	al fútbol.
Nico, ¿	jugamos	al baloncesto?
Chicas, ¿	jugáis	en el equipo de Julia?
Mateo y Tarek	**jue**gan	al voleibol.

5 —¿Qué **te duele**?
—**Me duele** la cabeza.
—**Me duelen** las piernas.

das Verb **doler** und die indirekten Objektpronomen.
▸ GH 16/12

2

Teste deine Grammatikkenntnisse: ▸ Soluciones, p. 160

1 Completa las frases con las formas correctas de buen, bueno/-a (+) y mal, malo/-a (–). ▸ GH 12/8
 1. Hoy no hace (+) tiempo.
 2. Nico no siempre saca (–) notas.
 3. Las galletas de mi abuela son muy (+).
 4. Jaime es un (+) profesor de Mates.
 5. ¿Hoy hay un examen? ¡Qué (–) día!
 6. Estos libros no son (–).

2 Relaciona los pronombres reflexivos con las formas de los verbos. ▸ GH 13/9
 1. me **a.** sientan
 2. te **b.** vamos
 3. se **c.** despertáis
 4. nos **d.** acuerdas
 5. os **e.** ducho
 6. se **f.** levanta

3 Completa las frases con la forma correcta de los verbos reflexivos. ▸ GH 13/9
 1. Merche, ¿no (*acordarse*) de Mateo?
 2. Los hermanos (*despertarse*) a las once.
 3. Hoy Nico no (*sentirse*) muy bien.
 4. Chicos, ¿ya (*irse*) a la cama?
 5. Yo ahora (*ducharse*).
 6. Pedro, ¿por qué no (*levantarse*)?
 7. ¿Qué (*ponerse*/yo) para la fiesta?
 8. Lili, ¿a qué actividades (*apuntarse*)?

4 ¿Cómo lo dices en español? Termina las frases. ▸ GH 14/10
 1. ¿Quieres comer… (*noch einen Keks*)?
 2. Ese no es Rafa, es… (*ein anderer Junge*).
 3. Vamos a hacer… (*andere Aktivitäten*).
 4. ¿Queréis escuchar… (*noch eine Geschichte*)?
 5. Quiero leer… (*ein anderes Buch*).
 6. Mateo quiere ver… (*noch einen Film*).

Teste, was du jetzt sagen kannst: ▸ Para comunicarse, p. 169
– Sage, in welchen Schulfächern du gut oder nicht so gut bist.
– Beschreibe deinen Tagesablauf und sage, an welchen außerschulischen Aktivitäten du teilnimmst.

facultativo

Vocabulario

1 a Encuentra los nombres de los lugares y escríbelos en tu cuaderno con el artículo el/la.

| spedrercmauo | crgihiintuo | pdnaaíera | bliiecbota | fcimaara | tdinea ed raop |

b Completa el texto con las palabras del ejercicio 1a.

Hoy es sábado y primero Ana va a la [...] para comprar pan. Después va al [...] para comprar zumo y también tiene que pasar por la [...] porque su hermana Lili está un poco enferma. Luego desayuna con sus padres y Lili. A las doce sale de casa y queda con Julia delante de la [...]. Allí quieren buscar un libro. A las dos de la tarde las chicas tienen hambre y van a su [...] favorito en la playa. Después llaman a Nico y Mateo y quedan con ellos en el centro. Hay una nueva [...] y los chicos quieren ver qué ropa hay.

2 Encuentra para cada palabra una palabra de la misma familia.

Ejemplo: la madre – la madrina

1. la jugadora – [...]
2. comprar – [...]
3. el entrenamiento – [...]
4. el pan – [...]

5. estudiar – [...]
6. la puerta – [...]
7. delante – [...]
8. el padre – [...]

3 ¿Poner o ponerse? Relaciona.

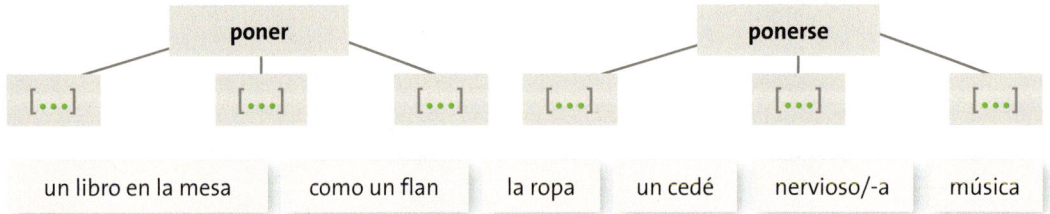

| poner | | | ponerse | | |
| [...] | [...] | [...] | [...] | [...] | [...] |

| un libro en la mesa | como un flan | la ropa | un cedé | nervioso/-a | música |

Gramática

4 a El pronombre de complemento indirecto: ¿Qué preguntan los chicos?
Completa las frases con el pronombre correcto.

1. **Julia:** Ana, ¿por qué no [...] gusta jugar al fútbol?
2. **Entrenadora:** Chicas, ¿[...] duele algo?
3. **Madre:** Mateo, tus abuelos están aquí. ¿[...] das el libro, por favor?
4. **Pablo:** ¿A Tarek [...] gusta el voleibol?
5. **Lili y Ana:** Mamá, tenemos sed. ¿[...] compras un zumo, por favor?
6. **Tarek:** ¿A Mateo todavía [...] duelen las piernas?
7. **Nico y Mateo:** Julia, ¿a qué hora empieza el partido? ¿[...] mandas un mensaje?
8. **Julia:** ¿A vuestros amigos [...] gusta hacer deporte?
9. **Tarek:** Chicos, ¿[...] dais vuestros deberes?

b Escribe las respuestas.

5 Estar + gerundio: ¿Qué están haciendo? Completa las frases con estar + gerundio.

1. –Julia, ¿por qué no vienes? –Porque (*buscar*) mis cosas.
2. Mateo está en su habitación. Todavía (*dormir*).
3. –Ahora no quiero ver la tele. (*Leer*) un libro muy interesante.
4. –Chicos, ¿podéis salir? –No, ahora no podemos porque (*comer*).
5. Mateo (*escribir*) un mensaje a Nico.
6. –Tarek, ven aquí, por favor. –Mamá, no puedo, (*hablar*) por teléfono.

6 Los determinantes todo/-a y otro/-a: Los chicos están charlando en la cafetería.
Completa el diálogo con las formas correctas de otro/-a o todo/-a.

Casi […] las tardes los chicos charlan en la cafetería.
Vendedora: Chicos, ¿queréis algo más? ¿[…] zumo?
Mateo: No, gracias. Yo quiero […] cosa. Un Cola Cao, por favor.
Nico: Y para mí […] bocadillo de queso.
Vendedora: ¿Algo más?

Ana: No, gracias. Chicos, ¿qué hacemos el fin de semana?
Nico: El sábado voy a estudiar […] el día. Pero el domingo podemos…
Ana: …¿jugar al fútbol? No, ¡por favor! […] los domingos lo mismo. Quiero hacer […] cosa.
Nico: ¿Jugar al baloncesto?
Ana: Ay, Nico…

7 **a** Los determinantes buen, bueno/-a y mal, malo/-a: ¿Qué dice la reportera sobre el partido? Completa las frases con las formas correctas de buen, bueno/-a (👍) o mal, malo/-a (👎).

✔ Denke an die Verkürzung zu *buen* und *mal* vor männlichen Substantiven im Singular.

¡👍 días! Estamos en el estadio de Alicante y hace muy 👍 tiempo. Qué 👎 día para perder un partido, ¿verdad? Hoy a las cuatro de la tarde empieza el partido entre Valencia y Alicante. ¡Qué nervios! Los dos equipos son muy 👍, pero hay problemas: el delantero del Valencia hoy juega como portero…uf, ¡qué 👎 idea! Además, hay dos jugadores nuevos en el equipo de Alicante. No son 👎, pero todavía tienen que entrenar mucho. Pero también hay 👍 sorpresas: el nuevo jugador del Valencia es muy 👍 y el árbitro de hoy tampoco es 👎. Amigos, ¡creo que va a ser un 👍 partido!

b Escucha y compara tus respuestas del ejercicio 7a.

🎧 1 20

8 Los verbos reflexivos: ¿Qué le pasa a Nico la semana después del examen de Naturales? Completa con la forma correcta del verbo.

Es lunes y mis padres (*despertarse*/ellos) a las 7:00. Yo estoy muy cansado, como siempre, y (*levantarse*/yo) a las 7:45. Luego (*ducharse*/yo), (*ponerse*/yo) la ropa, desayuno con mis padres y voy al instituto. Mis amigos preguntan: «Oye, Nico, ¿(*sentirse*/tú) bien?» Pues, ¡no! Hoy nos dan los resultados[1] del examen. ¡Qué nervios! Pablo también (*ponerse*/él) muy nervioso… Pero al final… ¡¡¡los dos tenemos un notable!!! ¡Genial! Pablo y yo (*alegrarse*/nosotros) mucho y (*apuntarse*/nosotros) al partido de fútbol de esta tarde. Ganamos el partido, ¡qué buen día! A las 11 (*irse*/yo) a la cama, pero a las 4:14 (*despertarse*/yo) y (*acordarse*/yo): ¡tengo deberes!

1 el resultado *das Ergebnis*

Comprensión lectora

DELE **9** Lee el artículo de la revista y encuentra las respuestas correctas.

¡Tengo miedo de[1] los exámenes!

Diego: Tengo buenas notas en Matemáticas, Inglés, en casi todas las asignaturas. ¿Pero los exámenes? ¡Qué nervios! Siempre me pongo como un flan. Estudio mucho y me lo sé todo bien, pero no puedo evitar[2] ponerme nervioso.

Esperanza: Estoy en segundo y este año es muy difícil. Sobre todo en Lengua tengo problemas con los exámenes.
Me pongo muy nerviosa y a veces incluso me duele la barriga. ¡Qué estrés!

Los consejos[3] de los profesores

María José, profesora de Historia:
A todos mis alumnos les doy estos dos consejos:
1. Leed bien las preguntas.
2. Pensad antes de empezar a escribir.
Y ya está. ☺

Manolo, profesor de Matemáticas:
Para prepararte bien y no ponerte como un flan, haz un horario y estudia un poco todos los días. Después de una hora y media, haz una pequeña pausa para descansar[4].

Carmen, profesora de Inglés:
Yo les doy a mis alumnos sobre todo un consejo: pedir ayuda[5]. Habla con tus profesores. Ellos te pueden enseñar[6] técnicas de estudio y de relajación[7] antes del examen.

Vuestros trucos[8]

Luciano, 15 años
Leo los ejercicios de clase, sobre todo los difíciles. También leo los exámenes de otros años para hacerme una idea de cómo va a ser el examen.

Luis, 13 años
Para no llegar muy nervioso a los exámenes, intento dormir bien e irme a la cama temprano. También es una buena idea llegar un poco antes al aula. Y por supuesto, ¡desayunar bien!

Silvia, 14 años
Voy a tomar clases particulares[9] para Matemáticas y Física para sacar mejores notas en estas asignaturas.

---

1 tener miedo de algo *vor etw. Angst haben* **2** evitar *vermeiden* **3** el consejo *der Ratschlag*
4 descansar *sich ausruhen* **5** pedir ayuda *um Hilfe bitten* **6** enseñar *beibringen* **7** la relajación *die Entspannung*
8 el truco *der Trick* **9** las clases particulares *der Nachhilfeunterricht*

1. Diego...
   a. tiene buenas notas en casi todas las asignaturas.
   b. está bastante tranquilo antes de un examen.
   c. no estudia mucho.

2. Este año Esperanza...
   a. tiene muchas clases fáciles.
   b. tiene problemas sobre todo en Lengua.
   c. no se pone nerviosa antes de los exámenes.

3. Para estudiar bien tienes que...
   a. hacer pausas para descansar.
   b. estudiar sobre todo el día antes del examen.
   c. estudiar solo para una asignatura.

4. Los profesores te pueden...
   a. dar exámenes de otros alumnos o profesores.
   b. decir cómo puedes sacar buenas notas.
   c. enseñar cómo puedes estudiar y cómo puedes estar más tranquilo/-a.

Mediación

10 Tu amigo / tu amiga tiene problemas con los exámenes del instituto.
Lee otra vez los consejos de los profesores en la revista y los trucos de los alumnos.
Elige los tres que te parecen más útiles y explícalos en alemán a tu amigo / tu amiga.

▶ Sprachmittlung, S. 147

Expresión escrita

11 Seguro que tú también tienes algún truco para preparar un examen.
Escribe tu truco a la revista.

Comprensión auditiva

12 a Todavía buscan gente para algunos talleres del instituto.
Escucha. ¿Qué chicos ya participan en un taller?
Sobran dos personas. | Es bleiben zwei Personen übrig.

▶ Selektives Hörverstehen, S. 140

[...] participa en el taller [...].

[...] no tiene taller.

Julia

Ana

Merche

Sergio

Mateo

Pablo

b Tú también quieres participar en un taller. Todavía no sabes en cuál. Escucha otra vez.
Apunta el nombre de cada taller y el número de teléfono o el e-mail.

▶ Sich beim Hören Notizen machen, S. 140

Expresión oral

13 Tú (**A**) tienes visita de un chico / una chica de Valencia (**B**). Organizas un paseo por la ciudad.
Presentad la escena. **A** empieza.   ▶ B, p. 128   ▶ Rollenspiele, S. 145

> – Ihr geht zuerst zu deinem Lieblingsort, und du erklärst, warum es dein
>   Lieblingsort ist.
> – Ihr kommt an deiner Schule vorbei. Du erklärst kurz, wie es so bei dir in der
>   Schule läuft (Noten, Lieblingsfächer oder Fächer, die du nicht gerne magst).
> – Du schlägst vor, was ihr jetzt in deiner Stadt machen könntet.

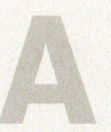

¡Anímate! 1

Verónica Boquete Giadáns es de Santiago de Compostela. Vero juega al fútbol desde muy pequeña y hasta los 14 años juega en un equipo de chicos. En el año 2010 empieza su carrera internacional en los EE.UU., luego juega en Rusia, Suecia, Alemania y a partir de 2016 en Francia. También es la capitana de la Selección española de fútbol[1].

Vero, la primera española en ganar la *Bundesliga*, nos cuenta sobre su vida[2] en Alemania:

1 ¿Cuál es tu equipo favorito?
Mi equipo favorito es el Compostela, que es el equipo de mi ciudad, pero soy muy aficionada[3] de mi primer club en la Superliga española, el RCD Espanyol de Barcelona.

2 ¿Qué piensan tus amigos de tus éxitos[4]?
Mis amigos y mi familia se alegran mucho por mis éxitos y, cuando pueden, viajan conmigo para ver los partidos.

3 ¿Qué te gusta de Alemania?
Me gusta la puntualidad[5] alemana y que todo funciona.

4 ¿Qué es lo más sorprendente para ti de Alemania?
¡La *Oktoberfest*! Es una fiesta muy conocida[6], pero es más grande de lo que esperaba[7], porque toda la ciudad se transforma.

5 ¿Qué echas de menos[8] de España?
Sobre todo echo de menos a mi familia y a mis amigos, a mi perra… pero también la vida social que tenemos en España, muy diferente a la de los otros países.

6 Para ti, ¿cuál es la palabra más difícil de pronunciar en alemán?
Para mí todas las palabras en alemán son muy difíciles, pero *Hubschrauber* es imposible de pronunciar…

Cornelsen Verlag 2016 / Manuel Vila Baleato

1 la Selección española de fútbol
  die spanische Fußballnationalmannschaft
2 la vida *das Leben*
3 ser muy aficionado/-a *ein großer Fan sein*
4 el éxito *der Erfolg*
5 la puntualidad *die Pünktlichkeit*
6 ser conocido/-a *bekannt sein*
7 más grande de lo que esperaba
  größer, als ich erwartet habe
8 echar de menos *vermissen*

1 a Suche die folgenden Wörter im Interview und überlege, was sie bedeuten könnten. Was hilft dir, sie zu verstehen?

la carrera	internacional	Rusia	la capitana
sorprendente	Francia	social	diferente	funcionar

b Fasse für einen Freund, der kein Spanisch spricht, kurz zusammen, was Verónica im Interview erzählt.

✔ Suche aus jeder ihrer Antworten die wichtigste Information aus.

Frases hechas

1. Se pone como un flan.
2. Está hasta las narices.
3. Se levanta con el pie izquierdo.
4. Se pone rojo como un tomate.
5. Se aburre como una ostra[1].
6. ¡Ojo!
7. Cuesta[2] un ojo de la cara[3].
8. Cruza los dedos.

1 la ostra *die Auster*
2 cuesta *es kostet*
3 la cara *das Gesicht*

Poemas

Don Redondón[4]

Redondo[5], redondo,
es don Redondón,
le gustan las cosas
que redondas son:
5 el bombo, la rueda,
la luna y el sol.
Redondo, redondo,
es don Redondón.

Fuente: popular

4 Don Redondón *Herr Kugelrund*
5 redondo/-a *rund*

La flor del sí y del no

La margarita[6]
del sí.
La margarita
del no.
5 Todos sus pétalos[7] blancos[8]
y amarillo[9] el corazón[10].
Que sí.
Que no.

de «Versos vegetales» por Antonio Rubio,
Grupo Anaya 2001

6 la margarita *die Margerite*
7 el pétalo *das Blütenblatt*
8 blanco/-a *weiß*
9 amarillo/-a *gelb*
10 el corazón *das Herz*

2 a ¿Qué significan las expresiones? Mira los dibujos y encuentra las parejas.

a. Pass auf!
b. Sie hat die Nase voll.
c. Das kostet ein Vermögen!
d. Er steht mit dem falschen Fuß auf.
e. Sie langweilt sich zu Tode.
f. Er ist ein Nervenbündel.
g. Er drückt (ihm) die Daumen.
h. Er wird knallrot.

b Welche Redewendungen sind im Spanischen und Deutschen ähnlich? Welche nicht?

3 a Escucha los poemas. Después recítalos en voz alta.

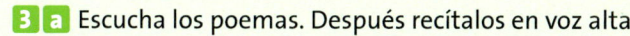

b ¿Qué cosas redondas conoces en español? Escribe otro poema de Don Redondón.

▶ KV 13

De viaje: ¿qué llevo?

▸ F2
▸ KV 14

1 ¿Llevo una maleta grande para el viaje a Madrid?

2 ¡Qué va! Basta con una mochila. Solo estamos allí una semana.

3 ¿Para la Sierra de Madrid necesitamos botas?

4 No, llevad zapatillas de deporte.

5 ¿Cuántas camisetas llevo?

6 ¿Necesitamos jerséis?

7 ¿Ya tienes todo? ¿Qué más necesitas para el viaje?

8 Aspirinas...

Hablar

1 ¿Qué necesitas para el próximo viaje escolar[1]? Habla con tu compañero / tu compañera.

p. 128

24/1
24/2
25/3

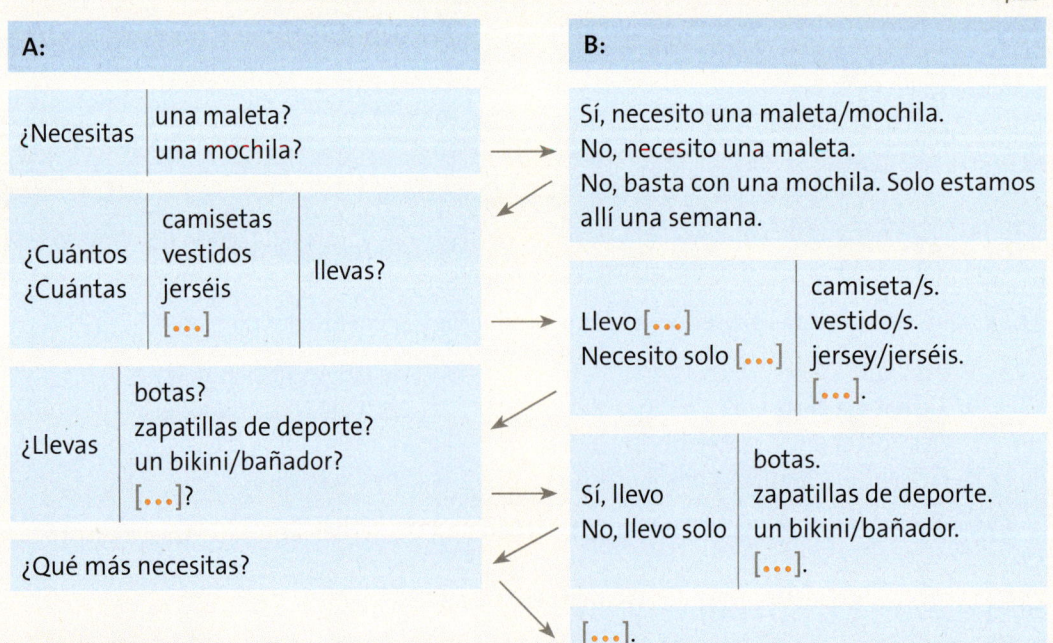

A:

| ¿Necesitas | una maleta? |
| | una mochila? |

B:

Sí, necesito una maleta/mochila.
No, necesito una maleta.
No, basta con una mochila. Solo estamos allí una semana.

¿Cuántos	camisetas	
¿Cuántas	vestidos	llevas?
	jerséis	
	[...]	

Llevo [...]   camiseta/s.
Necesito solo [...]   vestido/s.
    jersey/jerséis.
    [...].

¿Llevas	botas?
	zapatillas de deporte?
	un bikini/bañador?
	[...]?

Sí, llevo   botas.
No, llevo solo   zapatillas de deporte.
    un bikini/bañador.
    [...].

¿Qué más necesitas?

[...].

1 el viaje escolar *die Klassenfahrt*

¿Qué llevas en tu maleta?

para la playa
- el bañador
- las gafas de sol
- el bikini
- las chanclas
- el vestido
- los pantalones cortos

para la montaña o el campo
- la gorra
- la camiseta (de manga larga/corta)
- el jersey
- las botas
- el abrigo

para la ciudad
- la camisa
- los vaqueros
- la chaqueta
- la falda
- un par de zapatos
- un par de zapatillas de deporte

- negro/-a
- blanco/-a
- gris
- amarillo/-a
- rojo/-a
- rosa
- azul
- verde
- marrón

M2

Practicar

2  ¿Qué llevas a una excursión? Prepara una lista de tu ropa favorita y preséntala a tu compañero / tu compañera. ▶ Mi ropa, p. 158 ▶ Algo más, p. 129

25/4
▶ KV 15

para la playa	para la montaña	para la ciudad
mi gorra roja [...]	[...]	[...]

> Para la playa llevo mi gorra roja, [...].

Escuchar

3 Tres chicos hablan sobre sus excursiones a la playa, a la montaña y a la ciudad. Escucha y mira las fotos de arriba. ¿Qué no llevan?

25/5

¡Acuérdate!

4 ¡A jugar! Describe a un chico / una chica de la clase. Los otros adivinan quién es. ▽ Mi ropa, p. 158

25/6

¿Cómo es?
es alto/-a   es bajo/-a
tiene el pelo largo/corto/liso/rizado
tiene el pelo rubio/castaño/negro

¿Qué lleva (hoy)?
una camiseta azul   pantalones negros
aparato de dientes   gafas
[...]

De paseo por España

¡Acércate!

Los chicos **van de excursión** a Madrid, **la capital** de España. En el autobús hacen un juego de **preguntas** y **respuestas**.

▶ F5

Nico — Siempre saco **la peor** nota en **Geografía**... ¡pero esta vez **sé** todas las respuestas!

Julia — ¿Estás seguro?

1. ¿Cuántas **comunidades autónomas** hay en España?
a   Hay 17.
b   Hay 10.
c   Hay 12.

4. ¿Cuáles son las otras **lenguas oficiales** en España?
a   **Vasco**, inglés y alemán.
b   **Catalán**, **gallego** y vasco.
c   Gallego, **portugués** y **francés**.

5. El Río **Ebro** tiene una **longitud de** ...
a   930 **kilómetros**.
b   760 kilómetros.
c   590 kilómetros.

Comprender el texto

PF
▶ M

1 a Haz el juego. Puedes buscar información en **Cultura** (p. 148) y utilizar el mapa de España.
▶ Umschlagseite

🎧 1/25

b Carmen, la profesora, dice las respuestas del juego. Escucha, compara y corrige tus respuestas del ejercicio **1 a**.   ▶ Selektives Hörverstehen, S. 140

2. ¿Cuáles son las dos
ciudades más grandes
del país?
a   Madrid y Barcelona.
b   Barcelona y Valencia.
c   Madrid y Valencia.

3. El Río Guadalquivir es
el río más largo...
a   de Galicia.
b   del País Vasco.
c   de Andalucía.

7. Galicia es famosa por...
a   el Camino de
     Santiago.
b   el fútbol.
c   sus montañas.

6. Este país no limita
con España:
a   Portugal.
b   Italia.
c   Francia.

8. ¿Cuál es la isla más
pequeña de las Islas
Baleares?
a   Menorca.
b   Ibiza.
c   Formentera.

c Prepara una ficha para el juego.

Escuchar

2 a Escucha los números y escribe las cifras en tu cuaderno.

3

27

28

29

DELE

PF

► M

27/4
27/3

► KV 17

b Escucha, apunta los números y después calcula¹.

c Escucha y comprueba si tu resultado es correcto.

1 calcular *rechnen*

+ **más**
− **menos**
= **son**
212 **menos** 25 **son** 187.
212 **más** 25 **son** 237.

3 ¿Cuántos kilómetros hay entre Madrid y estas ciudades?
Escucha y apunta los kilómetros.

 p. 129

Santiago de Compostela ←→ **Madrid** ←→ Santander

Sevilla

Barcelona

Bilbao

Vocabulario

4 ¡Tú eliges! Elige a o b.

a Apunta las parejas y escribe ocho frases con las expresiones.

 p. 129

limitar ir ser famoso/-a *olvidarse participar volver* *viajar vivir*	en Valencia a Valencia a Madrid en un concurso de su mochila por el fútbol de excursión a Madrid con Portugal

b Prepara un mapa mental con los verbos y
sustantivos para hablar de un país (p. 48–49).
Después escribe cinco frases sobre España.

limitar con   [...]   [...]   [...]

[...]   **el país**   [...]

Hablar

5 ¿Qué sabe tu compañero / tu compañera de Alemania? Formula las preguntas, él/ella contesta.
► Resumen, p. 60/1

PF

27/6
► GH
18/13

¿Cuál es	la ciudad más grande el río más largo la montaña más alta [...]		de Alemania?
	el lugar	más	interesante bonito famoso	de tu región?

✓ Schlage die Deutschlandkarte auf S. 206 auf. Dort
findest du die Namen der
Städte usw. auf Spanisch.

¡Acuérdate!

6 ¿Cómo son las cosas que llevan los chicos a Madrid? Utiliza los adjetivos.

los libros

el estuche

las gafas

la pelota

la revista

el juguete

bonito/-a
caro/-a
divertido/-a
interesante
moderno/-a
genial

1 30

Para descubrir Madrid, Carmen y Fernando, los profesores, organizan un rally por la ciudad.
Los chicos reciben tarjetas con adivinanzas.
Los profesores los esperan en la meta. ¿Dónde? A ver...

1

El Parque del Retiro

5 Es el parque más grande de Madrid
y es el lugar favorito de los jóvenes.
Si queréis pasar un rato tranquilo,
aquí podéis descansar, alquilar una
barca o dar un paseo. En este
10 parque hay muchas estatuas vivas,
¿las veis? ¡Son como **obras de arte**!
Siguiente parada: buscad un lugar
con obras de arte. Estas obras no
están vivas, pero están muy cerca
15 de vosotros.

3

1 31

2

Museo del Prado

En este museo podéis ver las
mejores obras de Goya y Velázquez.
¿No los conocéis? Son los pintores
20 más famosos de España. Si llegáis
por la tarde, la entrada al museo es
gratis. Si ya estáis cansados, salid al
Paseo del Prado que está cerca del
museo. Allí podéis tomar el sol.
25 Para la siguiente parada, os ayuda-
mos un poco: si queréis más **Sol**, lo
encontráis en **la puerta**.

32

3

La Puerta del Sol

30 Es una de las plazas más famosas de Madrid. Aquí, en «el Kilómetro Cero», empiezan todas las carreteras de España. Para terminar el rally, tenéis que ir a otra **plaza**. ¿Quién conoce la plaza más antigua y más bonita de Madrid?

35

La plaza más antigua... ¿Cuál es? Ni idea... no sé.

Claro, ¡yo la conozco! ¡Es la Plaza Mayor! ¿Me seguís?

Mateo

Tarek   Ana

Comprender el texto

▶ M
↗ 📄
28/1
▶ KV 18

1 ¿Qué hay en Madrid? Presenta los lugares.

▶ Algo más, p. 129

1. Madrid es [...].
2. La Puerta del Sol es [...].
3. En el Parque del Retiro puedes [...].

4. En el Museo del Prado puedes [...].
5. La Plaza Mayor es [...].

Descubrir

▶ GH
21/16

2 a Was ersetzen die Objektpronomen in den folgenden Sätzen? Suche folgende Sätze im Text (S. 51–52). ▶ Resumen, p. 60/5

1. ¿Las veis? (l. 11)
2. ¿No los conocéis? (l. 19)

3. Lo encontráis en la puerta. (l. 26–27)
4. ¡Yo la conozco! (l. 36–37)

▶ KV 19

b Los profesores organizan con los chicos la excursión a Madrid. Contesta como en el ejemplo.

Ejemplo: −¿Quién prepara las tarjetas para el rally? −Carmen las prepara.

	conoce la ciudad?
	busca información sobre actividades para jóvenes en Madrid?
	escribe el programa?
	presenta el programa?
¿Quién	organiza las actividades del martes?
	compra las entradas para el Prado?
	prepara las tarjetas para el rally?
	lleva los folletos?
	prepara los bocadillos para el viaje?

Nico
Julia
Mateo
Ana
Tarek
Carmen
los profes

Practicar

↗ 9/3 28/4 31/6
▶ GH 21/16

3 Los chicos dan un paseo por Madrid. ¿Qué dicen? Completa las frases con el pronombre de complemento directo. | Ergänze mit den direkten Objektpronomen. ▶Resumen, p. 60/5

1 Lee la tarjeta. ¡Yo no [...] entiendo!

2 ¿Dónde están Ana y Mateo? No [...] veo.

3 ¿Dónde esta mi mochila? ¿[...] tienes tú?

4 Eh... Creo que no [...] entiende.

5 Mira, Mateo tiene un problema. ¿[...] ayudas?

6 No tengo dinero para los helados. ¿[...] compras tú?

7 Dad un paseo. [...] llamáis si tenéis problemas.

8 ¡Tus gafas!... ¡[...] tengo! ¡Uf!

PF
▶ GH 18/13
▶ GH 19/15

4 Juan, el hermano de Mateo, conoce muy bien Madrid. ¿Qué dice? Termina las frases y utiliza el superlativo. ▶Resumen, p. 60/1, 3

Ejemplo: **1.** Las obras más importantes del Prado son de Goya y Velázquez.

1. importante: Las obras [...] del Prado son de ...
2. bueno/-a: El [...] parque para descansar es ...
3. antiguo/-a: La plaza [...] es ...
4. tranquilo/-a: El lugar [...] es ...
5. gracioso/-a: Podéis ver las estatuas vivas [...] en ...
6. famoso/-a: El museo [...] de la ciudad es ...
7. bueno/-a: En esta tienda podéis comprar los [...] bocadillos del barrio.

> el Museo del Prado
> el Parque del Retiro
> la Plaza Mayor
> la Puerta del Sol
> Goya y Velázquez

▶ GH 18/13

5 ¿Qué piensas tú? Contesta como en el ejemplo. ▶Resumen, p. 60/1

Ejemplo: Para mí las asignaturas más difíciles son Alemán y Matemáticas.

Para mí,	el libro la película el deporte el lugar las asignaturas los profes el día de la semana	más menos	interesante difícil estricto/-a divertido/-a importante aburrido/-a fácil tranquilo/-a	es [...]. son [...].

3

6 Haz propuestas a un amigo que quiere visitar Madrid. ▶ Resumen, p. 61/6

Si quieres Si (no) te gusta	tomar el sol, tomar algo, alquilar una barca, ver obras de arte, descansar,	tienes que ir puedes ir	al [...]. a la [...].	¡Es fenomenal/genial/ fantástico/-a! ¡Es muy bonito/-a! ¡Es muy interesante!

Aprender mejor

7 **Beim Hören Notizen machen** ▶ Sich beim Hören Notizen machen, S. 140

DELE
▶ M
▶ KV 20

a Carmen, la profesora, presenta el programa de la excursión a Madrid. Escribe los lugares en tu cuaderno. Escucha y apunta el orden.

> Madrid   el Retiro   Valencia   la Plaza Mayor
> el Museo del Prado   la Puerta del Sol   Instituto Goya

b Escucha otra vez el programa.
¿Qué van a hacer el viernes?
Apunta las horas y los lugares.

Hora	Lugar
8:00	cafetería
9:00	...

Wenn du beim Hören Notizen machst,
– strukturiere die Information, z. B. in einer Tabelle,
– versuche nicht, so viel wie möglich mitzuschreiben, sondern notiere lieber einzelne Wörter,
– verwende Abkürzungen und notiere nur, was wichtig ist: z. B. Zeitpunkt und Ort eines Programms.

Escribir

▶ M
▶ KV 21

8 a Escucha la información sobre un lugar muy famoso en Madrid y apunta:

–¿Cómo se llama el lugar?
–¿Dónde está?
–¿Cómo es?
–¿Qué puedes hacer allí?

b Utiliza tus apuntes y escribe en tu cuaderno una adivinanza sobre este lugar. Las tarjetas de las páginas 51–52 te pueden ayudar.
▶ Para comunicarse, p. 174

c Corrige el texto de tu compañero / tu compañera. ▶ Fehler korrigieren, S. 146

Comprensión audiovisual

9 Mira la escena 3 del DVD. ¿Qué lugares de Madrid conoces ya?

B En La Latina

Hier lernst du:
- etwas zu vergleichen.
- jemanden höflich anzusprechen.

35–36

Los chicos desayunan **chocolate** con **churros**. Esta mañana tienen tiempo libre y pueden hacer **propuestas**. Los chicos discuten sus **planes** con Carmen y Fernando, los profesores, pero **todos**
5 tienen ideas muy **diferentes**: Nico quiere ir al **Bernabéu** porque le gusta mucho el equipo del **Real Madrid** y para él es el lugar más interesante del **mundo**. Ana prefiere ir a **la Gran Vía** para comprar **recuerdos** y, **tal vez**, también ropa. Está
10 un poco harta de **visitar** lugares importantes, **monumentos** y museos. Solo quiere pasar un rato tranquilo. Julia no quiere ir al estadio, pero tampoco tiene ganas de pasar todo el día en la Gran Vía. ¿Y Mateo? Él también quiere hacer
15 otra cosa. **Por suerte** viene también Juan, el hermano **mayor** de Mateo. Él conoce muy bien Madrid y tiene una idea:

Juan: ¿Por qué no vamos a «**Madrid Río**»? Allí podemos ir en bicicleta **por** el río Manzanares.
20 «Madrid Río» es **tan** bonito **como** el Turia...
Nico: Y seguro que es **más** caro porque tenemos que alquilar bicicletas...
Ana: Pero es **menos** caro **que** la entrada al estadio... **¿O no?**
25 **Juan:** ¡Ya **sé**! Vamos al barrio La Latina. Ahi está **el Rastro**, el mercado más famoso de Madrid.
Nico: **Lo dices** porque tú ya conoces Madrid. Pero para mí un estadio es <u>tan importante como</u> un mercado.
30 **Ana:** Solo tú quieres ir al estadio. Es **mejor** hacer algo para todos. Juan, ¿sabes **el camino**?

Pero Juan no lo <u>sabe</u>.

Chocolate con churros

In vielen Cafés in Spanien werden zum Frühstück *chocolate con churros* angeboten: frittierte längliche Krapfen, die in heiße Schokolade getunkt werden. Welche Frühstücks-spezialitäten kennst du?

La Gran Vía

El estadio Bernabéu

3

El Rastro

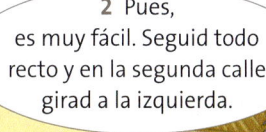
1 **Señora**, disculpe, ¿**usted** es de aquí? ¿Cómo llegamos al Rastro?

2 Pues, es muy fácil. Seguid todo recto y en la segunda calle girad a la izquierda.

5 Sí, **tienes razón**, es muy majo.

Juan

Julia

Nico

4 Sí, soy **menor que** Juan, pero... ¿Tiene **mejores** ideas que yo? ¡No! Mis ideas no son **peores**. Y ahora, ¿qué le <u>digo</u> a Julia?

3 ¡Tu hermano es muy majo!

Mateo

Comprender el texto

1 ¿Qué (no) quieren hacer los chicos? Busca la información en el texto y cuenta.

| Mateo | Nico | Ana | Julia | Juan |

p. 129

Modelo para hablar

2 a Escucha, lee y repite.

Was unternehmen wir heute?
Ana: Entonces, ¿[...]?
Nico: [...].
Ana: Yo prefiero ir a la Plaza Mayor. Seguro que es [...] y también [...].

b Ana y Nico hacen propuestas y discuten. Presentad el diálogo.

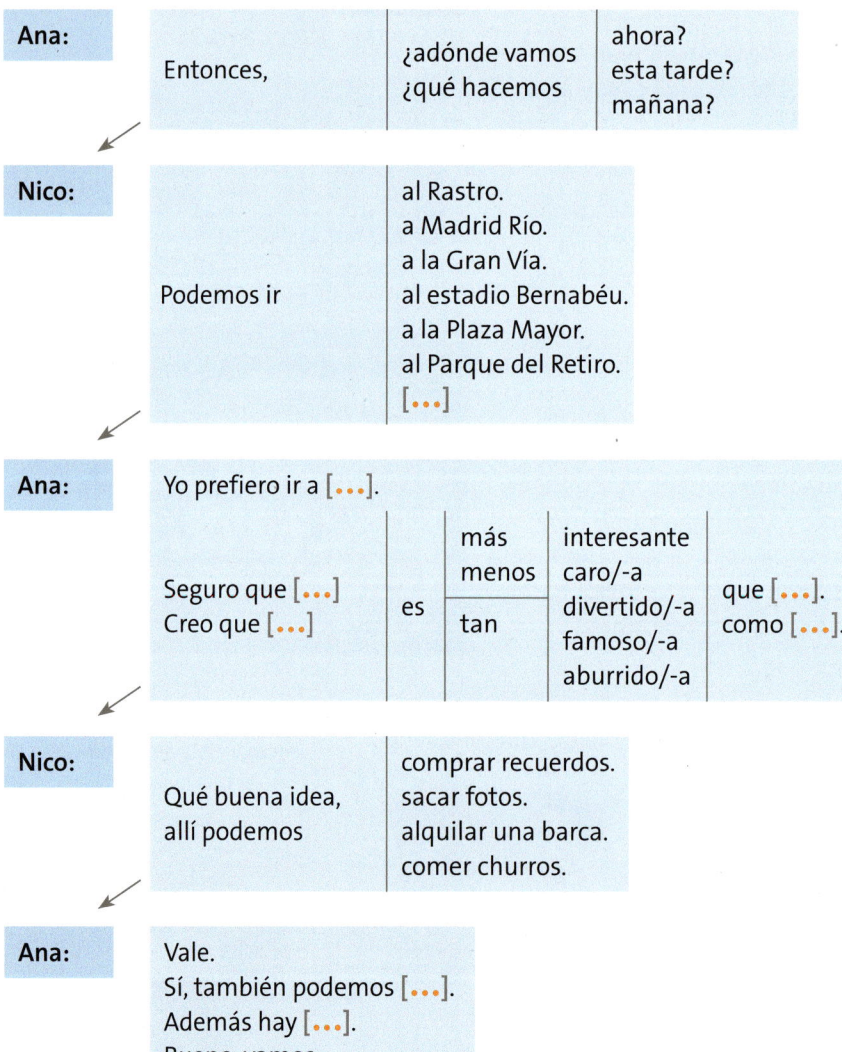

| **Ana:** | Entonces, | ¿adónde vamos ¿qué hacemos | ahora? esta tarde? mañana? |

| **Nico:** | Podemos ir | al Rastro. a Madrid Río. a la Gran Vía. al estadio Bernabéu. a la Plaza Mayor. al Parque del Retiro. [...] |

| **Ana:** | Yo prefiero ir a [...]. |

| | Seguro que [...] Creo que [...] | es | más menos | interesante caro/-a divertido/-a famoso/-a aburrido/-a | que [...]. como [...]. |
| | | | tan | | |

| **Nico:** | Qué buena idea, allí podemos | comprar recuerdos. sacar fotos. alquilar una barca. comer churros. |

| **Ana:** | Vale. Sí, también podemos [...]. Además hay [...]. Bueno, vamos. |

El mundo del español

3 Explica a un compañero que no habla español la información más importante del folleto.

Madrid Río — Ruta en bici

Excursión en bici a lo largo del Río Manzanares, para jóvenes de 10 a 15 años.

Programa y horario:
10:00 Reparto de bicis y cascos en el punto de encuentro (salida del metro Príncipe Pío)
12:00 Pequeño descanso
13:30 Volvemos al punto de encuentro.

Recorrido: 20 km en carril bici y carreteras sin tráfico. La ruta pasa por el parque, la gran zona verde de Madrid.

El agua está presente en todo el camino: pasamos por los cuatro pequeños lagos en el Puente de Segovia y hacemos un descanso en la playa del Parque de Arganzuela.

Material necesario:
○ Ropa cómoda, zapatillas de deporte. Si hace frío, también una chaqueta o un jersey.
○ Bocadillo para media mañana, una botella de agua o zumo

Precio: 10 €

3

Escuchar

4 Julia y Nico buscan información en la oficina de turismo. Lee las frases, escucha y corrige.
▶ Detailliertes Hörverstehen, S. 141

1. En Madrid hay dos museos de fútbol.
2. En el Museo de la Selección Española de fútbol podéis aprender sobre la historia de Madrid.
3. La entrada al museo es gratis.
4. Los chicos pueden hacer una ruta en bici por el Retiro.
5. La visita en bici por Madrid Río es todos los lunes y todos los domingos.

Descubrir

▶ GH
18/14
▶ KV 23

 a Escribe estas frases en alemán. ▶ Resumen, p. 60/2

1. Ana es **menos** alta **que** Julia.
2. Julia es **más** alta **que** Ana.
3. Julia es **tan** alta **como** Tarek.

b Wie vergleicht man im Spanischen?

Practicar

6 ¿Qué dicen los chicos? Utiliza el comparativo. ▸ Resumen, p. 60/2, 3 p. 130

33/3
33/4
34/5
▸ GH 18/14
▸ GH 19/15

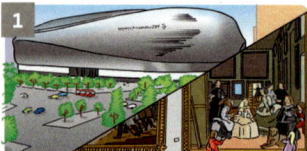

el estadio / − famoso / el museo

Madrid Río / − bonito / el Turia

la bici / + buena / la bici

el Rastro / = divertido / el estadio

un perro / = cariñoso / un gato

el museo / − caro / el estadio

7 ¡A jugar! Jugad en grupos de cuatro. Decid las formas de los verbos *decir* y *saber* uno/una después del otro / de la otra. Hacedlo varias veces. ¿Podéis decir las formas rápidamente? ▸ Resumen, p. 60/4

32/2
34/5
▸ GH 23/19
▸ GH 23/20

Hablar

8 Compara dos mascotas/asignaturas/deportes.

Ejemplo:
Para mí, Mates es más fácil que Inglés.

difícil	fácil	interesante	aburrido/-a
divertido/-a	cariñoso/-a		importante
bueno/-a	mono/-a		chulo/-a
tranquilo/-a	caro/-a		

9 Tú (**A**) vives en Madrid y comes churros en una cafetería. Allí conoces a un chico / una chica (**B**) que es nuevo/-a en la ciudad. **A** empieza. ▸ B, p. 130

▸ KV 24

– Du begrüßt **B** und fragst, wie er/sie heißt.
– Du sagst, dass das die besten „churros" der Stadt sind und fragst ob **B** Madrid nicht kennt.
– Du sagst, dass deine Lieblingsorte in der Stadt *El Retiro* und *La Latina* sind.
– Du sagst, dass du dort oft deine Freunde triffst und dass alle Fußball spielen.
– Du schlägst vor, dass ihr euch am Wochenende im Park trefft und dort Fußball spielt.
– Du verabschiedest dich.

A

¡Acuérdate!

10 Sales del Museo del Prado y quieres dar un paseo. Mira el plano de Madrid (p. 204) y describe el camino a tu compañero / tu compañera. Él/ella dice dónde estás.

Ejemplo: Pues, estás en la calle [...].

cruzar la calle [...]   *seguir* todo recto
girar a la derecha / a la izquierda
coger la primera/segunda/tercera calle

Cruzo la calle y sigo todo recto. En la segunda calle giro a la derecha. ¿Dónde estoy?

Punto final 3

Wählt **eine** der beiden Aufgaben aus. Wollt ihr euch gegenseitig einschätzen, findet ihr hier Evaluierungsbögen:
Webcode **APU-2-04**

Minitarea: Du erstellst ein Quiz

Du erstellst ein Quiz über deine Stadt / dein Dorf für Austauschschüler, die euch das erste Mal besuchen kommen und eure Region gerne kennenlernen möchten.

1. ¡Preparados!
– Überlege dir, welche Informationen über deine Region oder welche Orte in eurer Nähe für Austauschschüler interessant sein könnten und notiere diese (mindestens vier).
▶ Mi ciudad, p. 158

2. ¡Listos!
– Überlege dir Fragen zu den Sehenswürdigkeiten und schreibe sie auf. Recherchiere ggf. die nötigen Informationen im Internet. ▶ Para comunicarse, p. 174
– Notiere die Fragen in einer logischen Reihenfolge.
– Notiere dir auf einem Extrazettel die richtigen Antworten.

3. ¡Ya!
– Gestalte das Quiz optisch ansprechend. Probiere es dann selber einmal aus oder lasse es jemanden ausprobieren, der Spanisch spricht.

3

Tarea final: Du erstellst eine Rallye

Du erstellst eine Rallye durch deine Stadt / dein Dorf für Austauschschüler, die eure Umgebung zu Fuß kennenlernen wollen.

1. ¡Preparados!
– Überlege dir, welche Sehenswürdigkeiten (mindestens vier, maximal sechs) für Austausch-schüler interessant sein könnten, die deine Stadt das erste Mal besuchen. ▶ Mi ciudad, p. 158
– Überlege dir, wo die Rallye losgehen und enden soll. Denke daran: Sie muss zu Fuß möglich sein.

2. ¡Listos!
– Entwirf Rallyekarten mit den Fragen. ▶ Para comunicarse, p. 174
– Überprüfe noch einmal, was du geschrieben hast: Kann man die Fragen gut verstehen? Sind die Orte nicht zu schwierig zu finden?
– Schreibe für dich selbst die richtigen Antworten auf einem Extrazettel auf.

3. ¡Ya!
– Gestalte deine Rallyekarten ansprechend (bunt, mit Fotos, …).
– Probiere deine Rallye selber einmal aus oder lasse sie durch einen Freund / eine Freundin testen. Funktioniert alles?

Resumen

<table>
<tr><td colspan="2">Über ein Land oder eine Stadt sprechen / etwas vergleichen</td><td>Dazu benötigst du:</td></tr>
</table>

1
Madrid es **la** ciudad **más** grande de España.
La Puerta del Sol es **la** plaza **menos** tranquila de Madrid.

den Superlativ: ▸ GH 18/13

el/la los/las	*Substantiv*	más menos	*Adjektiv*

2
El Rastro es **más** interesante **que** el Bernabéu.
Chatear es **menos** divertido **que** charlar.
Descansar en el parque es **tan** bonito **como** ir en bicicleta.

den Komparativ: ▸ GH 18/14

más menos	*Adjektiv*	que	*Substantiv* oder *Verb*
tan	*Adjektiv*	como	*Substantiv* oder *Verb*

3

Ana es **mejor** que Nico en Naturales.
Nico es **peor** que Ana en Naturales.

Juan es **mayor** que Mateo.
Mateo es **menor** que Juan.

die unregelmäßigen Steigerungsformen: ▸ GH 19/15

		Komparativ	Superlativ
bueno/-a	→	mejor	el/la mejor
malo/-a	→	peor	el/la peor

❗ Die Adjektive **grande** und **pequeño** haben regelmäßige (s. o.) und unregelmäßige Steigerungsformen:

		Komparativ	Superlativ
grande	→	mayor (= *älter*)	el/la mayor (= *der/die älteste*)
pequeño/-a	→	menor (= *jünger*)	el/la menor (= *der/die jüngste*)

4
–¿**Conoces** el Estadio Bernabéu?
–No, solo **conozco** el estadio de Valencia.

Tú, ¿qué **dices**?

No **sé** la respuesta.

die Verben **conocer**, **decir** und **saber**: ▸ Los verbos, p. 153

▸ GH 23/18	▸ GH 23/19	▸ GH 23/20
cono**z**co	di**g**o	**sé**
conc**o**ces	dices	sabes
conoce	dice	sabe
conocemos	decimos	sabemos
conocéis	decís	sabéis
conocen	dicen	saben

5
–Este es el Museo del Prado. ¿**Lo** conocéis?
–¡Yo **lo** conozco! ¿Y la Puerta del Sol? ¿También **la** vamos a visitar?

die direkten Objektpronomen: ▸ GH 21/16

	Singular	Plural
1. Person	**me**	**nos**
2. Person	**te**	**os**
3. Person	lo/la	los/las

Bedingungen angeben	Dazu benötigst du:
6 **Si** llueve, no podemos ir al parque. **Si** queréis tomar algo, podéis ir a una cafetería.	den Bedingungssatz im Präsens mit **si** (= *wenn*). ▸ GH 22/17

Jemanden höflich ansprechen	Dazu benötigst du:
7 ¿**Ustedes** conocen el Retiro?	die höfliche Anredeform mit **usted/ustedes**: ▸ GH 24/21

	Singular	Plural
familiär	tú	vosotros/-as
höflich	**usted**	**ustedes**

Teste deine Grammatikkenntnisse: ▸ Soluciones, p. 160

1 **Completa las frases con las formas correctas del superlativo.** ▸ GH 18/13 ▸ GH 19/15
1. El Museo del Prado es el museo (+ famoso/-a) de Madrid.
2. Aquí puedes ver las (+ bueno/-a) obras de Goya o Velázquez.
3. En Madrid puedes conocer los lugares (+ bonito/-a).
4. En el Rastro están las personas (+ interesante).

2 **Completa las frases con las formas correctas del comparativo.** ▸ GH 18/14
1. Tu regalo es (− chulo/-a) mi regalo.
2. La gorra es (+ caro/-a) la camiseta.
3. Ir en barca es (+ divertido/-a) ir en bici.
4. Madrid, la capital, es (= bonito/-a) Valencia.

3 **Apunta las formas correctas de los verbos.** ▸ GH 23/18 ▸ GH 23/19 ▸ GH 23/20
1. *conocer* [yo]
2. *decir* [tú]
3. *saber* [vosotros]
4. *saber* [yo]
5. *decir* [yo]
6. *conocer* [tú]
7. *decir* [vosotros]
8. *decir* [nosotros]
9. *conocer* [vosotras]

4 **Completa las frases con el pronombre de objeto directo.** ▸ GH 21/16
1. Esta es Ana. ¿[...] conoces?
2. Allí están las chicas. ¿[...] llamo?
3. Hola Julia, estoy aquí. ¿[...] ves?
4. Ellos son de Madrid. ¿[...] conoces?
5. El Prado es ese museo. ¿[...] veis?
6. Conocemos el camino. [...] podéis seguir.

Teste, was du jetzt sagen kannst: ▸ Para comunicarse, p. 174
– Nenne die drei interessantesten/lustigsten/schönsten Sehenswürdigkeiten von Madrid.
– Vergleiche zwei Sehenswürdigkeiten deiner Stadt / deines Dorfes.

3

Hacer la compra

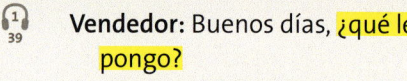

¡OFERTAS!

Esta semana:

2 barras de pan — **0,50 €**

6 litros de leche — **3,99 €**

1 kilo de manzanas — **1,49 €**

3 latas de atún — **1,50 €**

100 gramos de jamón ibérico — **4,99 €**

1 paquete de arroz — **0,69 €**

▶ F 6
▶ KV 25

🎧 1 39

Vendedor: Buenos días, ¿qué le pongo?

Sr. Dirar: Buenos días, ¿cuánto cuestan los tomates?

5 **Vendedor:** El kilo cuesta 1,50 €.

Sr. Dirar: Me pone un kilo y medio, por favor.

Vendedor: ¿Algo más?

Sr. Dirar: Sí, un pimiento verde. Eso es todo. ¿Cuánto es?

10 **Vendedor:** Son dos euros y sesenta céntimos, por favor.

Sr. Dirar: Aquí tiene. Adiós.

Vocabulario

36/1

1 Lee los textos (p. 62–63) y prepara un mapa mental de la comida[1]. Complétalo con el vocabulario que ya conoces. ▶ **Wörter in einer Mindmap ordnen, S. 139**   **1** la comida *das Essen*

Escuchar

🎧 1 40
36/2
▶ KV 26

2 Escucha las ofertas en el supermercado. ¿De qué cuatro productos hablan? ¿Cuánto cuestan?
▶ **Sich beim Hören Notizen machen, S. 140**

Hablar

👥 **3 a** Preparad la lista de la compra para una fiesta. Usa el vocabulario del mapa mental.

👥 **b** Estáis en el mercado / en el supermercado. Presentad el diálogo. ▶ **Comida y bebidas, p. 159**

35/3
36/4
▶ GH 30/27

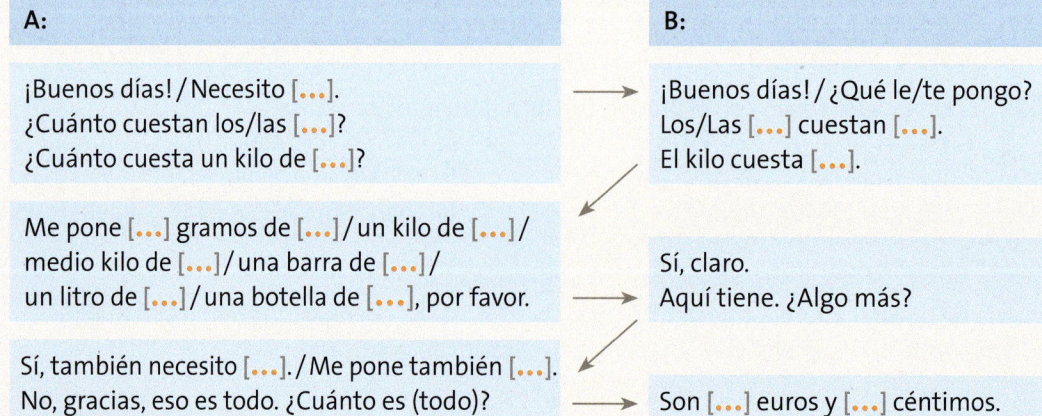

A:

¡Buenos días! / Necesito [...].
¿Cuánto cuestan los/las [...]?
¿Cuánto cuesta un kilo de [...]?

B:

¡Buenos días! / ¿Qué le/te pongo?
Los/Las [...] cuestan [...].
El kilo cuesta [...].

Me pone [...] gramos de [...] / un kilo de [...] /
medio kilo de [...] / una barra de [...] /
un litro de [...] / una botella de [...], por favor.

Sí, claro.
Aquí tiene. ¿Algo más?

Sí, también necesito [...]. / Me pone también [...].
No, gracias, eso es todo. ¿Cuánto es (todo)?

Son [...] euros y [...] céntimos.

Hier lernst du:
• Lebensmittel einzukaufen.
• ein Rezept zu verstehen.

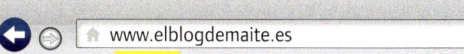 www.elblogdemaite.es

El blog de Maite

Hoy preparamos…

¡Gazpacho!
Hmmm – ¡qué rico! Este plato de verano es fácil de preparar – ¡ideal para los días de mucho calor!

Necesitas:
· 8 tomates
· 1 pimiento
· ½ pepino
· 1 diente de ajo
· 100 g de pan
· 250 ml de aceite de oliva
· 250 ml de agua fría
· 50 ml de vinagre
· sal

PREPARACIÓN
1. **Pela** el diente de ajo.
2. **Corta** los tomates, el pimiento, el pepino, el ajo y el pan.
3. **Añade** el aceite, el agua y el vinagre y **tritura** todo con una **batidora**.
4. Al final añade sal.

¡Sirve el gazpacho bien frío!

M3

Comprender el texto

4 a Lee el blog de Maite y relaciona los pasos de la preparación con las fotos.

b ¿Qué significan los verbos pelar, cortar, añadir, triturar y servir?

Mediación

34/5

5 a Explica la receta a una amiga alemana que no habla español.

b Preparad juntos el gazpacho.

No siempre es fácil...

¡Acércate!

Son las dos de la tarde. En casa de la abuela de Tarek hoy hay paella valenciana y la familia se sienta a comer. Solo hay un problema: a Tarek no le gusta la paella.

▶ F7
▶ KV 27

1. ¿Qué hay? ¿Solo paella? ¿No hay otra cosa? Tengo mucha hambre.

2. Sí, también hay ==ensalada== y tortilla de ==patatas==.

Tarek

In Spanien isst man oft erst gegen 14 oder 15 Uhr zu Mittag und gegen 21 oder 22 Uhr zu Abend. Wie ist das bei euch?

4. ¿Le falta sal?

3. ¡Pon la mesa, por favor!

5. No, ¡qué va! ¡Qué rico! Hmmm...

Comprender el texto

PF
▶ M
↗ 38/1
▶ KV 28

1 Busca las expresiones en los diálogos (p. 64–65).

Wie kannst du auf Spanisch:
– fragen, was es zu essen / zum Nachtisch gibt?
– sagen, dass du großen Hunger hast?
– jemanden bitten, den Tisch zu decken?

– den anderen einen guten Appetit wünschen?
– sagen, was du essen/trinken möchtest.
– jemanden bitten, dir das Brot zu reichen?

3

6. Tienes poca paella.
¿Quieres más?

7. Sí, un poco más,
gracias. ¿Qué queréis
beber?

8. Yo quiero agua, por favor.
Mamá, ¿me pasas el pan?

9. ¿Quién quiere
ensalada?

Tarek

10. Yo, quiero
ensalada, por favor.
¿Y qué hay de postre?

11. ¡Que aproveche!

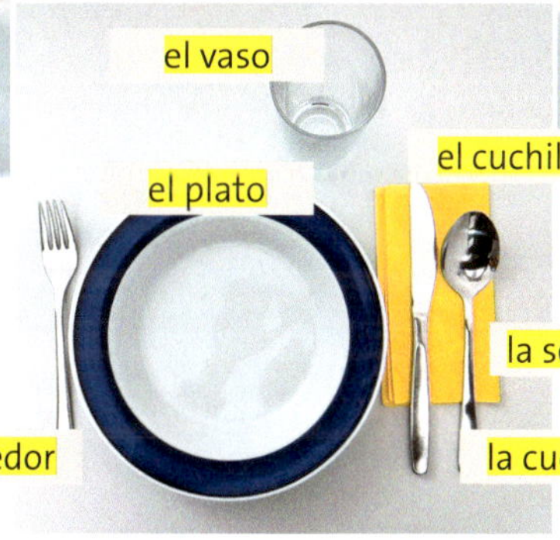

el vaso

el cuchillo

el plato

la servilleta

el tenedor

la cuchara

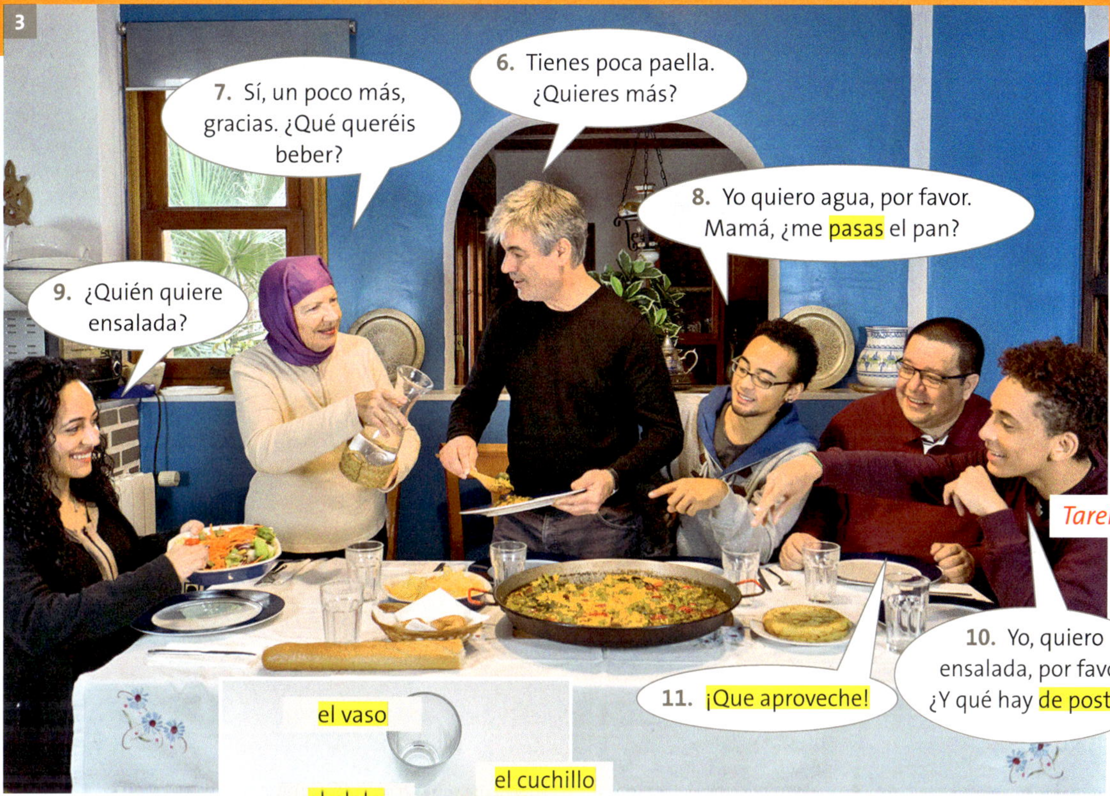

4

2 Elige una foto y descríbela.

▶ Algo más, p. 130

Arriba¹/Abajo²	hay [...].
En el centro³	está/están [...].
A la izquierda / derecha	podemos ver [...].

Cerca		hay [...].
Detrás	del [...]	está/están [...].
Delante	de la [...]	podemos ver [...].
Al lado		

1 arriba *oben*
2 abajo *unten*
3 en el centro *in der Mitte*

39/6
38/5
38/2
38/3
38/4

Escuchar

3 Estás en casa de Tarek y sus padres te invitan a comer.
Escucha las preguntas y contesta. Utiliza las expresiones del ejercicio 1.

p. 131

2
3

PF

38/7

¡Acuérdate!

PF **4** Tarek y su hermano Adil quieren preparar un gazpacho. ¿Qué tienen que comprar?
Completa el diálogo con las formas correctas de mucho/-a (+), poco/-a (–) y otro/-a (↔).

Tarek: Entonces, ¿necesitamos (+) cosas para el gazpacho?
Adil: No, son (–). Sobre todo necesitamos (+) tomates,
más o menos un kilo, y ajo. Además no hay (+) aceite.
Tarek: Vale. ¿Faltan (↔) cosas?
Adil: Sí, tenemos que comprar (↔) kilo de tomates para
mamá y creo que hay (–) leche.
Tarek: ¿Eso es todo?
Adil: Sí. ¿Vamos? Tenemos (–) tiempo. ¡Y yo tengo (+)
hambre!
Tarek: Venga. ¿Tienes dinero? Yo no tengo (+).
Adil: Sí, tengo diez euros.

Hablar

 5 Ana y Lili se sientan a comer. Presentad el diálogo. ▶ Comida y bebidas, p. 159
PF
▶ M

la ensalada	el gazpacho	la paella
el bocadillo	la tortilla española	[...]
el pan	la sal	el aceite	[...]
el zumo	la leche	el agua	[...]

Tengo mucha hambre.
¿Qué hay para comer?

¿Qué quieres
beber?

Me pasas [...], ¿por favor?

El mundo del español

 6 **a** Lies dir das Plakat durch. Wofür wirbt es?
PF Erkläre es einem Freund / einer Freundin auf
Deutsch.

 b Gestaltet ein ähnliches Plakat auf Spanisch
zum Thema „Mehr Gemüse, weniger
 Süßigkeiten!".
▶ KV 29

CAMPAÑA DE ALIMENTACIÓN SALUDABLE

¿POR QUÉ COMER MÁS FRUTA?
¡AQUÍ TIENES 5 BUENAS RAZONES!

① Están muy **ricas**. Son dulces y jugosas

② Son muy **sanas**. Ayudan a nuestro cuerpo y nuestra mente

③ Son **fáciles** de comer. Las podemos comer crudas y con la mano

④ Son muy **variadas**. Hay decenas de tipos

⑤ ¡Son **divertidas**! Podemos comerlas de muchas formas: en zumo, macedonia, yogures, helados…

FUNDACIÓN**MAPFRE**   VIVIR EN SALUD

Hier lernst du:

• über eine Reihe von Ereignissen in der Vergangenheit zu berichten.

2
4–5

► **KV 4**
DVD

Julia: Hola, Tarek. ¿Qué tal el fin de semana?

Tarek: Jo, ¡fatal! No lo vas a creer. No traigo el pastel para el cumple de Merche…

Julia: ¡No me digas! ¿Por qué no?

5 **Tarek:** Pues, el fin de semana pasado mis padres fueron a Alicante y por eso el sábado Ana y yo fuimos a casa de mi tía. Todo empezó bien: primero preparamos el pastel. Mi tía nos ayudó y terminamos temprano. Después fuimos al comedor para comer. Pero no cerré la puerta de la cocina y

10 en ese momento entró Félix, el gato de mi tía. Saltó encima de la mesa y el pastel terminó en el suelo.

Julia: ¡Ay, no!

Tarek: ¡Fue un desastre! Entonces fuimos al supermercado y compramos todos los ingredientes otra vez: la harina, los

15 huevos, la mantequilla, la fruta,… ¡pero al final olvidamos el azúcar! Ana se fue a casa y yo fui al supermercado por segunda vez.

Julia: ¡Qué palo!

Tarek: Bueno, el domingo por la mañana lo preparé de nuevo

20 y por la tarde fui a mi casa con el pastel. Pasé por la plaza y allí encontré a Mateo y a Nico. Primero tomamos un helado, después fuimos al parque y charlamos un rato… ¡y olvidé el pastel! Pero no sé dónde porque luego lo busqué y no lo encontré. ¡Fue tanto trabajo y ahora no

25 tengo regalo para Merche! Ayer por la noche te llamé…

Julia: ¿Fuiste tú? Lo siento. ¿Tienes un número nuevo?

Tarek: Sí, fui yo, pero no pasa nada.

Julia: ¿Por qué no me mandaste un mensaje? Mira, puedes firmar mi tarjeta y le decimos a Merche que el libro es

30 nuestro regalo.

Tarek: ¿Estás segura?

Julia: ¡Claro!

Julia
Tarek
Félix
Mateo
Nico
Tarek

4

Comprender el texto

⊙
► **M**

↗ 📄
40/1
40/2

1 ¿Qué cuenta Tarek del fin de semana? Lee el texto y ordena las frases.

p. 131

1. Fui al supermercado por segunda vez.
2. Después fuimos al comedor y Félix entró en la cocina.
3. Encontré a Mateo y a Nico y olvidé el pastel.
4. Félix saltó encima de la mesa y el pastel terminó en el suelo.
5. Primero preparamos el pastel para el cumple de Merche y mi tía nos ayudó.
6. Entonces Ana y yo fuimos al supermercado, pero olvidamos el azúcar.
7. El domingo preparé el pastel de nuevo y después fui a casa.
8. El fin de semana pasado Ana y yo fuimos a casa de mi tía.

Escuchar

2 a Tarek y su tía buscan el pastel. ¿Dónde lo buscan? Escucha y contesta.

▶ **Selektives Hörverstehen, S.140**

b Escucha otra vez. ¿Dónde olvidó Tarek el pastel?

Tarek olvidó el pastel en [...].

↗ p.131

Modelo para hablar

3 a Escucha, lee y repite.

Wie war das Wochenende?
Ana: ¿Qué tal el fin de semana?
Mateo: Muy bien. El sábado [...].
    Primero [...], después [...] y luego [...].
    Por la tarde [...].

b Ana y Mateo hablan de su fin de semana.
Presentad el diálogo.

Ana:

¿Qué tal el fin de semana?

Mateo:

Muy bien. / Fatal. / [...].	

El sábado Por la mañana Primero	llamé a [...]. preparé el desayuno / el almuerzo / el pastel para [...] / [...]. empecé con los deberes / a estudiar / [...].

Después	fui [...] fue [...] y yo fuimos mis padres / mis amigos fueron	a casa de [...]. al supermercado. al parque. a la plaza.

Luego Por la tarde Por la noche	pasé por la plaza / la heladería / el parque / [...]. encontré a [...]. charlé un rato / mucho tiempo con [...]. compré un helado / un zumo / ropa / [...].

¿Y qué tal tu fin de semana?	

Descubrir

▶ **GH** 26/22
▶ **KV 30**

4 a Was bedeuten **llamé** und **mandaste**? Auf welche Zeit beziehen sich diese Verbformen?

▶ **Resumen, p. 76/1**
«Ayer por la noche te llamé...» (l. 25)
«¿Por qué no me mandaste un mensaje?» (l. 28)

b Suche im Text (Z. 19–25) die Formen des *pretérito indefinido* der folgenden Verben. Um welche Person handelt es sich? Wie bildest du die 2. Person Singular?

encontrar	llamar	olvidar	preparar	❗ buscar

c Completa con el verbo en *pretérito indefinido*. ▶ Resumen, p. 76/1

1. El fin de semana pasado [...]/yo] a mi abuela.
2. ¿A qué hora [...]/tú] ayer?
3. Ayer Julia me [...] con los deberes.
4. El domingo pasado [...]/nosotros] con la familia de Tarek.
5. ¿Por qué no me [...]/vosotros] ayer?
6. Primero los chicos [...] un helado.

ayudó	cenamos
visité	te despertaste
llamasteis	tomaron

Practicar

5 a ¿Adónde fueron ayer? Utiliza una forma del *pretérito indefinido* del verbo *ir* con la preposición *a*. ▶ Resumen, p. 76/3

p. 131

1	2	3	4	5	6
[yo]	Nico y Mateo	Tarek	[tú]	[nosotros]	[vosotros]

b Pregunta a tus compañeros adónde fueron ayer.

> ¿Adónde fuiste/ fuisteis ayer?

> Pues ayer fui a [...].

> Bruno y yo fuimos a [...].

6 Cuenta qué pasó el fin de semana pasado. Utiliza el *pretérito indefinido*. ▶ Resumen, p. 76/1, 3

El sábado pasado El domingo pasado El fin de semana pasado	los padres de Tarek	*ir* a Alicante
	Ana y Tarek	*ir* a casa de la tía de Tarek / *ir* al supermercado / *comprar* los ingredientes / *olvidar* el azúcar
	Tarek	*preparar* el pastel / no *cerrar* la puerta / *pasar* por la plaza / *encontrar* a Nico y a Mateo / *olvidar* el pastel en el parque / *llamar* a Julia
	Félix	*entrar* en la cocina / *saltar* sobre la mesa
	la tía de Tarek	*ayudar* a los chicos con el pastel
	Tarek y su tía	*buscar* el pastel
	los chicos	*ir* al parque / *charlar* un rato / *tomar* un helado

4

7 ¡A jugar! Escribe fichas con los siguientes verbos. Jugad al juego de los verbos en pretérito indefinido. ▶ Resumen, p. 76/1

42/10
41/4
▶ GH
26/22

| cenar | entrenar | ayudar | esperar a alguien |

| preparar algo | olvidar algo | descansar |

Escribir

8 ¿Cómo fue el día de Félix? Mira los dibujos y descríbelo.

▶ KV 31

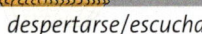

despertarse / escuchar

entrar / buscar algo
para comer

Deine Texte sind für den Leser verständlicher, wenn du Ausdrücke benutzt, um sie zu gliedern. Zeitangaben helfen, den Ablauf deutlicher zu machen, z. B. *ayer, por la mañana, por la tarde, por la noche, en ese momento, primero, después, luego, al final.*

saltar

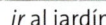

ir al jardín

tomar el sol / descansar

pasar la noche en...

Ya lo sé

9 ¿Y qué tal tu día de ayer? Cuenta a tu compañero / tu compañera.

p. 132

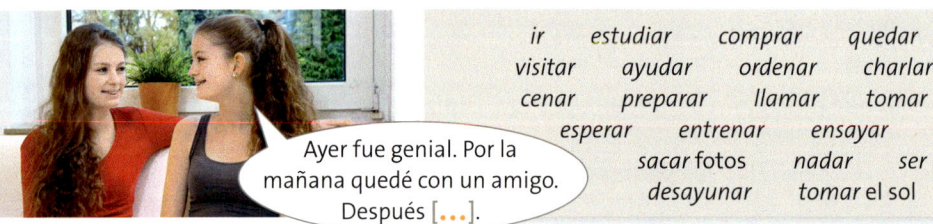

ir	estudiar	comprar	quedar
visitar	ayudar	ordenar	charlar
cenar	preparar	llamar	tomar
esperar	entrenar	ensayar
sacar fotos	nadar	ser
desayunar	tomar el sol

Ayer fue genial. Por la mañana quedé con un amigo. Después [...].

¡Acuérdate!

10 Completa los diálogos con una forma de ser o estar en presente.

1. –Julia, ¿de dónde [...]? –Yo [...] de Valencia. ¿Y tú?
2. –Chicos, ¿dónde [...]? –[.../nosotros] en la heladería que [...] al lado de la panadería.
3. –Oye, ¿quién [...] esa chica? Mira, allí. [...] baja, tiene el pelo largo y rubio.
   –Ah, [...] Merche. [...] en la clase de Pablo. [...] muy maja y divertida.
4. –Creo que hoy va a [...] un día difícil.
5. –Creo que Ana no va a venir. [.../ella] estudiando para el examen.
6. –Hoy Julia [...] enferma y por eso no puede jugar al fútbol.
7. –El supermercado [...] abierto. –¿[.../tú] seguro?

Hier lernst du:

• über Erlebnisse zu berichten.
• zeitliche Abfolgen zu beschreiben.

🎧 2
8–9

Nico está muy ==callado== hoy. Tiene un problema y tiene que hablar con sus padres. ==Hace== una semana <u>discutió</u> otra vez con su madre. Ella siempre le dice: «Sprich bitte Deutsch mit mir.», pero a Nico a veces le ==da corte==.

5 ==Anteayer== Nico <u>volvió</u> a casa del instituto, ==encendió== su tableta <u>y vio</u> vídeos en su ==canal== favorito. Luego fue a la cocina y ==después de== comer algo <u>descubrió</u> una nota de su madre: «Nico – Sommerferien in Deutschland?». ¿Qué ==significa== esta nota? ¿Nico tiene que pasar todas las vacaciones de verano en Alemania?

10 Ayer, ==antes de== volver a casa, habló con sus amigos.
Ana: Nico, ¿por qué no quieres ir? A mí me gustaría.
Nico: Uf... No tengo ganas de pasar todo el verano allí, lejos de la playa y de mis amigos.
Mateo: Pero, ¿qué dices? ¡Vas a estar en ==Berlín== tres meses y sin tus
15 padres!
Nico: Sí, pero seguro que tengo que ir al instituto con mis primos. En Alemania no tienen tres meses de vacaciones.
Ana: Pero puedes hacer ==mogollón de== cosas con tu primo Lukas...
Nico: ==Pues sí==...
20 **Tarek:** Mi hermano y yo pasamos el verano pasado en ==Marruecos==. Fue muy divertido.
Ana: <u>Conociste</u> a toda tu familia de allí, ¿verdad?
Tarek: ¡Qué va! Mi familia en Marruecos es muy grande. Pero <u>conocí</u> a cuatro tíos, muchos primos... ¡y a primos de primos! La casa de
25 mis tíos no es muy grande y mi hermano y yo <u>compartimos</u> habitación con nuestros primos, pero lo ==pasamos fenomenal==. ==Vivimos== muchas cosas ==increíbles== y ahora hablamos más ==árabe==.
Nico: Claro, a mí también me gustaría aprender más alemán. La semana pasada <u>discutí</u> por eso con mi madre...
30 **Ana:** ¡Anda, habla con tus padres!

🌍 Die Sommerferien beginnen in Spanien im Juni und das neue Schuljahr immer im September. Wie ist es bei euch?

4

¿==A lo mejor== los chicos tienen razón? El año pasado sus primos de Berlín fueron a ==Inglaterra== de ==intercambio==. <u>Compartieron</u> habitación con otros chicos y así <u>aprendieron</u> muy bien inglés. Ahora Nico quiere hablar con sus padres...

Comprender el texto

DELE
▶ M
↗ 📄
43/1

1 ¿Qué opinan los chicos sobre la nota? Lee el texto y relaciona las opiniones con los chicos.

1 «¡Tienes que ir! Creo que es genial pasar las vacaciones sin tus padres.»

2 «¡Va a ser genial! Puedes hacer muchas cosas con tu primo.»

3 «Es una buena idea. Tienes que hablar con tus padres.»

4 «Si pasas el verano en Alemania, vas a vivir cosas increíbles!»

5 «Seguro que te va a gustar. Mi hermano y yo lo pasamos fenomenal.»

6 «¿Por qué no quieres ir? A mí me gustaría pasar las vacaciones en México.»

Ana le dice a Nico: «[...].»

¡Acuérdate!

2 Y tú, ¿qué consejo le das a Nico? Habla con tu compañero / tu compañera.

> Venga, tienes que ir porque [...].   Si (no) vas a Alemania [...].
> Creo que es una buena/mala idea porque [...].   ¿Por qué no [...]?
> Creo que es genial pasar las vacaciones sin padres porque [...].
> Seguro que te va a gustar. Puedes [...].   ¡Anda, es [...]! Puedes [...].

Descubrir

▶ GH
27/23

▶ KV 32

3 a Busca las formas del pretérito indefinido de los verbos en -er e -ir en el texto (p. 71).
Haz una tabla en tu cuaderno. ▶ Resumen, p. 76/2

	-er	-ir	[...]
[yo]	[...]	descubrí	[...]
[tú]	[...]	[...]	
[él/ella]	volvió		

b Konjugiere in derselben Tabelle das Verb hablar im pretérito indefinido.
Markiere die Endungen aller drei Verben farbig. Was fällt dir auf?

Practicar

↗ 📄
44/3

▶ GH
27/23

4 ¿Qué dicen las personas? Completa las frases con las formas del pretérito indefinido.
▶ Resumen, p. 76/2

> *comer* (2x)   *conocer*   *escribir*   *volver* (2x)   *salir*   *descubrir*

Ayer Nico [...] una nota de su madre.

Anteayer [.../yo] en casa de Tarek.

Hace una semana Ana y Lili le [...] un e-mail a su abuela.

−¿Cuándo [.../tú] de México?
−[.../yo] ayer.

Primero [...] paella y luego [...] con nuestros amigos.

[.../vosotros] a Mateo el año pasado, ¿verdad?

45/6
▶ **GH** 26/22
▶ **GH** 27/23
▶ **GH** 28/24

5 ¿Qué cuenta Tarek de sus vacaciones en Marruecos? Completa las frases con las formas del **pretérito indefinido**. ▶ Resumen, p. 76/1, 2, 3 ▶ Algo más, p. 132

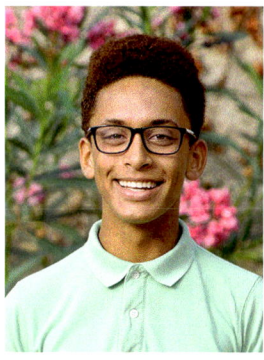

El año pasado mi hermano y yo (*pasar*) las vacaciones en Marruecos y (*conocer*/nosotros) a nuestros tíos, nuestros primos, ...
El primer día[1] mi tía me (*hablar*/ella) y yo no (*entender*) mucho. Pero al final (*aprender*/yo) más árabe y francés. Adil y yo
5 (*compartir*) habitación todo el mes con nuestros primos.
¡(*Ser*) muy divertido! También (*visitar*/nosotros) a nuestros abuelos y a otros tíos.
Una noche mis tíos (*organizar*) una fiesta con toda la familia. (*Ser*) genial. (*Comer*/nosotros) y (*beber*/nosotros) muchas cosas nuevas.
10 Mi hermano y yo (*ir*) al instituto con nuestros primos y también (*participar*) en un curso de árabe. Además, Adil (*conocer*) a una chica. Las vacaciones (*ser*) increíbles, (*vivir*/nosotros) muchas cosas.

1 el primer día *am ersten Tag*

6 ¿Y tú? Cuenta a tu compañero / tu compañera de ayer / la semana pasada / el año pasado. ▶ Resumen, p. 76/1, 2, 3

44/4
44/5
▶ **KV 33**

Ejemplo: **A:** El jueves pasado escribí un e-mail a mi prima. ¿Y tú?
        B: [...].

ayer	*escribir* un e-mail / una carta / un mensaje / [...]
anteayer	*ir* al cine / al parque / a una fiesta / a la playa / [...]
el lunes / martes / [...] pasado	*ser* genial / muy interesante / muy aburrido / muy divertido
el fin de semana pasado	*conocer* a un chico / una chica muy interesante
la semana pasada	*descubrir* una heladería nueva / una tienda nueva / [...]
hace una / dos / tres semanas	*discutir* con mis padres por las vacaciones
el verano pasado	*salir* con [...]
el año pasado	*pasar* las vacaciones en [...]
el sábado / el domingo por la mañana	*recibir* un mensaje / un e-mail de [...]
	[...]

7 Al día siguiente Nico quiere hablar con sus padres.
Describe su día en presente. Utiliza **antes de** / **después de** + **infinitivo**. ▶ Resumen, p. 77/5

43/2
▶ **GH** 29/26

Ejemplo: Antes de levantarse, Nico piensa en la nota de su madre.
       Después de levantarse, Nico...

¿Qué hace antes?		¿Qué hace después?
pensar en la nota	levantarse	*ir* al baño
ducharse	ponerse la ropa	*desayunar*
buscar su mochila	salir de casa	*ir* al instituto
tener clase de Naturales	comer con sus amigos	*escribir* un examen
quedar con sus amigos	jugar al baloncesto	*volver* a casa
hacer los deberes	ver la tele	*hablar* con sus padres
cenar con sus padres	buscar información sobre campamentos de verano en Alemania	*irse* a la cama

4

Aprender mejor

8 **In Unterhaltungen frei sprechen**

Höre zu und sprich die folgenden Redewendungen nach. ►Frei sprechen, p. 144

> ¡Anda!   ¡Fue un desastre!   ¡No me digas!
> No pasa nada.   ¡Ay, no!   ¡Venga!
> ¡Jo! No lo vas a creer.   ¡Qué palo!
> ¿Por qué no?   ¡Fue genial!

✔ Wenn du Redewendungen oder Sätze auswendig lernst, kannst du sie in Gesprächen leichter anwenden. Übe solche Ausdrücke und Sätze flüssig auszusprechen.

Hablar

9 **¡Tú eliges!** Elige a o b. ►Rollenspiele, p. 145

a El sábado Nico queda con Ana y Mateo y les cuenta la conversación con sus padres. Elegid un rol (p. 132), preparad el diálogo y presentadlo en clase. ►A, B, C, S. 132

✔ Utilizad las expresiones del ejercicio 8.

b Nico habla con su padre. Preparad el diálogo y presentadlo en clase.

Mediación

10 Los padres de Nico le quieren regalar un viaje a un campamento de verano en Alemania. Sus amigos ven el folleto y le hacen preguntas. Nico contesta. ►Sprachmittlung, p. 147

¿Dónde está el campamento?   ¿Cuántas veces vas a entrenar o tener partidos?
¿Cómo son las habitaciones?   ¿Qué otras actividades puedes hacer?

Basketballcamp Berlin

Ihr liebt Basketball? Dann werdet ihr hier im Basketballcamp den besten Sommer eures Lebens verbringen! Egal, ob ihr schon gut spielt oder noch trainieren wollt – hier könnt ihr euer Hobby perfektionieren. Viel Training, viele Basketballspiele sowie nette und erfahrene Trainer und Trainerinnen sorgen für jede Menge Spaß!

Das Camp

Das Camp befindet sich in der Nähe von Berlin. Genaue Infos zur Anreise findet ihr auf **www.basketcampberlin.de/anfahrt**. Ihr teilt euch ein Zimmer mit vier anderen Jugendlichen. Jedes Zimmer hat ein eigenes Bad. Frühstück, Mittag und Abendessen sowie Snacks für zwischendurch und Getränke sind im Preis inbegriffen.

Die Freizeitmöglichkeiten

Langeweile wird es nicht geben! Außer mehreren Basketballplätzen hat das Camp einen Pool. Am Nachmittag oder Abend sind unterschiedliche Aktivitäten geplant, wie Lagerfeuer, Kino, Angeln, Kanufahren, Schwimmen oder Klettern. Außerdem könnt ihr im Wald laufen gehen, Inline-Skaten und auch Volleyball oder Fußball spielen. Für jeden ist etwas dabei!

Mehr Infos sowie die Preise für die Teilnahme findet ihr auf
www.basketcampberlin.de

Das Programm

Montag	· Ankunft und Kennenlernen, Bezug der Zimmer · erstes Training und Aufteilung in die verschiedenen Teams · abends: Lagerfeuer
Dienstag	· vormittags: Training · abends: Kino
Mittwoch	· vormittags: Angeln oder Kanufahren · nachmittags: Training/Spiel
Donnerstag	· Ausflug nach Berlin
Freitag	· vormittags: Training/Spiel · nachmittags: Ausflug an einen See zum Schwimmen oder Klettern
Samstag	· vormittags: Training · abends: große Party!
Sonntag	· Abschluss-Spiele der besten Teams · Abreise

Punto final 4

Wählt **eine** der beiden Aufgaben aus. Wollt ihr euch gegenseitig einschätzen, findet ihr hier Evaluierungsbögen: Webcode **APU-2-05**

Minitarea: **Ihr spielt eine Szene beim Essen**

Ihr seid bei Freunden zu Besuch in Spanien und erzählt euch bei einem Picknick im Park gegenseitig von eurer letzten Woche.

1. ¡Preparados!

Bildet Vierergruppen und übernehmt jede/r eine Rolle.
Überlegt euch für eure Rolle folgende Dinge und macht euch dazu Stichpunkte:
– was ihr beim Picknick über das Essen sagen möchtet oder was ihr beim Essen fragen möchtet,
– von welchem Ereignis/Erlebnis der vergangenen Woche ihr jeweils erzählen wollt.
  Je lustiger, desto besser!   ▶ Rollenspiele, S. 145   ▶ Para comunicarse, p. 178

2. ¡Listos!

– Tragt eure Stichpunkte zusammen und erarbeitet gemeinsam einen Dialog.
– Übt den Dialog gemeinsam und versucht dabei immer frei zu sprechen.
  ▶ Der Kniff mit dem Knick, S. 145

3. ¡Ya!

– Präsentiert euer Picknick vor euren Mitschülern.

Tarea final: **Ihr schreibt eine Geschichte oder zeichnet einen Comic**

Für einen spanischen Schreibwettbewerb schreibt ihr eine Geschichte oder gestaltet einen Comic über Kater Félix' Abenteuer.

1. ¡Preparados!

– Überlegt euch, was Félix in der vergangenen Woche erlebt haben könnte. Es sollten mehrere Erlebnisse sein.
– Sammelt anschließend Verben, die dazu passen und die ihr schon im pretérito indefinido verwenden könnt.

2. ¡Listos!

– Beschreibt nun Félix' Erlebnisse. Denkt daran, Zeitangaben zu verwenden, um den Ablauf deutlicher zu machen.   ▶ Texte strukturieren, S. 146
– Zeichnet passende Bilder zur Geschichte, wenn ihr das möchtet.
– Kontrolliert eure Geschichte / euren Comic anhand der Fehlerliste.   ▶ Fehler korrigieren, S. 146

3. ¡Ya!

– Hängt eure Geschichten in der Klasse auf und wählt die besten und die lustigsten aus.

4

Von Erlebnissen / einer Reihe von Ereignissen berichten	Dazu benötigst du:

1
–Ayer te **llamé**…
–¿Por qué no me **mandaste** un mensaje?

das **pretérito indefinido** der Verben auf **-ar**: ▸ GH 26/22

Ayer	compr**é**	un pastel.
¿Cuándo	compr**aste**	esta mochila?
Ana	compr**ó**	mazapán para Lili.
El lunes pasado	compr**amos**	un regalo.
Chicos, ¿dónde	compr**asteis**	estas camisetas?
Mis primos	compr**aron**	un helado.

❗ -gar: lle**gué**, llegaste, llegó…
❗ -car: bus**qué**, buscaste, buscó…
❗ -zar: empe**cé**, empezaste, empezó…

2
–¿El domingo pasado **saliste** con tus amigos?
–No, primero **comí** con mis padres y después **vimos** la tele.

das **pretérito indefinido** der Verben auf **-er** und **-ir**:
▸ GH 27/23

comer	**vivir**
com**í**	viv**í**
com**iste**	viv**iste**
com**ió**	viv**ió**
com**imos**	viv**imos**
com**isteis**	viv**isteis**
com**ieron**	viv**ieron**

❗ **ver:** **vi**, viste, vio, vimos, visteis, vieron
❗ **leer:** leí, leíste, le**yó**, leímos, leísteis, le**yeron**

3
Hace dos días Ana **fue** al cine. **Fue** muy divertido.

das **pretérito indefinido** der Verben **ser** und **ir**:
▸ GH 28/24

Primero	**fui**	a la panadería.
¿Y después	**fuiste**	a casa a comer?
La fiesta	**fue**	muy divertida.
Ayer	**fuimos**	al supermercado.
Ah, ¿y por eso no	**fuisteis**	a la playa?
Las vacaciones	**fueron**	geniales.

❗ **ir** und **ser** sind im **pretérito indefinido** gleich.

4
No **traigo** el pastel porque lo olvidé ayer en casa de mi tía.

das Verb **traer** im Präsens: ▸ GH 28/25

Lo siento, no	tra**igo**	el pastel.
¿Me	tra**es**	un zumo?
Nico	tra**e**	los bocadillos.
Mira, te	tra**emos**	un regalo.
¿Y qué es? ¿Qué	tra**éis**	?
Los amigos	tra**en**	muchas cosas.

Zeitliche Abfolgen beschreiben	Dazu benötigst du:
5 **Antes de salir** del colegio Ana charla con sus amigas en la cafetería. –¿Qué hacéis **después de comer**?	die Konstruktionen **antes de** + *infinitivo* und **después de** + *infinitivo*. ▸ GH 29/26

Mengen angeben	Dazu benötigst du:
6 Un kilo **de** manzanas, por favor. Quiero 200 gramos **de** jamón.	die Mengenangaben mit **de**: ▸ GH 30/27 una barra **de** una lata **de** 100 gramos **de** un/medio kilo **de** un paquete **de** un litro **de** 100 mililitros **de**

Teste deine Grammatikkenntnisse: ▸ Soluciones, p. 160

1 Apunta las formas correctas de los verbos en pretérito indefinido. ▸ GH 26/22 ▸ GH 27/23
1. *preparar* [tú]
2. *entrar* [nosotros]
3. *salir* [vosotras]
4. *comer* [yo]
5. *volver* [vosotros]
6. *abrir* [tú]
7. *escribir* [ellos]
8. *pensar* [ella]

2 Apunta los verbos en la primera persona del singular [yo] del pretérito indefinido. ▸ GH 26/22
1. *llegar*
2. *cruzar*
3. *tocar*
4. *jugar*
5. *buscar*
6. *organizar*
7. *sacar*
8. *empezar*

3 Completa las frases con las formas correctas de los verbos ir y ser en pretérito indefinido.
1. El verano pasado mi familia y yo [...] a Alemania. ▸ GH 28/24
2. –¿Quién preparó el postre? –[...] yo.
3. –¿Ayer [...] al cine? –No, vimos la tele en casa.
4. Hace dos días Mateo preparó una paella. ¡[...] un desastre!
5. Después de charlar en la plaza, los chicos [...] a la heladería.
6. Julia, ¿por qué no [...] a la fiesta?

4 Completa las frases con la forma correcta de traer en presente. ▸ GH 28/25
1. ¿Por qué no [...]/nosotros] un regalo?
2. Tarek no [...] el pastel para Merche.
3. Chicos, ¿me [...] los libros, por favor?
4. Lo siento, no [...]/yo] dinero.
5. Los chicos no [...] sus móviles al instituto.
6. ¿[...]/tú] el regalo para mamá?

5 ¿Cómo lo dices en español? Formula frases con antes de / después de + infinitivo. ▸ GH 29/26
1. *Bevor / aus dem Haus gehen ...*
2. *Nachdem / mit dem Lehrer sprechen ...*
3. *Bevor / an den Strand gehen ...*
4. *Nachdem / etwas in der Cafeteria essen ...*

... Luisa hace sus deberes.
... Javi va a casa.
... tenemos que preparar las mochilas.
... los chicos vuelven al aula.

Teste, was du jetzt sagen kannst: ▸ Para comunicarse, p. 178
– Frage jemanden, was er essen und trinken möchte, und wünsche ihm einen guten Appetit. Sage, dass etwas gut schmeckt, z. B. die Paella.
– Erzähle, was du gestern alles gemacht hast.

4

facultativo

Vocabulario

1 **a** Relaciona cada verbo con dos sustantivos.

alquilar pasar	corte un zumo una barca música una bici
tomar poner dar	un rato el sol la sal la mesa un paseo

b Completa las frases con las expresiones de 1a.

1. –Chicos, si queréis [...] tranquilo podéis [...] ☼ en la plaza.
   –No sé, prefiero [...] 🚲 y [...] por el parque.
2. –Julia, ¿puedes [...] 🪑?
   –Claro, mamá, y también [...]/yo] 🎵 .

2 Encuentra las palabras y ordénalas en dos listas.

sail   carachu   íro
chicullo   lopta   sapí   toderne
tacalip   ñotaman   savo

la mesa

la geografía

3 ¿Saber o conocer? Completa con las formas correctas de los verbos saber y conocer.

–Hola, somos de Valencia y no [...] Madrid. No [...] dónde está la Plaza Mayor.
¿La [...]/vosotros]? ¿Cómo podemos ir? ¿Lo [...]/vosotros]?
–Claro que [...]/yo] la Plaza Mayor, pero no [...] el camino, lo siento. ¿Tú lo [...], Miguel?
–Sí, claro, seguid todo recto y luego...

Gramática

4 El superlativo: En el autobús a Valencia, los chicos hablan del viaje a Madrid. Completa con la forma correcta del superlativo.

Nico: Para mí, el lugar (+ interesante) de Madrid es el estadio Bernabéu.
Ana: Para nada, el (+ bueno/-a) lugar de Madrid es la Gran Vía: allí están las tiendas (+ interesante)...
Mateo: ¡Y las (+ caro/-a)! Yo prefiero el parque (+ tranquilo/-a): el Retiro.
Julia: Sí, allí también hay las estatuas (+ divertido/-a).

Ana: Pero la Plaza Mayor es la plaza (+ antiguo/-a) y (+ bonito/-a) de Madrid, ¿verdad?
Mateo: Sí, claro. Y allí comimos los (+ bueno/-a) helados.
Julia: Yo creo que la plaza (+ famoso/-a) y (+ importante) de Madrid es la Puerta del Sol, con el Kilómetro Cero.
Nico: Pues no. ¡El estadio Bernabéu es el lugar (+ importante) y (+ famoso/-a) de Madrid!
Ana, Julia y Mateo: ¡Ay Nico!

Hier kannst du überprüfen, was du in den Unidades 3 und 4 gelernt hast: Webcode APU-2-06

5 **El comparativo y el superlativo:** Mateo pregunta a Nico. Completa con el comparativo o el superlativo de los adjetivos **alto/-a**, **grande** y **largo/-a**. ▶ Deutschlandkarte, S. 206

Mateo: Nico, ¿cuál es el río [...] de Alemania? ¿El Rin o el Danubio?

Nico: Bueno, el Danubio es [...] que el Rin. Pero el río [...] de Alemania es el Rin.

Mateo: ¿Y el Elba?

Nico: No es [...] como el Rin.

Mateo: ¿Hay montañas [...] como en España?

Nico: No, la montaña [...] de Alemania es el Zugspitze. Y no es [...] como el Pico de Aneto.

Mateo: Y la ciudad [...] de Alemania es Berlín, ¿verdad? ¿Es [...] como Valencia?

Nico: ¡Es [...] que Valencia!

6 **El comparativo y el superlativo:** Prepara un cartel como en el ejemplo.

> las zapatillas de deporte
> la gorra   la chaqueta
> la mochila   las chanclas
> los vaqueros

> bueno/-a   caro/-o   moderno/-a
> nuevo/-a   bonito/-a   chulo/-a

Las gafas SOLARLUX son más bonitas, son más modernas, son más chulas, pero son menos caras que otras gafas de sol.

7 **El pretérito indefinido:** Julia lee un e-mail de Ana. Completa con las formas correctas del pretérito indefinido.

Hola, Julia:

Ayer (*volver*/yo) a casa con una idea genial: ¡voy a hacer un pastel de chocolate para el cumpleaños de mi madre! Así, ayer (*pasar*/yo) toda la tarde en la cocina y (*preparar*/yo) el pastel. Pero, ¿sabes qué (*pasar*)? De repente (*escuchar*/yo) a Pablo y Merche en la calle. Me (*llamar*/ellos) y (*salir*/yo) un momento. (*Charlar*/nosotros) un rato en la calle y… ¡(*olvidar*/yo) el pastel! (*Volver*/yo) a la cocina, pero Héctor, mi perro, (*ser*) más inteligente que yo: (*entrar*) en la cocina y (*comer*) el pastel de mi madre. ¡Qué palo!

Julia, ¿qué puedo hacer? ¡El cumple es mañana!

Tu amiga Ana

8 **Los pronombres de complemento directo:** Julia y Ana prepararon otro pastel para la madre de Ana. Ahora ponen la mesa en casa de Ana. Completa con los pronombres correctos.

Julia: A ver, Ana, necesitamos platos. ¿Dónde [...] tenéis?

Ana: Allí, en el armario. Los vasos también están allí. ¿[...] ves?

Julia: ¿Y las cucharas? No [...] encuentro.

Ana: Ya están en la mesa. Pero faltan los tenedores. ¿[...] traes también?

Julia: Claro. ¿Y el agua? ¿Dónde [...] tenéis?

Ana: Está en la estantería. Y ahora ponemos el pastel. ¿Me [...] traes?

Julia: Claro, … pero, ¿dónde está? No [...] veo en la cocina.

Ana: ¿Quééé? ¡¡¡Héctor!!!!

Julia: Tranquila, Ana. El pastel está en el pasillo, aquí [...] tengo. Pero tu cabeza, ¿dónde [...] tienes?

Comprensión auditiva

9 a ¿Qué tal ayer? Copia la tabla en tu cuaderno. Escucha los textos y marca si los chicos pasaron un buen día (☺), un día regular (😐) o un día fatal (☹).

	Ana	Pablo	Mateo	Merche
¿Qué tal ayer? ☺ 😐 ☹				
¿Qué pasó?				

b Escucha otra vez. ¿Qué pasó? Apunta dos detalles por persona en la tabla.

Comprensión lectora

10 a Lee los cuatro textos. ¿Qué título va con qué texto?

a. La capital más alta
b. La isla más grande
c. La ciudad del fin[1] del mundo
d. La ciudad más antigua

Yo lo conozco

1 Ushuaia, en Tierra de Fuego (Argentina), tiene 57 000 habitantes[2]. Es «la ciudad del fin del mundo», muy cerca de la Antártida[3]. La visita mucha gente para ver animales marinos.

2 Cuba tiene 1250 kilómetros de largo. Es la isla más grande del Caribe[4]. La capital es La Habana. Cuba tiene más de once millones[5] de habitantes. La isla es famosa por su música.

¿Tú también?

3 Quito está a 2800 metros de altura[6], en la cordillera de los Andes[7]. La capital de la República del Ecuador es la capital más alta del mundo. Tiene más de dos millones de habitantes.

4 En España hay muchas ciudades históricas, como Tarragona, Toledo o Salamanca. La más antigua es Cádiz, en Andalucía. La fundaron los fenicios[8] hace 3000 años.

1 el fin *das Ende*
2 el/la habitante *der/die Einwohner/in*
3 la Antártida *die Antarktis*
4 el Caribe *die Karibik*
5 el millón *die Million*
6 la altura *die Höhe*
7 la cordillera de los Andes *die Anden*
8 la fundaron los fenicios *die Phönizier haben sie gegründet*

b Lee los textos otra vez y escribe el final correcto.

1. La gente va a Ushuaia porque quiere [...].
2. La isla de Cuba es famosa por [...].
3. La ciudad de Cádiz está en [...].
4. La capital más alta del mundo está en [...].

Expresión escrita

11 ¿Qué lugar interesante conoces? Escribe un texto como en 10a para el blog «Yo lo conozco – ¿Tú también?». En este blog los jóvenes escriben sobre los lugares que les gustan.

Expresión oral

DELE

12 Tú (A) estás con un amigo / una amiga de España (B) en Madrid. Discutid sobre lo que vais a hacer por la tarde. **A** empieza. ▶ B, S. 133

> Du möchtest heute Nachmittag:
> – zur Gran Vía und dort einkaufen gehen. Du musst noch ein paar Souvenirs kaufen.
> – außerdem zur Puerta del Sol gehen, denn du möchtest den „Kilómetro Cero" sehen.
> Du möchtest auf keinen Fall in ein Museum gehen.

Mediación

13 Deine Mutter hat im Sommer beruflich in Madrid zu tun. Du wirst sie begleiten. Im Internet hast du einen interessanten Kinoworkshop gefunden. Dein bester Freund ist auch Kino-Fan. Er versteht kein Spanisch. Beantworte seine Fragen.

1. Wie lange dauern die Kurse?
2. Und wie viele Stunden sind es pro Tag?
3. Wie viel kostet das?

4. Wie viele Leute können mitmachen?
5. Wo finden die Kurse statt?
6. Und was genau lernst du da?

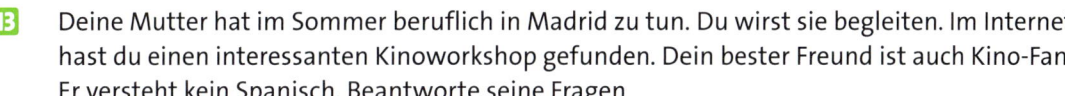

¿Te gusta el cine?

Este verano también organizamos los Campamentos Madrileños de Cine para jóvenes de 12 a 18 años. Son campamentos de una semana donde los chicos y las chicas aprenden todo sobre el cine. Formáis cuatro equipos de seis personas y aprendéis como hacer una película corta, un cortometraje.

¿Cuándo? Del 10 al 15 de julio y del 7 al 12 de agosto, una semana, de lunes a sábado.
¿Dónde? Teatro Nuevo Apolo de Madrid, Metro Tirso de Molina
¿Cuánto? De 9 a 14 horas: 200 euros; de 9 a 16 horas (con comida): 240 euros.
¿Qué? Tener ideas y escribir un guión[1]
Estar delante de la cámara, trabajar con el cuerpo, hacer teatro
Hacer un plan, ensayar
Trabajar con la luz y el sonido[2]
Rodar una película[3]
¿Cómo?
1. Descarga la ficha de inscripción. `aquí`

2. Envía la ficha de inscripción con tus datos.

1 **el guion** *das Drehbuch*
2 **la luz y el sonido** *das Licht und der Ton*
3 **rodar una película** *einen Film drehen*

Cómic

¡TE QUEDA ESTUPENDAMENTE!

ESOS PANTALONES TE FAVORECEN MUCHO.

PARECE QUE ESTÁ HECHO PARA TI, TE SIENTA GENIAL.

NUNCA COMPRO NADA,[1] SÓLO NECESITO QUE SUBA MI AUTOESTIMA.[2]

Mike Bonales

1 nunca compro nada *ich kaufe nie etwas*
2 que suba mi autoestima *dass mein Selbstwertgefühl steigt*

Oncitos

divertidos
los amigos
siempre están conmigo
para mí son hermanos
familia

aburrido
el día
no tengo ganas
pero mañana es viernes
genial

Las reglas para escribir un oncito:
Un oncito es un poema con once palabras sobre un tema.

una palabra (adjetivo/color):	¿Cómo es?
dos palabras (artículo + sustantivo):	¿Qué es?
tres palabras:	¿Qué pasa?
cuatro palabras:	más información
una palabra:	resumen

cariñoso
mi gato
siempre juega conmigo
y tiene cuatro años
Sami

1 a Describid las viñetas del cómic. ¿Dónde está el conejo? ¿Qué hace? ¿Qué lleva?

b Lee el cómic otra vez. ¿Qué significan las expresiones «te queda estupendamente», «te favorecen» y «te sienta genial»?

2 Escribe un oncito según las reglas y preséntalo a tus compañeros.

▶ KV 34

Álvaro Soler: Sofía

Sueño cuando era pequeño
Sin preocupación en el corazón
Sigo viendo aquel momento
Se desvaneció, desapareció
5 Ya no te creo, ya no te deseo, eh oh
Solo te veo, solo te deseo, eh oh

Estribillo:
Mira, Sofía
Sin tu mirada, sigo
10 Sin tu mirada, sigo
Dime Sofía cómo te mira
Dime cómo te mira, dime
Sé que no, sé que no
Sé que solo, sé que ya no soy oy oy oy
15 Mira, Sofía
Sin tu mirada, sigo
Sin tu mirada, Sofía

Dices que éramos felices
Todo ya pasó, todo ya pasó
20 Sé que te corté las alas
Él te hizo volar, él te hizo soñar

Ya no te creo, ya no te deseo, eh oh
Solo te veo, solo te deseo, eh oh

Estribillo

25 Y, ¿por qué no me dices la verdad?
Sigo sin tu mirada, Sofía
Ey ey, ey ey
Y, ¿por qué no me dices la verdad?
Mira, Sofía
30 Sin tu mirada, sigo
Sin tu mirada
Dime Sofía, cómo te mira
Dime cómo te mira

Estribillo

Álvaro Tauchert Soler nació el 9 de enero de 1991 en Barcelona. Desde pequeño aprendió a hablar español y alemán porque su padre es alemán y su madre es española. Vivió en Barcelona hasta los 10 años. Después la familia fue a vivir a Japón, pero a los 17 años Álvaro volvió a Barcelona.
Desde pequeño toca el piano y en 2010 fundó[1] un grupo junto a su hermano. Desde 2015 vive en Berlín dónde grabó[2] su primer álbum.

Rolf Budde Musikverlag / Álvaro Soler 2016

1 **fundar** *gründen*   2 **grabar** *aufnehmen*

3 a Escucha la canción. ¿De qué tema trata? Puedes contestar en alemán.

b Escucha otra vez. ¿Qué (no) te gusta?

Me gusta/n No me gusta/n	mucho bastante	la melodía. el estilo[1]. el ritmo. la voz[2]. la letra[3]. [...].

> A mí me gustan mucho la melodía y el ritmo.

(No) me gusta la canción porque [...].

1 el estilo *der Stil*
2 la voz *die Stimme*
3 la letra *der Text*

Mi viaje a México

¡Acércate!

En la clase de Ciencias Sociales los chicos tienen que presentar hoy un país. Ana, que va a visitar en las vacaciones a su familia mexicana, presenta México:

🎧 2 14
► F 8
► KV 35

Información general

Nombre oficial: Estados Unidos Mexicanos
Capital: Ciudad de México
Limita con: Estados Unidos, Guatemala y Belice
Habitantes: 123 170 000
Lenguas oficiales: el español y más de 60 lenguas indígenas

Mi presentación trata sobre México. Primero os voy a dar información general del país. Luego voy a hablar sobre su historia y geografía. Y al final voy a hablar sobre la capital, Ciudad de México.

Ana

En México hay muchos animales que no hay en Europa, por ejemplo, el ajolote.

1

2

Las dos culturas precolombinas más importantes del país son la cultura maya y la azteca, que dejaron más de 26 pirámides.

Comprender el texto

► KV 36

1 Lee el texto y contesta las preguntas. ► Algo más, p. 133

1. ¿Cómo se llama la capital de México?
2. ¿Qué es un ajolote?
3. ¿Cuáles son las culturas precolombinas más importantes?
4. ¿Qué productos de origen mexicano encuentras en el supermercado?
5. ¿Cuántos volcanes hay en México?
6. ¿Cuántas personas viven en Ciudad de México?
7. ¿Cuántos museos hay en Ciudad de México?

Por cierto, muchos productos que encontramos en el supermercado, como el maíz, el tomate y el cacao, son de origen mexicano.

En México hay 126 volcanes. El Popocatépetl es un volcán activo que tiene 5462 metros de altura.

Ciudad de México es la cuarta ciudad con más habitantes del mundo. ¡Imaginaos: allí viven veintinueve millones de personas!

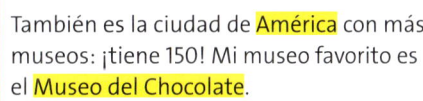

También es la ciudad de América con más museos: ¡tiene 150! Mi museo favorito es el Museo del Chocolate.
Eso es todo. Gracias por vuestra atención.

¿Tenéis preguntas?

Sentaos, chicos.

Ana

Siéntate, no veo la pizarra.

¡Cállate!

5

Escuchar

2
15

PF

48/2
49/5
48/3

2 Escucha, lee y repite.   ▶ Algo más, p. 133

1. El Zócalo es la plaza más grande de México. Allí pueden estar hasta [...] personas.
2. En un día [...] de personas usan el metro de Ciudad de México.
3. Ciudad de México es la ciudad del mundo con más taxis: hay [...].
4. En un año [...] personas visitan la pirámide de Chichén Itzá.
5. En las calles de Ciudad de México viven [...] perros que no tienen casa.

¡Acuérdate!

3 ¿Cómo hacer una buena presentación?
Apunta los consejos en tu cuaderno. Utiliza el imperativo singular.

p.133

Antes de la presentación
1. (*buscar*) información.
2. (*escribir*) tu texto.
3. (*leer*) tu presentación dos o tres veces.

Después de la presentación
7. (*contestar*) las preguntas de tus compañeros.
8. (*decir*) a tus compañeros dónde pueden encontrar más información.

Durante¹ la presentación
4. (*mirar*) a tus compañeros.
5. (*hacer*) pausas².
6. (*hablar*) despacio³.

1 durante
während
2 la pausa
die Pause
3 despacio
langsam

Descubrir

4 Suche im Text (S. 84/85) die Imperativformen dieser Verben.
Wo steht das Reflexivpronomen beim Imperativ?

callarse   sentarse

imaginarse

Practicar

5 a ¿Qué dicen los chicos? Utiliza el imperativo singular. ▶ Resumen, p. 97/4

1. ¡(*despertarse*)!
2. ¡126 volcanes! ¡(*imaginarse*)!
3. ¡(*levantarse*)!
4. ¡(*callarse*)!
5. ¿Cuál es la respuesta? ¡(*acordarse*)!

b ¿Qué les dice la profesora a los chicos? Utiliza el imperativo plural.

1. ¡Chicos, (*sentarse*)!
2. Ana va a hablar. ¡(*callarse*)!
3. Antonio, Luisa: (*acordarse*), vuestra presentación es mañana.
4. Tarek, Fani: ¡(*despertarse*)!
5. En México hay más de 60 lenguas indígenas. ¡(*imaginarse*)!
6. ¡(*apuntarse*) a la visita al museo!

Vocabulario

6 Busca en el texto (p. 84/85) las palabras para hablar de un país y completa las frases sobre México.

1. El [...] de México es Estados Unidos Mexicanos.
2. México tiene 123 170 000 [...].
3. Su [...] es Ciudad de México.

4. Las [...] son español y más de 60 lenguas indígenas.
5. México [...] Estados Unidos, Guatemala y Belice.

Ya lo sé

7 Elige un país, reúne información general y presenta el país en clase.
El vocabulario del ejercicio **6** te puede ayudar.

Hier lernst du:

- zu erzählen, was du erlebt hast.
- zu reagieren, wenn jemand etwas erzählt.

2 16–17

Ana **está** con su familia **de vacaciones** en México.
Hoy Ana queda con Julia para **chatear por Internet**.

Ana: ¡Hola, Julia! ¿Qué estás haciendo?
Julia: ¡Hola! Ahora **nada**, pero luego voy a ir a la playa con los chicos.
5 **Ana:** ¡Qué padre!
Julia: ¿Cómo? ¿Tu padre?
Ana: ¡No, no! Aquí dicen «¡qué padre!» y **nadie** dice «¡qué guay!».
Julia: Vale, entiendo. Oye, ¿y qué tal México?

Ana: Pues muy **lindo**. La semana pasada <u>estuve</u> con mi prima
10 en **los Dinamos**, un bosque **enorme** con una **cascada** y un río.
Y hace dos días mi familia y yo <u>estuvimos</u> en **Chapultepec**.
<u>Hicimos</u> un **picnic** y **observamos** a **los voladores de Papantla**.
Mira, te mando unas fotos.
Julia: ¡Qué chulo! ¿Y qué <u>hicisteis</u> ayer?
15 **Ana:** ¿Ayer? ¡Uf! Fue un día fatal.
Julia: ¿Por qué? ¡Cuéntame!
Ana: Ayer <u>vinieron</u> mis primos **de sorpresa**. Visitamos **los canales
de Xochimilco** y alquilamos una **trajinera**.
Julia: ¿Una qué?
20 **Ana:** Una trajinera. Es como una barca. Mira esta foto.

Julia: ¡Ah, vale! ¿Y qué pasó después?
Ana: Allí encontramos a Mauricio, un amigo de mi prima. Es un **pesado**.
<u>Nunca</u> **para de** hablar y **corrige** a **los demás** todo el tiempo. Yo <u>pedí</u>
zumo y él <u>dijo</u>: «¿**Ustedes dicen** zumo? Pues aquí en México decimos
25 **jugo**.»
Julia: ¡No me digas! Y tú, ¿qué contestaste?
Ana: <u>Nada</u>… Después sacamos **la comida** y yo me preparé una
tortilla con **salsa** de **chipotle**. Entonces Mauricio me preguntó:
«¿La conoces?» Y yo contesté: «¡Por supuesto!»
30 **Julia:** Pero, Ana, ¿qué sabes tú de la comida mexicana?
Ana: Pues ahora ya sé un poco. Si comes chipotle, ¡**te quemas** la boca!

España	México
¡Qué guay!	¡Qué padre!
muy bonito	muy lindo
el zumo	el jugo
vosotros	ustedes

5

Comprender el texto

DELE

↗ 50/1
▶ **KV 38**

1 ¿Qué hace Ana? Mira los dibujos y busca en el texto una frase para cada dibujo.

Vocabulario

▶ KV 39

2 a Encuentra los contrarios.   ▶ **Wortpaare bilden, S. 139**

> empezar   el calor   muy pequeño/-a
> callarse   corto/-a   el campo
> abrir   recibir   entrar   la respuesta

> terminar   la ciudad   salir   el frío
> enviar   cerrar   largo/-a
> hablar   enorme   la pregunta

b ¡Ahora tú! Busca los contrarios de estas palabras.

> pesado/-a   ayer   lejos   moderno/-a   mucho/-a
> encontrar   detrás de   allí   fenomenal

Modelo para hablar

2
18

PF
▶ M

3 a Julia y Mateo hablan en la plaza. Escucha, lee y repite.

Sag bloß!
Mateo: Ayer fue un día fatal.
Julia: ¿[...]? ¡[...]!
Mateo: Ayer fui con Juan a la playa y luego llegó una amiga de Juan y ¡uf!
Julia: ¿[...]?
Mateo: Es una pesada. Nunca para de contar historias aburridas y de hablar sobre la gente.
Julia: ¡[...]!
Mateo: Sacamos la comida y yo me preparé dos bocadillos. Entonces ella me dijo:
    «Comes más que el caballo de mi abuela».
Julia: [...]
Mateo: Nada, pero no hablé más con ella.

2
19

b Nico te cuenta lo que pasó ayer. Reacciona en las pausas.

> ¡No me digas!   Y tú, ¿qué contestaste?   ¿Qué pasó?   ¿Por qué? ¡Cuéntame!

Practicar

50/3
51/4
▶ GH
35/30

4 ¿Qué pasa? Describe los dibujos y utiliza **nadie** y **nunca**.   ▶ **Resumen, p. 96/3**

Ejemplo: **1.** Nadie va al cine.

ir al cine   **1**   *charlar* con   **2**   *comer* chipotle   **3**

dormir   **4**   *ordenar*   **5**   *despertarse* temprano   **6**

5 ¡A jugar! **A** dice un número entre 111 y 666, **B** forma la frase. Utilizad el pretérito indefinido.

▶ Resumen, p. 96/1

▶ GH
32/28

1. La semana pasada	1. Mauricio	1. *estar* en Chapultepec.
2. Al final	2. [tú]	2. *venir* con mis tíos.
3. Ayer	3. Ana y su prima	3. *hacer* un picnic.
4. Primero	4. [vosotros]	4. *ir* al mercado.
5. El año pasado	5. [yo]	5. *hacer* una excursión a Xochimilco.
6. Hace cuatro días	6. [nosotras]	6. *venir* a México.

> 264
>
> Al final fuimos al mercado.

6 Mauricio le cuenta a un amigo sobre su paseo por los canales de Xochimilco. Completa con las formas correctas del pretérito indefinido. ▶ Resumen, p. 96/1

51/5
52/6
▶ GH
32/28

Ayer (*estar*/yo) en Xochimilco con Marcela y su prima. La chica se llama Ana y (*venir*) hace dos semanas a México para visitar a su familia. Le (*contar*/yo) muchas cosas interesantes. (*Hacer*/nosotros) un picnic y (*compartir*/nosotros) nuestra comida. Ana (*preparar*) una tortilla con la salsa de chipotle. «¿La conoces?», le (*preguntar*) y ella (*contestar*): «¡Por supuesto!» ¡Pero (*quemarse*) mucho la boca! ¡Qué mal! ¡Ana (*descubrir*) la comida mexicana con el chipotle! Después (*venir*) mi padre, (*estar*/él) un rato y luego (*irse*/nosotros). ¡Quiero ver a Ana otra vez!

Escuchar

▶ KV 40

7 El domingo pasado Mauricio fue otra vez a los canales de Xochimilco. Escucha y corrige las frases.

1. El sábado la abuela cumplió sesenta años.
2. Llegaron a Xochimilco antes de las once.
3. A las doce compraron la comida.
4. Los padres no prepararon mucha comida.
5. La abuela no bailó, pero comió y cantó.
6. Volvieron a su casa a las tres de la tarde.

Aprender mejor

▶ M
50/2

8 **Wörter umschreiben** ▶ Wörter umschreiben, S. 147

a ¿Qué es? Lee y adivina qué palabra es.

1. Es algo como una montaña.
2. Es algo para las fiestas de cumpleaños y tiene golosinas.
3. Es una persona que hace obras de arte.
4. Es el contrario[1] de «poco».

1 el contrario *das Gegenteil*

b Explica a tu compañero / tu compañera en español las siguientes palabras.

> ein Tourist
> ein typisches Gericht
> ein Feiertag
> eine Sehenswürdigkeit
> eine Stadtführung
> ein Fisch   billig
> ein Stadtplan

Es	una persona / un animal / una cosa	que [...].
	algo	como [...].
		para [...].
	el contrario	de [...].

✔ Wenn du ein Wort auf Spanisch nicht kennst, umschreibe es mit anderen Worten.

5

Hablar

9 Tú eres Julia (**A**) y chateas con Nico (**B**) que está en Alemania. **A** empieza. ▸ B, p. 134

> – Du begrüßt Nico und fragst, wie es in Deutschland ist.
> – Du sagst, dass das toll ist. Und du fragst, was sie dort gemacht haben.
> – Du fragst, was danach passiert ist.
> – Du fragst, was Currywurst ist.
> – Du fragst, ob das schmeckt.

✓ Fällt dir das richtige Wort auf Spanisch nicht ein, umschreibe es!

Mediación

10 Mit deiner Spanischklasse bereitest du für die Schülerzeitung einen Beitrag über die Sehenswürdigkeiten von Mexiko-Stadt vor. Du hast eine Broschüre von einem mexikanischen Museum im Internet gefunden.

¡Tú eliges! Elige **a** o **b**.

a Fasse das Wichtigste auf Deutsch zusammen und schreibe einen kurzen Artikel über das Museum.

b Entwirf ein Plakat des Museums mit den wichtigsten Informationen des Textes auf Deutsch.

MUCHO – el Museo del Chocolate

Los mayas y los aztecas lo bebieron y lo usaron como moneda. Los españoles le pusieron azúcar y lo llevaron a Europa. Los suizos le agregaron leche. El chocolate, el producto que vuelve loco al mundo desde hace más de dos mil años, ¡tiene una casa en Ciudad de México!
En las nueve salas del Museo del Chocolate (MUCHO) puedes aprender que el chocolate no solo es delicioso sino que también tiene una historia apasionante. Si no te conformas con aprender sobre el chocolate y quieres probarlo también, en la cafetería del museo puedes comer las delicias que prepara nuestro chef.
Y si además de comer te gusta cocinar, puedes aprender en la Academia del Chocolate nuevas formas de preparar el chocolate.

- La entrada cuesta 70 pesos, pero niños y estudiantes pagan 45 pesos. ¡Trae tu carné!
- **Dirección:** Calle Milán esquina con Roma 45, Ciudad de México
- **Horario:** de lunes a domingo desde las 11:00 hasta las 17:00

Ya lo sé

11 ¿Qué hicisteis ayer, hace dos días o el fin de semana? Cuenta a tu compañero / tu compañera. Él/ella reacciona. Luego presentad el diálogo.

Carlos, el hermano mayor de Ana, escribe un blog sobre su viaje a México para sus amigos en España.

12/08

Hace dos días llegamos a Puerto Ángel, un pueblo tranquilísimo en la costa. Ayer fuimos al mercado. Es un lugar increíble y la gente es
5 superamable aunque a veces no entiendo nada. Es que en Puerto Ángel también hablan una lengua indígena superdiferente al español. Mis primos me enseñaron un poco: «¿sa ña'an nan?» significa «¿qué tal?».

14/08

Ayer fue la fiesta de cumpleaños de Marcela. Aunque yo no bailo
10 nunca, tuve que bailar vals con mi prima. Es que su novio no pudo bailar porque se enfermó. ¡Pero fue divertidísimo! También comimos mole y enchiladas. Estos son platos típicos. Son un poco picantes pero son riquísimos. Ana en cambio tuvo mucho cuidado con la comida. Es que todavía se acuerda del día del chipotle. Mis primos
15 pusieron su música favorita, y luego, como siempre en una fiesta de quince, cantaron los mariachis.

19/08

El miércoles pasado hicimos una excursión a una zona protegida. Allí no vive nadie, no hay nada… o eso parece. Pero si no haces ruido
20 y esperas, empiezas a ver animales. Nosotros tuvimos que esperar mucho, pero al final vimos un tapir. ¡Es un animal rarísimo! Mi tío solo pudo sacar una foto porque el tapir se fue muy rápido.

24/08

Ya casi volvemos a España. Marcela nos dio fotos de la fiesta como
25 recuerdo. ¡Y otros primos nos dieron un cedé con la música de la fiesta! ¡Vaya sorpresa! Es un regalo muy especial. Nunca voy a olvidar este viaje. ¡Hasta pronto, México lindo!

Der fünfzehnte Geburtstag eines lateinamerikanischen Mädchens wird mit einem besonderen Fest gefeiert. Gibt es ein ähnliches Fest auch bei euch?

Comprender el texto

DELE

↗ 53/1
▶ KV 41

1   Lee el texto y elige el final correcto de cada frase.

1. Puerto Ángel es un pueblo […]
   a. tranquilísimo.
   b. famosísimo.

2. La gente de Puerto Ángel habla […]
   a. español y una lengua indígena.
   b. español y muchas lenguas indígenas.

3. Esta lengua indígena es […]
   a. parecida al español.
   b. muy diferente al español.

4. Carlos tuvo que bailar el vals con su prima porque […]
   a. su novio se enfermó.
   b. su novio no baila nunca.

5. Ana tuvo mucho cuidado con la comida porque […]
   a. no le gusta la comida mexicana.
   b. todavía se acuerda del día del chipotle.

6. En la zona protegida […]
   a. es fácil ver tapires.
   b. puedes ver tapires, pero no es fácil.

5

¡Acuérdate!

▶ KV 42 **2** Lee el artículo. Completa con las formas de los verbos irregulares en presente.

La fiesta de quince

Una quinceañera

En México las familias (*hacer*) una fiesta muy especial para las chicas que cumplen quince años. El vestido (*ser*) muy importante para la fiesta: (*tener*/él) que ser muy lindo. A veces la madre (*hacer*) el vestido o una vecina o amiga de la familia.

Antes de la fiesta la chica y sus amigos (*tener*) que aprender a bailar vals. A veces la chica (*hacer*) la fiesta en su casa, otras veces (*preferir*) hacer la fiesta en otro lugar.

La fiesta (*empezar*) normalmente a las ocho de la noche. Entonces la chica (*salir*) con su vestido, (*coger*/ella) la mano de su padre o de un amigo y baila el vals. Después del vals, los padres de la chica (*contar*) algo sobre ella. Ellos (*querer*) presentar así a su hija.

Luego llegan los mariachis y todos (*empezar*) a cantar. La gente come, canta, saca fotos y baila mucho. ¡Las fiestas (*poder*) terminar la mañana siguiente!

Descubrir

▶ GH 35/30 **3 a** Schaue dir die Sätze aus dem Text (S. 91) an. Worauf musst du achten, wenn **nunca**, **nadie** und **nada** hinter dem konjugierten Verb stehen?

1. … a veces **no** entiendo **nada**. (l. 5)
2. Yo **no** bailo **nunca**. (l. 9/10)
3. Allí **no** vive **nadie**. (l. 19)

b Wie lauten folgende Sätze auf Spanisch? ▶ Resumen, p. 96/3

1. Heute spielt niemand am Strand.
2. Nico singt nie.
3. Juan bringt nichts für die Feier mit.

Practicar

4 Mauricio y Ana son muy diferentes. Describe a Mauricio y utiliza **no… nadie**, **no… nada** y **no… nunca** como en el ejemplo. ▶ Resumen, p. 96/3

p. 134

▶ 55/5 55/6
▶ GH 35/30

Ejemplo: Ana es amable con todos. → Mauricio no es amable con nadie.

1. Ana habla con todos.
2. Ana escucha siempre a sus amigos.
3. En las vacaciones Ana compra muchas cosas.
4. Ana participa en actividades extraescolares.
5. Ana estudia con sus amigos.
6. Ana hace siempre sus deberes.
7. Ana canta siempre.

↗ 54/3
▶ GH 35/30

5 Para la fiesta de cumpleaños de Marcela, Carlos y su familia hicieron cosas que no hacen nunca. ¿Qué cuenta Carlos? ▶Resumen, p. 96/3

| Aunque | yo
Ana
mi familia y yo
mis padres | no *organizar* fiestas
no *levantarse* temprano
no *ponerse* corbata[1]
no *tocar* la guitarra
no *cenar* tarde
no *cantar* música mexicana
no *escuchar* a mis padres cantar
no *irse* temprano a la cama | nunca, | lo tuve que
lo tuvo que
lo tuvimos que
lo tuvieron que | hacer. |

1 la corbata *die Krawatte*

PF
↗ 55/4
▶ GH 32/28

6 ¡A jugar! Leed las reglas del juego del pretérito indefinido y jugad. ▶Resumen, p. 96/1

– Vier Schüler/innen stellen sich in je eine Ecke des Klassenzimmers.
– Die anderen erfragen die Formen des pretérito indefinido der Verben im Kasten.
– Wer die Form als Erste/r korrekt nennt, darf eine Ecke weiter gehen.
– Wer als Erste/r wieder in seiner Ausgangsecke steht, hat gewonnen.

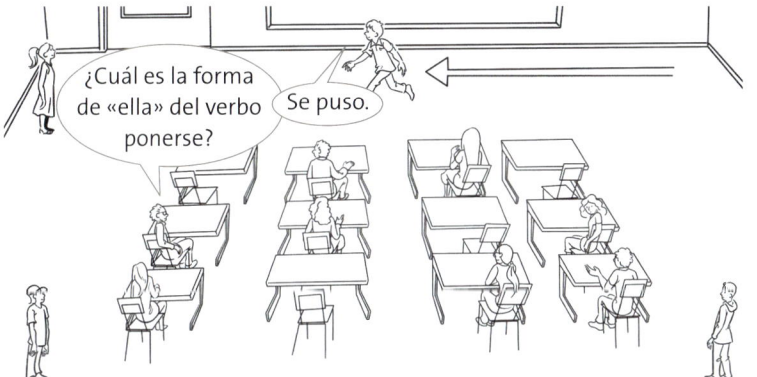

poder	tener
ir	dar
ponerse	venir
estar	hacer
callarse	dejar
quedar	ayudar
visitar	cenar
bailar	descubrir

PF
▶ M
↗ 56/7 56/8
▶ GH 32/28
▶ KV 43

7 ¿Qué cuenta Marcela sobre su fiesta? Mira la foto y cuenta en pretérito indefinido.
▶Resumen, p. 96/1

p. 134

poder comer mucho
tener que ayudar
no *comer* nada   *bailar*
ponerse una gorra muy divertida
tocar la guitarra   *cantar*
darme un regalo
irse a la cama

5

Aprender mejor

↗
53/2

▶ KV 44

8 **Wörter erschließen** ▶ Wörter über Wortfamilien erschließen, S. 136

a No conoces estas palabras, pero conoces palabras de la misma familia. ¿Cuáles son? Apúntalas en tu cuaderno.

Ejemplo: la alergia → alérgico/-a

✔ Manche unbekannten Wörter kannst du verstehen, wenn du ein Wort aus derselben Wortfamilie kennst.

la alergia	vestirse	la ducha	la enfermedad	cambiar	divertirse

el juego   el/la visitante   el empollón / la empollona   el bloguero / la bloguera
el fotógrafo / la fotógrafa   deportista

b Lee las frases. ¿Qué significan las palabras en negrita[1] en alemán?

1. La madre de Julia tiene una **alergia**. Por eso Julia no puede tener gatos.
2. Marcela tiene que **vestirse** para la fiesta.
3. Las **duchas** del gimnasio de mi instituto solo tienen agua fría.
4. La **enfermedad** de Mateo es muy rara: el chico no puede ir al colegio, pero chatea y come chocolate.
5. Nico **cambió** el tema de su presentación: ahora va a hablar sobre Colombia.
6. Ana y sus primos se **divierten** en la fiesta de cumpleaños.

[1] en negrita *fett gedruckt*

Escuchar

23

DELE
PF

↗
56/9

9 a Ana cuenta sobre un paseo con su familia. Escucha y ordena las fotos. ¿Adónde fueron primero, luego, después y al final? ▶ Globales Hörverstehen, S. 140

23

PF

b Escucha otra vez y contesta las preguntas. ▶ Selektives Hörverstehen, S. 140

1. ¿Por qué es famosa la ciudad?
2. ¿Qué hicieron Ana y su familia temprano por la mañana?
3. ¿Qué hicieron despúes?
4. ¿Quiénes nadaron en el mar?

Comprensión audiovisual

▶ KV 5
DVD

10 Mira la escena 5 del DVD. ¿Qué preparan los chicos? ¿Qué tienen que hacer?

Escribir

DELE
PF

↗
56/10

11 Nico también escribe un blog para sus amigos en España. Ayer visitó tu región / tu ciudad. Describe el día de Nico en tu región / tu ciudad. Puedes utilizar:

↗
p. 135

primero	luego	es que	ayer	pero	entonces

por eso   además   al final   aunque

Punto final 5

Wählt **eine** der beiden Aufgaben aus. Wollt ihr euch gegenseitig einschätzen, findet ihr hier Evaluierungsbögen:
Webcode **APU-2-07**

Minitarea: **Ihr zeichnet ein Chat-Gespräch auf**

Du bist in den Ferien und chattest mit einem spanischen Freund / einer spanischen Freundin, der/die ebenfalls im Urlaub ist. Ihr erzählt euch, was ihr in den letzten Tagen gemacht habt.

1. ¡Preparados!
– Überlege zunächst, wovon du erzählen möchtest: Du kannst einen Urlaub erfinden oder von einer tatsächlichen Reise berichten.
– Überlege dir auch ein paar Daten, z. B. zu Sehenswürdigkeiten, die deinen Freund / deine Freundin interessieren könnten. ▶ **Para comunicarse, p. 182**

2. ¡Listos!
– Schreibt euer Gespräch auf und korrigiert es. ▶ **Fehler korrigieren, S. 146**
– Übt es mehrmals zu zweit. Achtet dabei auf die richtige Betonung.

3. ¡Ya!
– Nehmt die Unterhaltung auf und spielt sie der Klasse vor oder präsentiert sie „live" in der Klasse.

DELE

Tarea final: **Du hältst ein Kurzreferat**

Ihr organisiert eine Ausstellung mit dem Titel „México, tierra de contrastes", und jeder Schüler / jede Schülerin wird ein Kurzreferat über einen Aspekt von Mexiko halten. ▶ **Ein Kurzreferat halten, S. 144**

Tulum, la ciudad maya	el cacao	las pirámides de México
el ajolote	la fiesta de quince	[...]

1. ¡Preparados!
– Suche zunächst Informationen zu deinem Thema, zum Beispiel im Internet.
  ▶ **Para comunicarse, p. 182**
– Suche dann zehn interessante Fotos zu deinen Informationen.
– Überlege dir, was genau du zu jedem Foto sagen willst. Schreibe zu jedem Foto einen Satz.

2. ¡Listos!
– Erstelle eine Präsentation mit deinen Fotos.
– Übe deine Präsentation mehrere Male.
– Habe auch immer die Zeit im Blick.

3. ¡Ya!
– Präsentiere dein Thema im Unterricht.

5

Resumen

Von einem Ereignis in der Vergangenheit berichten	Dazu benötigst du:

1 «Imagínate, hace tres días mis padres y yo llegamos al pueblo. ¡Qué chulo!, ¿verdad? Mis primos **vinieron** también. Hace dos días **hicimos** una excursión y **estuvimos** en un lugar muy especial.

unregelmäßige Formen des **pretérito indefinido**:
▸ GH 32/28

venir	hacer	estar	tener
vine	hice	estuve	tuve
viniste	hiciste	estuviste	tuviste
vino	hizo	estuvo	tuvo
vinimos	hicimos	estuvimos	tuvimos
vinisteis	hicisteis	estuvisteis	tuvisteis
vinieron	hicieron	estuvieron	tuvieron

poder	poner	dar	ver
pude	puse	di	vi
pudiste	pusiste	diste	viste
pudo	puso	dio	vio
pudimos	pusimos	dimos	vimos
pudisteis	pusisteis	disteis	visteis
pudieron	pusieron	dieron	vieron

Ayer mi madre **pidió** una enchilada en el chiringuito.

Verben mit Vokalschwächung (e → i) wie **pedir**.
❗ [él/ella] p**i**dió, [ellos/-as] p**i**dieron

Über ein Land oder eine Reise sprechen	Dazu benötigst du:

2 México es un país interesant**ísimo**. Hay comida riqu**ísima**, pirámides bonit**ísimas** y animales **super**interesantes...

den absoluten Superlativ mit **-ísimo/-a**:   ▸ GH 34/29

	männlich	weiblich
Sg.	un país grand**ísimo**	una ciudad grand**ísima**
Pl.	bosques grand**ísimos**	cascadas grand**ísimas**

❗ rico → ri**qu**ísimo   ❗ largo → lar**gu**ísimo

und die umgangssprachliche Konstruktion **super-** + **Adjektiv**.

3 –¿Qué sabéis de México?
–**Nada**, profe.
–Yo **no** sé **nada**.
–Pues, **nunca** pasamos las vacaciones fuera de España.
–**No** conozco a **nadie** en México.

die Verneinung mit (**no**...) **nada**, (**no**...) **nadie** oder (**no**...) **nunca**.   ▸ GH 35/30

❗ Stehen **nada**, **nadie** oder **nunca** hinter dem konjugierten Verb, muss vor dem Verb **no** stehen.

4 ¡Eh, Javi, cállate!
Chicos, callaos por favor.

den Imperativ der reflexiven Verben: ▸ GH 36/31

	Singular	Plural
callarse	¡Cállate!	¡Callaos!
levantarse	¡Levántate, por favor!	¡Levantaos, por favor!
sentarse	¡Siéntate aquí!	¡Sentaos aquí!
ponerse	¡Ponte los zapatos!	¡Poneos los zapatos!

Mehrere Personen in Lateinamerika ansprechen	Dazu benötigst du:

5 −¿Y **ustedes**, chicos? ¿También **quieren** visitar la pirámide?

die Anredeform mit **ustedes**: ▸ GH 37/32

Spanien	Lateinamerika
Y **vosotros**, ¿de dónde **sois**?	Y **ustedes**, ¿de dónde **son**?

Teste deine Grammatikkenntnisse: ▸ Soluciones, p. 160

1 Apunta las formas correctas de los verbos en **pretérito indefinido**. ▸ GH 32/28
1. *poder* [ellos]
2. *tener* [vosotros]
3. *venir* [él]
4. *poner* [nosotros]
5. *estar* [nosotras]
6. *ve nir* [yo]
7. *dar* [tú]
8. *tener* [ella]
9. *poner* [tú]
10. *hacer* [él]
11. *estar* [vosotras]
12. *dar* [yo]

2 Apunta el imperativo en singular y plural. ▸ GH 36/31
1. *sentarse*　2. *callarse*　3. *acordarse*　4. *ducharse*　5. *despertarse*　6. *levantarse*

3 Completa las frases con nada/nadie/nunca y con no, si es necesario. ▸ GH 35/30
1. ¿Por qué [...] comes [...]?
2. [...] va al cine conmigo.
3. Mis amigos [...] van [...] al teatro.
4. −¿Qué haces? −[...].
5. [...] como chipotle.
6. Este chico [...] habla con [...].

4 Completa las frases con el superlativo -ísimo/-a. ▸ GH 34/29
1. Esta película es [...].　(aburrido/-a)
2. Las enchiladas son [...]. (rico/-a)
3. Laura tiene el pelo [...]. (largo/-a)
4. Mis amigos me cuentan cosas [...]. (interesante)
5. Madrid es una ciudad [...].　(grande)
6. Estos vaqueros son [...].　(caro/-a)

Teste, was du jetzt sagen kannst: ▸ Para comunicarse, p. 182
− Erzähle, was du über Mexiko weißt.
− Berichte über deinen letzten Urlaub oder von einem Ausflug, den du gemacht hast.

5

Los medios y yo

¡Acércate!

¿En qué gastas tu paga?
Preguntamos a seis jóvenes y estas son sus respuestas.

🎧 24–25
▶ F 9

Yo gasto mi paga sobre todo en juegos y aplicaciones. ¡No puedo vivir sin mi móvil! Por eso nunca tengo dinero a final de mes. ¡Necesito más paga!

¿Para qué necesito mi paga? Estoy ahorrando la mitad para un monopatín nuevo. La otra mitad es para comprar revistas, ir al cine y esas cosas.

Martín

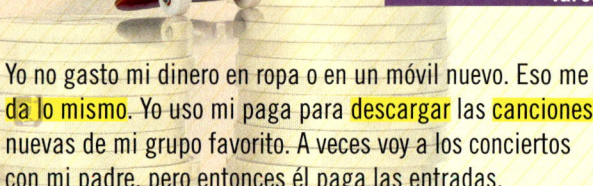

Tarek

Yo no gasto mi dinero en ropa o en un móvil nuevo. Eso me da lo mismo. Yo uso mi paga para descargar las canciones nuevas de mi grupo favorito. A veces voy a los conciertos con mi padre, pero entonces él paga las entradas.

Valeria

In Spanien und Lateinamerika bekommen viele Jugendliche kein festes Taschengeld. Ihre Eltern oder Großeltern geben ihnen Geld, wenn sie etwas brauchen. Was findet ihr besser?

Comprender el texto

58/1
58/2

1 Lee el texto.
¿En qué gastan los chicos su paga?
¿Para qué necesitan dinero?

Ejemplo: Martín gasta su paga en juegos y aplicaciones para su móvil.
Valeria necesita dinero para [...].

Hier lernst du:

- zu sagen, wofür du dein Geld ausgibst.
- zu sagen, wozu du etwas benötigst.

¿Paga? ¿De qué hablas? Mis padres me compran todo, y cuando necesito dinero para golosinas o **bebidas** me dan **un poquito**.

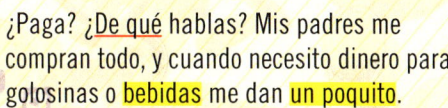

Hay muchas cosas que quiero comprar. Además necesito dinero para salir con mis amigos. Pero la paga que me dan mis padres **cada** semana no me **alcanza**. Mi hermana mayor recibe más dinero que yo. ¡No es **justo**!

Alba

Mis padres y yo tenemos un **acuerdo**. El **primer** día de cada mes me dan el dinero para la ropa, **la carga del móvil**, cosas para el instituto… Pero yo lo tengo que comprar todo.

David

Paula

El consumo de los jóvenes españoles entre 12 y 19 años

- salir con amigos
- ropa
- comida/golosinas
- **cosmética**
- móvil
- ahorrar

Fuente: Fundación Creafutur

6

Hablar

2   Y tú, ¿en qué gastas tu dinero? Hablad sobre vuestros gastos.

PF
▶ F 9
▶ KV 45

Yo (no) gasto mi paga en […]. Prefiero gastar mi paga en […].
Estoy ahorrando para […].
Siempre / a veces / nunca compro […].
Mis padres siempre / a veces / nunca me compran […].

3 a Mira la estadística (p. 99). Utiliza las siguientes expresiones para describirla.

> La mayoría[1] de los jóvenes españoles gasta su dinero en [...].
> Muchos/pocos jóvenes gastan su dinero en [...].
> Los jóvenes gastan más/menos dinero en [...] que en [...].

1 la mayoría *die Mehrheit*

▶ KV 46

b ¿En qué gastáis vuestra paga? Preguntad a vuestros compañeros y preparad la estadística.

Escuchar

26

DELE

PF

59/5
▶ KV 47

4 ¿Para qué necesitan los chicos más dinero? Copia la tabla en tu cuaderno.
Escucha y apunta las respuestas. ▶ Sich beim Hören Notizen machen, S. 140

nombre	necesita más dinero para
Rita	[...]
[...]	[...]

Practicar

58/3a
59/3b
▶ GH
39/33

5 ¿Para qué necesitas las cosas? Habla con tu compañero / tu compañera y utiliza
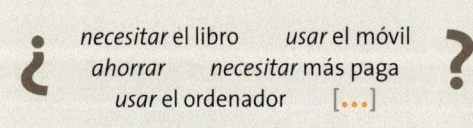 ▶ Resumen, p. 110/1

Ejemplo: —¿Para qué necesitas dinero?
—Lo necesito para comprar vaqueros nuevos.

> ¿ *necesitar* el libro   *usar* el móvil
>   *ahorrar*   *necesitar* más paga
>   *usar* el ordenador   [...]   ?

> comprar [...]   ir a un concierto
> escribir mensajes   estudiar
> buscar información   hacer los deberes
> ver vídeos   [...]

6 a Relaciona los verbos con las preposiciones.
A veces hay varias posibilidades.

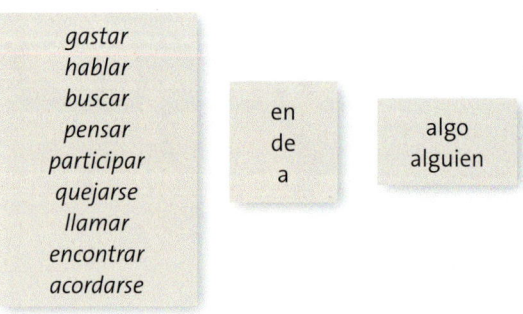

> *gastar*
> *hablar*
> *buscar*
> *pensar*
> *participar*
> *quejarse*
> *llamar*
> *encontrar*
> *acordarse*

> en
> de
> a

> algo
> alguien

▶ GH
39/33

b ¿Qué preguntan los chicos? Completa con ¿de qué?, ¿en qué? y ¿a quién? ▶ Resumen, p. 110/1

1. Hola, chicos. ¿[...] estáis hablando?
2. Ana, ¿[...] gastas tu paga?
3. Mateo, ¿[...] piensas?
4. Lili, ¿[...] estás llamando?

5. Julia, Nico, ¿[...] estáis buscando?
6. Tarek, ¿[...] taller vas a participar?
7. Nico, ¿[...] vas a encontrar mañana?
8. Chicas, ¿[...] os quejáis?

59/4

c Escribe las respuestas.

Hier lernst du:
- Vor- und Nachteile zu benennen.
- wiederzugeben, was jemand sagt.

¿Os imagináis pasar un día desconectados?

Muchos jóvenes dicen que no pueden pasar un día sin móvil, sin ordenador o sin Internet. No obstante María y Roberto aceptaron el desafío. Aquí nos cuentan sus experiencias.

¡Qué difícil!

5 Mis amigos creen que estoy enganchada a la red. Por eso acepté el desafío. Sin embargo lo pasé muy mal. Imagínate la situación: te despiertas y no puedes ver la hora en tu móvil. ¡Qué susto! Luego, antes de llegar al instituto, quieres saber si hay cambios de horario,
10 ¡pero no puedes preguntar a nadie! Además, todos se enfadan porque no contestas sus mensajes. Tu amiga te pregunta si te gusta la foto y tú no sabes de qué foto habla. Y así pasas todo el día…¡no te enteras de nada! ¡Qué rollo! Por eso, por un lado es muy difícil,
15 pero, por otro lado también hay cosas buenas. Por ejemplo, como no tienes tu móvil, hablas más con tus amigos sin mirar tus mensajes cada tres minutos. Y eso sí que es genial. *María*

¡No estuvo mal!

20 No soy un «un bicho raro» y amo mi móvil, pero hay cosas que no me gustan. Por eso acepté el desafío. Por ejemplo: a veces mis amigos y yo estamos juntos y nadie habla con nadie. ¡Estamos en otro mundo! Sin mi móvil empecé a observar a la gente. Es super-
25 interesante y hasta conocí a una chica. ☺
Además, hay una solución para todo. Para buscar información fui a la biblioteca del instituto. Claro, necesitas más tiempo, pero la bibliotecaria te puede ayudar. En Internet estás solo con miles de páginas y
30 es difícil saber si la información es buena o no. Por la noche charlé con mis padres. La ventaja de estar sin tele, sin radio y sin móvil es que tienes mucho más tiempo para otras cosas como leer, charlar, descansar… Solo hay una desventaja: ¡no puedo ver los resultados
35 de los partidos de baloncesto! *Roberto*

Y tú, ¿estás a favor o en contra? ¿Cuáles son las ventajas y desventajas de un día desconectado?

6

Comprender el texto

1 Lee el artículo y relaciona las frases.

1. Muchos jóvenes dicen que [...].
2. Los amigos de María creen que [...].
3. Antes de ir al instituto María quiere saber si [...].
4. A María le gustó estar un día [...].
5. Roberto dice que no es [...].
6. Para Roberto una ventaja es que [...].

> hay cambios de horario
> un «bicho raro»
> sin mirar sus mensajes cada tres minutos
> María está enganchada a la red
> tienes más tiempo para otras cosas
> no pueden pasar un día sin Internet

► KV 48

2 ▶ KV 49 Busca los argumentos en el artículo (p. 101) y prepara una tabla con las ventajas y desventajas de pasar un día desconectado/-a.

ventajas	desventajas
– hablas más con tus amigos	– no puedes ver la hora
– [...]	– [...]

Hablar

3 Y tú, ¿estás a favor o en contra? ¿Cuáles son las ventajas y desventajas de pasar un día desconectado/-a? Habla con tu compañero / tu compañera.

p. 135

62/6

Yo estoy a favor porque [...].
Por un lado [...], pero por otro lado [...].
La ventaja es que [...].
No obstante [...].

Yo estoy en contra porque [...].
La desventaja es que [...].
Sin embargo [...].

Escribir

▶ M
▶ KV 50

4 ¿Qué te gusta hacer cuando no usas tu móvil?
Prepara un cartel como en el ejemplo.
Utiliza el imperativo.

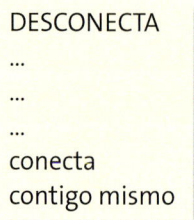

DESCONECTA
...
...
...
conecta
contigo mismo

DESCONECTA
sal a la calle
MIRA AL MUNDO
HABLA CON TUS AMIGOS
ESCRIBE UNA CARTA
APRENDE ALGO NUEVO
DESCUBRE Y DESCANSA
conecta
contigo mismo

Escuchar

5 a Ana le manda un mensaje de voz a Julia. Escucha. ¿De qué habla?
▶ Globales Hörverstehen, S. 140

29

 p. 135

b Escucha otra vez y contesta. ▶ Selektives Hörverstehen, S. 140

1. ¿A qué hora quedan con los chicos?
2. ¿Dónde se encuentran?
3. ¿Qué quieren hacer Tarek, Nico y Mateo?
4. ¿Cuál es la ventaja?
5. ¿Por qué Julia tiene que llamar a Ana si no puede ir?
6. ¿Qué puede hacer Julia?

Descubrir

▶ GH
39/34
▶ GH
40/35

6 Compara las frases. | Vergleiche die Sätze. Was ändert sich im Satz in der indirekten Rede?

▶ Resumen, p. 110/2, 3

Pablo, estás enganchado a tu móvil.

Nico dice que Pablo está enganchado a su móvil.

Julia, ¿te gustan las fotos?

Ana pregunta a Julia si le gustan las fotos.

Practicar

↗ 61/3
62/4
62/5
▶ GH
39/34

7 Los chicos tienen que preparar una presentación para la clase de Biología. ¿Qué dicen o piensan?

▶ Resumen, p. 110/2   ▶ Algo más, p. 135

1 La biblioteca abre a las tres y media.

2 Tenemos mucha información para la presentación.

4 También podemos buscar información con mi móvil.

7 En casa tengo otro libro sobre animales.

3 No tengo ganas de ir a la biblioteca por la tarde.

8 Podemos quedar a las cuatro.

5 ¡A veces la información que encuentras en Internet es mala!

6 Tú estás enganchado al móvil.

9 Me da lo mismo.

| Ana
Nico
Julia
Mateo
Tarek | dice
piensa
cree | que [...]. |

6

¡Acuérdate!

60/2

8 ¿Qué preguntan los chicos? Completa el diálogo.

cuánto   dónde   adónde   cómo   cuándo   quién   por qué   qué

Ana: Mira, aquí estoy en Barcelona.
Julia: Qué bonita foto. ¿[...] fuiste a Barcelona? ¿Y [...] es esa chica?
Ana: Fui hace tres semanas. La chica es una prima.
Nico: Chicos, ¿[...] hacemos ahora? ¿[...] vamos? ¿[...] no vamos al polideportivo?
Mateo: Vale, Nico, ahora vamos.
Tarek: ¿[...] está el polideportivo? ¿[...] tiempo necesitamos para llegar? Mi hermano también quiere venir.
Mateo: Necesitamos 15 minutos. ¿[...] se llama tu hermano? Adil, ¿verdad?
Tarek: Sí. Ahora le escribo un mensaje, ¿vale?

Mediación

ES DE
▶ M
▶ GH
40/35

9 a Nico tiene visita de amigos de Alemania que no hablan español. Ana y Mateo quieren saber qué preguntan los chicos. ¿Qué dice Nico? ▶ Resumen, p. 110/3

Preguntan / Quieren saber
por qué [...].
dónde [...].
cuándo [...].
si [...].
cómo [...].

Können wir morgen einen Ausflug machen?
Wann treffen wir uns morgen? Früh oder nachmittags?
Wo wohnen deine Freunde?
Warum können wir nicht zum Strand gehen?
Gibt es hier in der Nähe ein Kino?
Wie heißt der Park von Valencia?

b Escribid un diálogo entre Nico, sus amigos de Alemania, Ana y Mateo y presentadlo en clase. Utilizad las preguntas de 9 a. También podéis hacer más preguntas.

Hier lernst du:
- deine Meinung zu etwas zu äußern.
- zuzustimmen und abzulehnen.

🎧 2 30–31

Hoy Julia llega a clase con una camiseta con el nombre del grupo más popular del instituto: «Los Tíos». La semana que viene hay un concierto del grupo en el instituto. Por eso, Ana, Mateo y Nico le preguntan a Julia dónde pueden
5 comprar la camiseta. Pero esa no es una camiseta normal: ¡es *made by Julia*! Ana tiene una idea: «¿Por qué no hacemos un tutorial para la plataforma del instituto? Así todos los fans pueden aprender cómo hacer su propia camiseta.»

Ana: ¿Qué te parece la idea?
10 **Nico:** ¡A mí me encanta!
Mateo: ¡A mí también me parece genial!
Julia: ¿Pero, estáis locos? No me interesa. Y yo de vídeos no tengo ni idea. ¡Paso!
Nico: Anda, no es tan difícil.
15 **Ana:** ¿Recuerdas a Rafa, el primo de Nuria? Él tiene un canal en Internet superchulo. Escríbele un mensaje y pídele ayuda. Seguro que te contesta.
Nico: Sí, es una buena idea.
Julia: Ay, no sé... ¿y si nos queda mal el vídeo?
20 **Ana:** Entonces lo borramos. Si nos queda bien, lo subimos a la plataforma del instituto. Ahí nadie lo puede copiar o compartir.
Mateo: ¡Hazlo por los fans de «Los Tíos»! Además, nosotros te vamos a ayudar.
25 **Julia:** Vale... Solo hay un problema: mis padres.
Mateo: ¡Venga, Julia! Habla con tus padres.
Julia: De acuerdo. ¡A ver si los convenzo!
Todos: ¡¡¡GUAYYYY!!!

Comprender el texto

63/7
63/8
64/1
67/10

1 Lee el texto y corrige las frases.

1. La semana que viene hay un partido de fútbol en el instituto.
2. Julia lleva una camiseta con el nombre del equipo.
3. A los amigos no les gusta la camiseta de Julia.
4. Con un tutorial de Rafa todos los fans pueden hacer su propia camiseta.
5. Nuria tiene un canal en Internet y puede ayudar a Julia.
6. Si el tutorial queda bien, lo suben a Internet.
7. En la plataforma del instituto todos lo pueden borrar o copiar.
8. Pero primero Julia tiene que convencer a sus abuelos.

Primer paso: Dibuja tu diseño en la camiseta con un lápiz y ponla sobre la tabla de planchar.

Segundo paso: Coloca un cartón dentro de la camiseta.

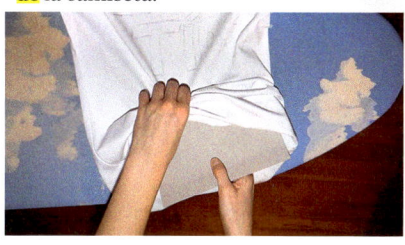

Tercer paso: Saca punta a los lápices de cera y rellena el dibujo con la viruta.

Cuarto paso: Tápalo con papel vegetal y pasa la plancha por encima. Hay que tener mucho cuidado.

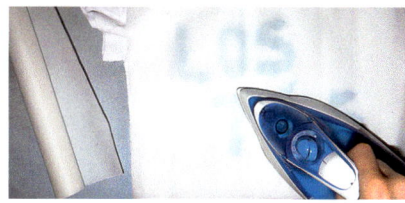

Quinto paso: Quita el papel. Hay que esperar un poco y ¡listo!

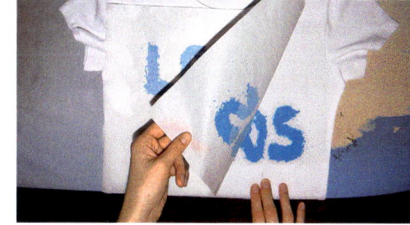

6

Modelo para hablar

2
32

↗ 67/11
68/12
64/2

2 a Escucha, lee y repite.

Wie findest du die Idee?

Mateo: ¿[...] la idea de hacer un vídeo para la plataforma del instituto?

Ana: [...] aburrido. Y yo de vídeos [...].

Mateo: Anda, [...].

Ana: [...].

b Mateo tiene una idea y habla con Ana. Presentad el diálogo.

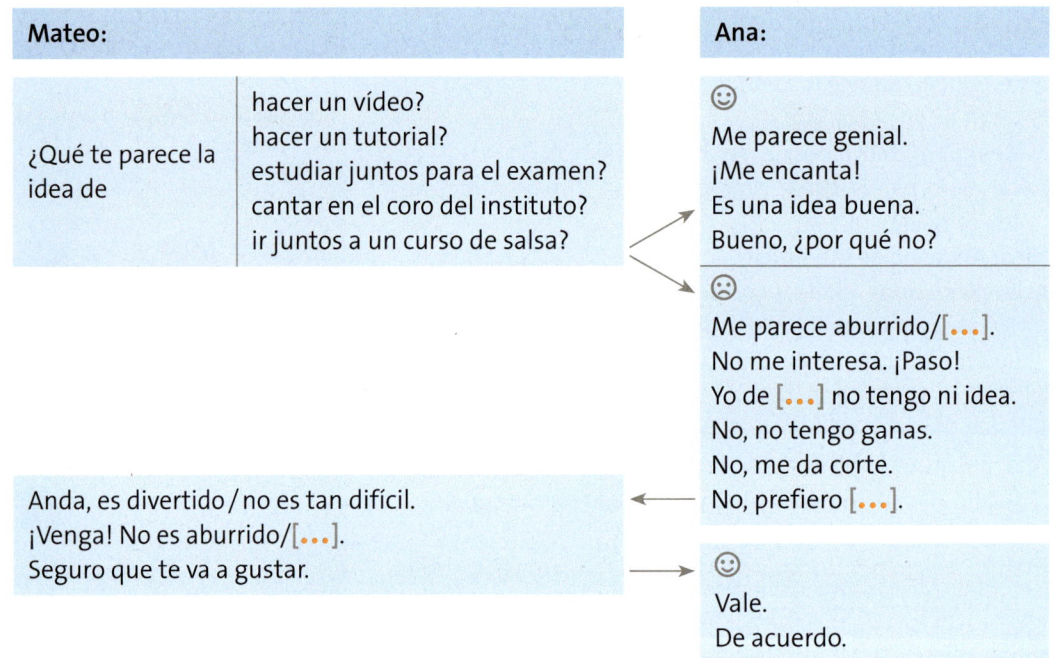

Mateo:		Ana:
¿Qué te parece la idea de	hacer un vídeo? hacer un tutorial? estudiar juntos para el examen? cantar en el coro del instituto? ir juntos a un curso de salsa?	☺ Me parece genial. ¡Me encanta! Es una idea buena. Bueno, ¿por qué no?
		☹ Me parece aburrido/[...]. No me interesa. ¡Paso! Yo de [...] no tengo ni idea. No, no tengo ganas. No, me da corte. No, prefiero [...].
Anda, es divertido / no es tan difícil. ¡Venga! No es aburrido/[...]. Seguro que te va a gustar.		☺ Vale. De acuerdo.

Hablar

3 ¡Tú eliges! Elige a o b.

DELE

↗ 64/3

a Tú eres Julia (**A**) y hablas con tu padre (**B**) sobre el tutorial. **A** empieza. ▶ B, p. 135

– Du erzählst deinem Vater, dass du ein Tutorial machen möchtest.
– Du erklärst, dass ihr es auf die Schulplattform hochladen möchtet – dort kann man es immer löschen.
– Du sagst, dass dir Rafa helfen wird.
– Du erzählst, wer Rafa ist, und dass auch die anderen dir helfen werden.
– [...].

b Queréis quedar esta tarde, pero tenéis propuestas diferentes. Discutid las propuestas.

ir al cine	*jugar* al baloncesto	*sacar* fotos	*ir* al teatro	*ir* al centro comercial	[...]

¡Paso! No me interesa. No, prefiero [...]. [...]	Anda, es [...]. Venga, seguro que [...]. [...]	¡A mí me encanta! ¡Me parece una buena idea! De acuerdo. [...]

Aprender mejor

PF **4** **Ein zweisprachiges Wörterbuch benutzen**

a Lies Julias Stichpunkte für das Tutorial. Beantworte dann die Fragen mithilfe eines Wörterbuchs. ▶ **Ein Wort im zweisprachigen Wörterbuch nachschlagen, S. 137**

Necesitas:
- *una camiseta blanca*
- *tu diseño favorito*
- *un lápiz*
- *lápices de cera*
- *un sacapuntas*
- *cartón*
- *una tabla de planchar*

Pasos:
- *lava la camiseta*
- *déjala secar*
- *dibuja el diseño en la camiseta*
- *limpia los restos*
-

✔ Lies immer den ganzen Wörterbucheintrag durch, bevor du dich für die passende Bedeutung entscheidest. In einem Wörterbuch findest du außerdem viele Abkürzungen und Zeichen. Deren Bedeutung kannst du auf den ersten Seiten nachschlagen.

Geschlecht (bei Substantiven) | Wortart (Verb) | verschiedene Bedeutungen

lava *f.* Lava *f*
lavar *v* **1.** *(limpiar)* waschen; **~ la cabeza a alguien** jdm den Kopf waschen; **~ los platos** das Geschirr spülen; **~ y marcar** *(pelo)* waschen und legen **2.** *(dibujo)* ausmalen **3.** *(mineral)* aufbereiten

1. Was für eine Wortart ist lava (la camiseta)?
2. Wie lautet die Grundform?
3. Welche Informationen zu dem Wort findest du in dem Wörterbucheintrag?
4. Welche Übersetzung passt deiner Meinung nach?

b Suche die anderen unterstrichenen Wörter im Wörterbuch und beantworte die Fragen 2.–4.
von Aufgabe 4a.

Practicar

PF **5 a** Julia ayuda a Ana a hacer su propia camiseta.
Relaciona los sustantivos con las actividades.

el diseño   la camiseta
el cartón   los lápices de cera
la plancha   el papel vegetal

pasar con cuidado por encima del diseño
poner sobre la tabla de planchar
colocar dentro de la camiseta   *sacar* punta
dibujar en la camiseta   *quitar*

b Haz diálogos como en el ejemplo. Utiliza las expresiones
de 5a. ▶ Resumen, p. 111/6

✔ Achte auf die Akzentsetzung.

Ejemplo: **Ana:** ¿Qué hago con el diseño?
Julia: Dibújalo en la camiseta.

↗ 65/6
66/7
66/8
66/9
▶ GH
43/38

6

6 Antes y después de hacer un tutorial hay que organizar muchas cosas. Formula frases con **hay que** + **infinitivo** y ordena las actividades.   ▶ Resumen, p. 111/7

65/4
▶ **GH**
43/39
▶ **KV 51**

Ejemplo: Antes de hacer el tutorial hay que hablar con los padres.

antes de hacer el tutorial	hablar con los padres
después de hacer el tutorial	subir el vídeo a la plataforma del instituto
	mirar el vídeo otra vez
	mandar el vídeo al profesor organizar lámparas
	escribir y aprender el texto pedir ayuda
	preparar las cosas en la mesa hablar con los profes

7 Haz una pregunta con un número ordinal como en el ejemplo. Tu compañero / tu compañera contesta.   ▶ Resumen, p. 111/8

65/5
▶ **GH**
44/40

Ejemplo: —¿Cómo se llama el primer mes del año? —El primer mes del año se llama enero.

el [...] mes del año   el [...] día de la semana   la [...] comida del día
la [...] asignatura que tenemos hoy   el [...] profe que vemos los lunes en clase
la [...] letra del alfabeto   la [...] persona singular/plural del verbo despertarse   [...]

Mediación

▶ **M**

68/13

8 a Lukas le escribe un e-mail a su primo Nico. Ana quiere saber qué dice Lukas. ¿Qué cuenta Nico?

Lukas dice/escribe que [...].

https://www.mail.es

Hi Nico,

danke für das T-Shirt, es gefällt mit total gut!!! Wie macht man das? Ich möchte auch so ein T-Shirt machen. Schade, dass es im Internet keine guten Videos auf Deutsch gibt. Warum machst du nicht ein Video? Wie findest du die Idee? Das wäre echt cool! :-)
Julia kann dir ja dabei helfen.
Ich habe im Internet Lieder von *Los Tíos* angehört und die Musik ist super! Hier in der Schule haben wir auch eine Schulband. Die Musik ist auch super und ich möchte gern ein T-Shirt von der Band machen. In den Sommerferien gibt es ein Konzert, zu dem wir dann zusammen gehen können. Hast du Lust?

Bis bald,
Lukas

b Ahora explícale a Lukas cómo hacer la camiseta. Las fotos de la página 105 te pueden ayudar.

Comprensión audiovisual

9 Mira el tutorial de Julia (escena 6 del DVD). ¿Qué consejos da Julia? Puedes contestar en alemán.

▶ **KV 6**
DVD

Punto final 6

Wählt **eine** der beiden Aufgaben aus.
Wollt ihr euch gegenseitig einschätzen,
findet ihr hier Evaluierungsbögen:
Webcode APU-2-08

Minitarea: Du schreibst einen Leserbrief

Du schreibst über deine Erfahrung und deine Meinung zu einem „día desconectado" in einem Leserbrief an eine Zeitschrift.

1. ¡Preparados!

Mache dir Stichpunkte zu folgenden Fragen:
– Warum fällt es dir leicht oder schwer auf Handy/Internet/Fernsehen/Radio zu verzichten?
– Worauf verzichtest du gern, worauf nicht?
– Was kann man stattdessen machen?
– Warum kannst du diese Erfahrung (nicht) empfehlen?

2. ¡Listos!

Ordne deine Informationen und schreibe den Brief. Wie beginnst/beendest du ihn?
Nenne Vor- und Nachteile und wäge sie gegeneinander ab.   ▶ **Para comunicarse, p. 186**

3. ¡Ya!

Tauscht die Briefe in der Klasse aus und korrigiert sie gegenseitig.   ▶ **Fehler korrigieren, p. 146**

Tarea Final: Ihr erstellt ein Tutorial

Ihr erstellt ein Tutorial für eure spanische Austauschschule.

1. ¡Preparados!

Wählt euer Thema. Es kann z. B. eine Anleitung für ein Schul-T-Shirt, ein typisches Kochrezept eurer Region oder auch etwas ganz anderes sein. Überlegt euch:
– welche Materialien ihr dafür benötigt und
– welche Arbeitsschritte (vier bis fünf) ihr präsentieren wollt.
Besorgt die Materialien und verwendet eine Kamera / ein Handy, um das Tutorial aufzuzeichnen.

2. ¡Listos!

– Formuliert die Anweisungen zu den einzelnen Arbeitsschritten schriftlich wie in einem Drehbuch. Gestaltet den Vortrag lustig und animiert die Zuschauer mitzumachen.
– Überlegt euch genau, wie ihr unbekannte Begriffe verständlich macht (durch Zeigen oder Erklären).   ▶ **En la red, p. 159**
– Kontrolliert euer Drehbuch.   ▶ **Fehler korrigieren, S. 146**
– Übt die mündliche Präsentation, sodass der Vortrag klar und deutlich ist. Anschließend filmt die Präsentation. Alternativ könnt ihr das Tutorial auch „live" in der Klasse vorspielen.

3. ¡Ya!

Präsentiert eure Tutorials in der Klasse. Wie viele „*Likes*" bekommt ihr von euren Klassenkameraden?

6

Resumen

Sagen, wofür man etwas benötigt	Dazu benötigst du:
1 ¿**Para qué** necesitas el dinero? ¿**En qué** gastas tu paga? ¿**De qué** hablas?	die Fragewörter mit Präpositionen ¿**para qué?**, ¿**en qué?** und ¿**de qué?** ▸ GH 39/33

Wiedergeben, was jemand sagt oder fragt	Dazu benötigst du:
2 Ana: «<u>Estoy</u> en el parque.» Ana **dice que** <u>está</u> en el parque. Mateo: «<u>Tengo</u> fiebre.» Mateo **cree que** <u>tiene</u> fiebre.	den indirekten Aussagesatz im Präsens. ▸ GH 39/34
3 Mateo: «¿**Dónde** está Ana?» «¿**Adónde** <u>vamos</u>?» «¿**Por qué** no <u>venís</u>?» «¿<u>Traes</u> <u>tus</u> libros?» Mateo pregunta / quiere saber… … **dónde** está Ana. … **adónde** <u>van</u>. … **por qué** no <u>venimos</u>. … **si** <u>traigo</u> <u>mis</u> libros.	den indirekten Fragesatz im Präsens. ▸ GH 40/35

Vor- und Nachteile benennen	Dazu benötigst du:
4 **Como** mis amigos salen hoy, yo quiero salir también. **Sin embargo** hay un problema: mañana tengo un examen. **No obstante** voy a salir… ¿o no? No sé… **Por un lado** tengo que estudiar, **por otro lado** quiero ver a mis amigos. ¿Qué hago?	die Konnektoren und Konjunktionen **como**, **sin embargo**, **no obstante**, **por un lado… por otro lado**. ▸ GH 41/36

Seine Meinung zu etwas äußern	Dazu benötigst du:
5 ¿Qué **te parece** la idea? **Me encantan** los vídeos de Rafa. No **me interesa** el fútbol.	die Verben **encantar**, **parecer** und **interesar** mit den Objektpronomen. ▸ GH 42/37

Erklären, was jemand tun soll	Dazu benötigst du:

6   –Mi madre no sabe dónde estoy.
    –Pues, **llámala**.

    –Mañana es el cumple de mi tío.
    –**Mándale** una postal.

    –Oye, ¿dónde pongo los libros?
    –Pues, **ponlos** sobre la mesa.

den Imperativ mit angehängten direkten und indirekten Objektpronomen: ▸ **GH 43/38**

Verb im Imperativ +	me	
	te	
	lo/la	le
	nos	
	os	
	los/las	les

❗ Achte darauf, dass ein Akzent gesetzt werden muss, wenn die zusammengesetzte Form mehr als zwei Silben hat.

---

7   –¿Qué **hay que** <u>hacer</u> ahora?
    –Pues, **hay que** <u>poner</u> la mesa…

die Konstruktion **hay que** + *infinitivo*. ▸ **GH 43/39**

---

8   **Primer** paso: buscar un diseño.
    Segundo paso: dibujar el diseño en la camiseta.

die Ordinalzahlen: ▸ **GH 44/40**
❗ primer, primero/-a, segundo/-a, **❗** tercer, tercero/-a, cuarto/-a, quinto/-a

---

Teste deine Grammatikkenntnisse: ▸ Soluciones, p. 160

1   Formula frases en el estilo indirecto.   ▸ GH 39/34   ▸ GH 40/35
    1. Tarek: «Tenemos que comprar muchas cosas.»   Tarek le dice a Adil […].
    2. Julia: «¿Ayer Merche y tú fuisteis al cine?»   Julia me pregunta […].
    3. Mateo: «¿Cuándo vienen tus primos?»   Mateo pregunta a Ana […].
    4. Ana: «Hay que ordenar la habitación.»   Ana dice […].
    5. Nico: «¿Estudias hoy por la tarde?»   Nico me pregunta […].
    6. Pablo: «¿Por qué no venís a mi fiesta?»   Pablo nos pregunta […].

2   Escribe frases con los pronombres.   ▸ GH 43/38
    Ejemplo: Llama <u>a tu abuela</u>. → Llámala.
    1. Manda una postal <u>a tu tío</u>.   **4.** Lee <u>el libro</u>.
    2. Explica la tarea <u>a tus amigos</u>.   **5.** Compra <u>los bocadillos</u>.
    3. Da el libro <u>a tu compañero</u>.   **6.** Escribe un mensaje <u>a tus padres</u>.

Teste, was du jetzt sagen kannst: ▸ Para comunicarse, p. 186
– Gib drei Sätze und Fragen deines Partners / deiner Partnerin wieder.
– Sage, was die Vor- und Nachteile eines Tages ohne Fernsehen oder Internetvideos sind.

6

Vocabulario

1 En clase de Geografía, Merche hace una presentación sobre Guatemala. Completa el texto con la forma correcta de las siguientes palabras.

> la pirámide   el nombre   *limitar*   indígena   el volcán
> la cultura   el origen   el producto   el habitante   el millón   la altura

Voy a hablar de Guatemala.
Este país [...] con México, Belice, Honduras y El Salvador. Como en toda América Central[1], también en Guatemala hay muchos [...]. El Tajumulco, por ejemplo, tiene una [...] de 4210 metros.
La República de Guatemala, así es su [...] oficial, no es muy grande, sin embargo, tiene casi 13 [...] de [...]. En Guatemala no solo hablan español, también hablan 23 lenguas [...]. Todas tienen su [...] en la [...] maya. En Guatemala puedes visitar grandes [...] mayas.
Tres [...] típicos de Guatemala son el café, el azúcar y los plátanos[2].

Mapa: México, Belice, Guatemala, Honduras, El Salvador, Puerto Barrios, Volcán Tajumulco 4210, Ciudad de Guatemala, Quetzaltenango

1 América Central   *Mittelamerika*
2 el plátano   *die Banane*

2 a ¿Qué es? Busca las palabras.

1. Es una cosa para sacar fotos.
2. Es un vídeo corto que te enseña cómo hacer algo.
3. Es una persona que te ayuda en la biblioteca.
4. Es el dinero que muchos padres dan a sus hijos cada semana.
5. Es una cosa que necesitas para poder visitar un concierto o un museo.
6. Es un pequeño programa para el móvil.

b ¡Ahora tú! Escribe definiciones para estas palabras.   ▶ Wörter umschreiben, S. 147

1. una barca
2. un picnic
3. las gafas
4. un instituto
5. un/a habitante
6. mi abuela

Gramática

3 **El superlativo absoluto:** Para la clase de Geografía, Nico hace un póster sobre Berlín. Completa el texto de su póster con las formas correctas del superlativo absoluto.

Berlín, la capital de Alemania, no es una ciudad muy antigua, pero es (interesante). Hay muchos monumentos (importante) y museos donde puedes ver cosas (raro/-a). Los platos típicos de la capital alemana también parecen un poco raros, pero la «Currywurst» y el «Döner» son (bueno/-a). Por Berlín pasa el río Spree. Puedes hacer excursiones (largo/-a) y (chulo/-a) en barco[3]. Pero también es (divertido/-a) ir en bicicleta por los barrios o por los parques de esta ciudad (verde).

3 el barco   *das Schiff*

4 **El pretérito indefinido:** Desde México, Ana escribe una postal a su amiga Julia. Completa con las formas correctas del pretérito indefinido.

Hola Julia:
Saludos desde el D. F., la capital de México. Es una ciudad supergrande. Ayer mis padres y yo (*estar*) en el Zócalo. Es una plaza enorme en el centro. (*Dar*/nosotros) un paseo por la plaza y (*ver*) cosas guapísimas. Me (*pedir*/tú) un recuerdo, pero con tan poco tiempo no (*poder*/yo) comprar nada. ¡Lo siento! Por la tarde (*ir*/nosotros) a Xochimilco, una zona protegida muy bonita. (*Ponerse*/yo) mi vestido nuevo ☺ porque mis primos (*venir*) con nosotros. Juntos (*alquilar*/nosotros) una barca. ¡Qué divertido! (*Ser*) un día muy largo. Por eso, por la noche ya no (*hacer*/yo) nada más.
Y tú, ¿qué (*hacer*) el fin de semana?
Un abrazo, Ana

5 **La negación:** Hoy Mateo está pasando un mal día. Sus amigos tienen muchas ideas, pero Mateo no quiere hacer nada. Completa las respuestas de Mateo con (no)...nada/nadie/nunca.

1. –Venga, Mateo, ¿qué quieres hacer? –[...] quiero hacer [...].
2. –¿Vamos a cantar algo? –¡Qué decís! Yo [...] canto [...].
3. –Podemos visitar a Pablo, Merche y Nuria. –No, [...] quiero visitar a [...].
4. –¿Quieres comer un helado? –Bah, [...] quiero comer [...].
5. –Podemos tomar el sol en el parque... –Pero yo [...] tomo el sol.
6. –¿Jugamos con los chicos de allí? –No, [...] voy a jugar con [...].

6 **El discurso indirecto:** Pablo pide más paga. Él cuenta a sus amigos lo que dice su madre. Escribe las frases en discurso indirecto. Empieza con: «Mi madre me dice que...» o «Mi madre me pregunta (si)...».

1. Te compro la ropa y pago la carga de tu móvil.
2. ¿Para qué necesitas tanto dinero?
3. Yo tampoco me puedo comprar todo.
4. ¿Tus compañeros también tienen tanta paga?
5. Gastas todo tu dinero en golosinas.
6. ¿Por qué no ahorras más?
7. También puedes ayudar a la abuela.
8. Puedes hacer la compra para ella.
9. Entonces no la tengo que hacer yo.
10. Seguro que después ella te va a dar algo.

7 **El imperativo de los verbos reflexivos:**
Mira el dibujo. ¿Qué les dice Nico a los niños?

callarse   sentarse   levantarse
ponerse (la chaqueta)   despertarse
acordarse (de las cosas)

8 **El imperativo con pronombre:** La familia de Pablo quiere pasar el fin de semana en la playa. Escribe lo que dice la madre de Pablo. Utiliza el imperativo con el pronombre.

Ejemplo: **1.** Hijo, tu habitación es un desastre. → ¡Ordénala!

1. Hijo, tu habitación es un desastre. ¡(*ordenar* / tu habitación)!
2. Llama a tu entrenador de fútbol y (*decir* / a tu entrenador) que no vas a ir al entrenamiento.
3. Busca tus camisetas y (*poner* / tus camisetas) en la maleta.
4. ¿Dónde está tu bañador? Chico, vamos a la playa…¡(*buscar* / tu bañador)!
5. ¿Y tus gafas de sol? Son importantes. ¡(*llevar* / tus gafas de sol)!
6. Oye, ¿estas revistas no son de tu hermana? (*dar* / a tu hermana) las revistas.
7. Ana y Nico quieren salir contigo. (*escribir* / a Ana y Nico) un mensaje.
8. ¿Todavía tienes que hacer los deberes? Pues, ¡(*hacer* / tus deberes) ahora!

Comprensión auditiva

9 a Escucha el programa en la radio. ¿De qué hablan los chicos? ▶ **Globales Hörverstehen, S. 140**

b Copia la tabla en tu cuaderno, escucha otra vez y apunta la información.
▶ **Selektives Hörverstehen, S. 140**

	¿Quién le da dinero?	¿Cuánto tiene?	¿En qué lo gasta?
Mario	[...]	[...]	[...]
Ana María	[...]	[...]	[...]

Expresión oral

10 La televisión de España quiere hacer un programa sobre los jóvenes en Alemania. Piden presentaciones a los jóvenes que quieren participar. Hay que responder a las siguientes preguntas. Prepara tu presentación y grábala[1] con el móvil. ▶ **Frei sprechen, S. 144**

1. ¿Cómo te llamas y dónde vives?
2. ¿Qué te gusta hacer en tu tiempo libre?
3. ¿Tienes una paga o tus padres te dan dinero para todo?
4. ¿En qué gastas tu dinero? ¿Ahorras para algo especial?
5. ¿Para qué utilizas tu móvil?

1 grabar algo *etw. aufnehmen*

Expresión escrita

11 Quieres hacer un tutorial para un blog sobre recetas de cocina. Piensa en una receta que conoces (por ejemplo de una ensalada o de un postre). Haz una lista de los ingredientes y escribe las frases que vas a decir en el vídeo. Utiliza el imperativo y las siguientes palabras.

> primero / después / además / al final
> hay que / tienes que…
> antes de / después de + *infinitivo*

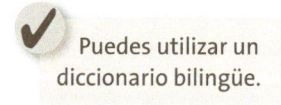 Puedes utilizar un diccionario bilingüe.

Comprensión lectora

12 El domingo, la abuela de Mauricio va a cumplir setenta años. Toda la familia va a hacer una excursión a Xochimilco. Mauricio mira el folleto. Encuentra las respuestas a sus preguntas.

1. ¿Cuánto tiempo necesitamos para ir del centro de Ciudad de México a Xochimilco?
2. ¿Cómo llegamos al embarcadero[1]?
3. ¿Cuándo sale la última trajinera con mariachis?
4. Somos 14 personas, ¿vamos a poder ir todos en una trajinera?
5. ¿Cuánto cuesta el paseo en trajinera?

1 el embarcadero *die Anlegestelle*
2 durar *dauern*
3 incluir *umfassen*
4 la artesanía *das Kunsthandwerk*

¡Ven a Xochimilco!

Da un paseo por los canales de Xochimilco – ¡a solo una hora y media del centro de la ciudad!

¿Cómo llegar?
Toma el metro, línea 2, hasta «Tasqueña». Allí toma el Tren Ligero hasta «Xochimilco». Desde la estación ve a pie hasta el embarcadero.

Servicio de trajineras
Desde las 9:00 hasta las 19:00 horas, de lunes a domingo
Domingos: última salida (paseos C y D) a las 12:00 horas

paseo	sale	dura[2]	incluye[3]	cuesta
A	de 9:00 a 18:00	1 hora	trajinera	350 pesos
B	de 9:00 a 17:00	2 horas	trajinera, una enchilada/persona	700 pesos
C	de 10:00 a 16:00	3 horas	trajinera, enchiladas, museo del ajolote	1200 pesos
D	de 11:00 a 15:00	4 horas	trajinera, mercado de artesanías[4], mariachis	1800 pesos

Todos los precios son por trajinera. En una trajinera pueden viajar hasta 15 personas.

Mediación

13 Estáis de vacaciones en España y visitáis una exposición de arte. Hay un panel informativo[1] sobre la pintora Frida Kahlo. Tus padres te hacen preguntas. Contéstalas.

1. Was steht da zu Frida Kahlos Familie?
2. Ist sie zur Schule gegangen? Hat sie Kunst studiert?
3. Wann hat sie angefangen zu malen?
4. Was hat sie gemalt?
5. Steht das Haus ihrer Familie noch?

Frida Kahlo (1907–1954)

- Frida Kahlo nació en Coyacán (D. F. de México), el 6 de julio de 1907. Tuvo tres hermanas.
- Vivió con su familia en la famosa «Casa Azul» (hoy es un museo).
- Con seis años se puso muy enferma. Su padre, Guillermo Kahlo, la ayudó mucho.
- Frida fue una de las primeras chicas que pudieron estudiar en la Escuela Nacional Preparatoria.
- Con 18 años tuvo un grave accidente de tráfico[2] y pasó muchos meses en la cama. Empezó a pintar[3] y dibujar. Pero nunca estudió para ser pintora.
- Frida hizo retratos[4] de su familia y de sus amigos, pero sobre todo pintó autorretratos[5].

1 el panel informativo *die Informationstafel*   2 un grave accidente de tráfico *ein schwerer Verkehrsunfall*
3 pintar *malen*   4 el retrato *das Portrait*   5 el autorretrato *das Selbstportrait*

Especial vacaciones

Mi móvil y yo

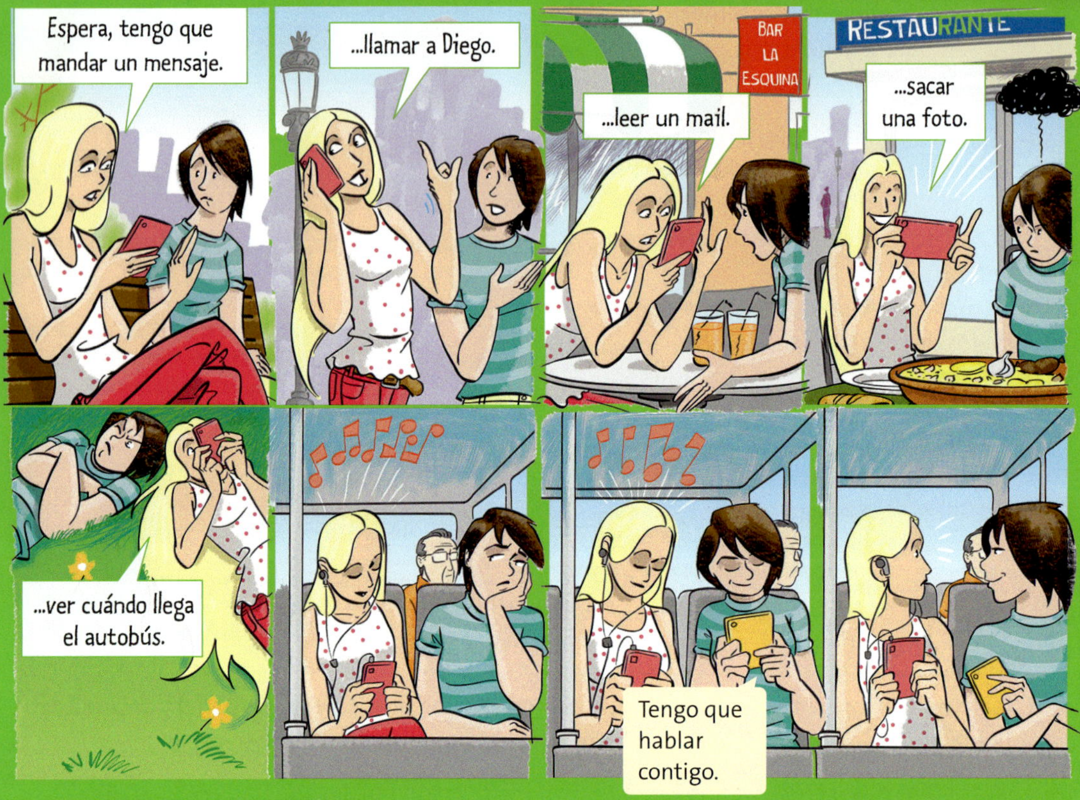

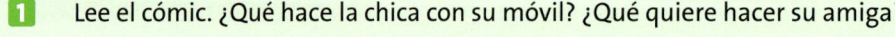

Espera, tengo que mandar un mensaje.

...llamar a Diego.

...leer un mail.

...sacar una foto.

...ver cuándo llega el autobús.

Tengo que hablar contigo.

Me gusta sacar fotos en cada momento. Son ideas, son recuerdo, son especiales, con el mundo. Quiero compartir los momentos, soy yo. Quiero compartir los momentos especiales con el mundo.

Me gusta cantar y bailar. Mi música favorita siempre está conmigo. Escucho pop, rock, hip-hop... Hay música por todos lados.

Hola, ¿qué tal? ¿Tienes tiempo? ¿Charlamos un poco? No estás aquí, pero compartimos todo. ¡Hasta pronto, mi amigo!

1. Lee el cómic. ¿Qué hace la chica con su móvil? ¿Qué quiere hacer su amiga?

 2. ¿Qué es importante para ti? Haz un caligrama como en los ejemplos y preséntalo a tus compañeros.

¿Estás enganchado a la red?

1. **Cuando me despierto…**
   a. primero miro mis mensajes y páginas online.
   b. enciendo la radio.
   c. voy al baño.

2. **En el autobús…**
   a. leo un libro y escucho música.
   b. estoy con mi móvil.
   c. hablo con la gente.

3. **Mando un mensaje a mi amigo, pero él no me contesta inmediatamente[1].**
   a. Me enfado, ¿por qué no contesta?
   b. No pasa nada, yo tampoco contesto inmediatamente.
   c. Escribo otro mensaje para saber qué le pasa.

4. **Cuando tengo tiempo entre actividades…**
   a. tengo que revisar[2] las redes.
   b. descanso.
   c. veo la tele.

5. **Prefiero quedar con…**
   a. amigos reales.
   b. amigos virtuales.
   c. amigos reales o virtuales, no importa.

6. **¡Qué rico! Me gusta la comida y…**
   a. tengo que sacar una foto.
   b. busco la receta[3] en Internet.
   c. termino el plato en un minuto.

7. **Estoy de vacaciones con mis padres y no hay WiFi en el hotel.**
   a. Vacaciones sin móvil, ¡genial!
   b. ¡Qué horror! Tengo que buscar un lugar con WiFi.
   c. Uf… Pero por lo menos[4] puedo sacar fotos.

8. **Publico[5] una foto y después de una hora todavía no tengo LIKES.**
   a. No pasa nada. A mí la foto me gusta – eso es lo más importante.
   b. Escribo un comentario debajo de la foto.
   c. Me siento #tristeysinamigos.

Resultados:

1 a: 3 puntos, **b**: 2, **c**: 1; **2** a: 2, **b**: 3, **c**: 1; **3** a: 3, **b**: 1, **c**: 2; **4** a: 3, **b**: 1, **c**: 2; **5** a: 1, **b**: 3, **c**: 2; **6** a: 3, **b**: 2, **c**: 1; **7** a: 1, **b**: 3, **c**: 2; **8** a: 1, **b**: 2, **c**: 3

19–24 puntos:
¡Estás enganchado/-a a la red! ¿Por qué no te desconectas a veces? Puedes empezar con una hora al día, luego dos horas o tres.

13–18 puntos:
Sabes cuándo utilizar los medios y cuándo es tiempo para hacer otras cosas. ¡Muy bien!

8–12 puntos:
No estás nada enganchado/-a a la red, ¡muy bien! Sin embargo la red también puede ser útil. ¡Conéctate a veces!

---

1 inmediatamente *sofort*   **2** revisar *kontrollieren*   **3** la receta *das Rezept*   **4** por lo menos *wenigstens*
5 publicar algo *hier: etw. posten*

---

3   ¿Estás enganchado/-a a la red? Haz el test y lee el resultado.

Lectura

Ahora sí tienes tiempo para leer. Aquí te dejamos una prueba de «Tú no sabes quién soy».

Diego es de México, pero ahora vive con su familia en Madrid. Todo es nuevo para él: la ciudad, el instituto, los nuevos compañeros… y todo eso no es fácil para Diego. Solo tiene una amiga – Marcela.
Un día Diego chatea con sus amigos de México y recibe un mensaje de Claudia, una chica del instituto. Diego no la conoce, pero acepta la invitación de amistad[1].

ClaudiaMG: Hola Diego
Diego: Hola ☺
ClaudiaMG: Tú no sabes quién soy. Voy a tu instituto, pero creo que tú no me conoces… ¿Es cierto que eres de México?
Diego: Sí, vivo en Madrid desde hace más o menos tres meses.
Claudia MG: ¿Y qué tal? ¿Te gusta nuestro país? ¿Es tan bonito como México?
Diego: México es precioso…mola mucho ☺
ClaudiaMG: Y los madrileños, ¿somos tan simpáticos como los mexicanos?
Diego: Jejeje, creo que eso es casi imposible…

Los dos chicos charlaron casi dos horas sobre un montón de cosas y Diego se fue a la cama aquella noche un poquito más contento. Antes de cerrar los ojos pensó: «¡Qué tía[2] más guay!»

Al día siguiente Diego estaba de muy buen humor[3] cuando llegó al instituto. […]
Después de la clase de Inglés, durante el recreo, Marcela y Diego fueron a la cafetería para comprar un bocadillo. Diego sonrió[4] cuando vio a Claudia en un rincón con sus amigos. […]
Cuando salieron de la cafetería los dos amigos pasaron muy cerca del grupito de Claudia. […]
Diego la saludó[5] levantando la mano, pero ella no reaccionó[6].
«¡Qué vergüenza![7]» pensó Diego.

Al día siguiente Diego encuentra otra vez a Claudia en el instituto.
Su *amiga virtual* tampoco reaccionó esta vez. Claudia sólo lo miró con cara de no comprender nada[8]. *«¡Basta ya! ¡Esto sí que no lo aguanto!»* pensó y se fue deprisa hacia ella[9].
[…]
Diego: Hola te acabo[10] de saludar, ¿O es que hoy tampoco me has visto?
Claudia: ¿Quién? ¿Yo? Perdón, pero creo que no te conozco…

1 la invitación de amistad *die Freundschaftsanfrage* **2** la tía *hier: = la chica* **3** estaba de muy buen humor *er hatte sehr gute Laune* **4** sonreír *lächeln* **5** saludar *grüßen* **6** reaccionar *reagieren* **7** ¡Qué vergüenza! *Wie peinlich!* **8** cara de no comprender nada *aussehen, als ob man nichts versteht* **9** ir deprisa hacia alg. *schnell in die Richtung von jdm laufen* **10** acabar de hacer algo *gerade etw. getan haben*

Diego: ¿Cómo? Claro que me conoces … Ayer y anteayer chateamos en la red durante varias horas, ¿cómo puedes decir que no sabes quién soy?

Claudia: ¿Yo? Creo que te equivocas[11], yo me llamo Claudia…

Diego: Sí, lo sé: Claudia Malvárez García, tienes 14 años y tienes una hermana que se llama Cristina y tiene 12 años. Tú estás en 3°C y te encanta pasear con tu perra, que se llama Gretel…

Claudia se quedó con la boca abierta y todos sus amigos también miraron a Diego con cara de sorpresa.

Claudia: Pero… yo no te conozco, de verdad… ¿Cómo sabes todo eso sobre mí?

Uno de los amigos de Claudia, un chico alto y fuerte que jugaba[12] en el equipo de fútbol del colegio y se llamaba[13] Sergio, se acercó a Diego. Lo empujó[14] y le gritó[15]:

Sergio: ¿Quién eres tú? ¿Y cómo sabes todo eso sobre Claudia?

Claudia: ¡Tranquilo, Sergio!

Diego: Yo… yo… ayer y anteayer… chateamos en la red social… Claudia, tú me dijiste todas esas cosas… y que te encanta México…

Claudia: ¿Qué yo te he dicho qué? Yo nunca he chateado contigo… En serio, no sé quién eres…

Diego: ¡No puede ser!

Sergio: ¡Basta ya!

Diego: Pero…

Sergio: ¡Deja a Claudia en paz![16] ¡Fuera de aquí!

Claudia: ¡No! Espera, por favor…

Cornelsen Verlag 2013 / Manuel Vila Baleato

11 equivocarse *sich irren* **12** jugaba *er spielte* **13** se llamaba *er hieß*
14 empujar *schubsen* **15** gritar *schreien* **16** dejar a alg. en paz *jdn in Ruhe lassen*

¡A cantar!

La cucaracha

La cucaracha, la cucaracha,
ya no puede caminar,
porque no tiene, porque le falta
una pata para andar.

Ya murió la cucaracha,
ya la llevan a enterrar,
entre cuatro zopilotes
y un ratón de sacristán.

[…]   Fuente: popular

La bamba

Diese mexikanischen Volks-
lieder werden in allen Ländern
Zentralamerikas gern gesungen.

Para bailar la bamba,
para bailar la bamba
se necesita una poca de gracia,
una poca de gracia pa' mí pa' ti.
Y arriba y arriba, ah y arriba y arriba,
por ti seré, por ti seré, por ti seré.

Yo no soy marinero, yo no soy marinero,
soy capitán, soy capitán, soy capitán.

Bamba, bamba, bamba (3x)
[…]   Fuente: popular

4 a Mira los dibujos y lee el texto. ¿De qué trata el texto?

b Claudia chatea con Diego pero no habla con él en el instituto.
¿Qué piensan los chicos en esta situación? Escribe sus pensamientos.

5 Escucha y canta las canciones.

¿Alguna vez has…?

¡Trágame tierra!

Todos hemos tenido experiencias «trágame tierra», ¿verdad? Por ejemplo, seguro que alguna vez has abierto la puerta del baño… ¡y has **visto** a otra persona! ¿Te han pasado estas cosas?

¿Alguna vez…

1. …has cogido el autobús **equivocado**?
2. …has salido con **la etiqueta** del **precio** de la ropa nueva?
3. …has mandado un mensaje a la persona equivocada?
4. …has **escrito** **mal** tu nombre?
5. …has **leído** el diario de otra persona?

6. …has **puesto** tus cosas en una mochila equivocada?
7. …con tus amigos habéis hablado de una persona y esta persona ha escuchado todo?
8. …el profe ha visto tu chuleta?
9. …tus padres te han **dicho** «**cariño**» en el instituto?

¿Has **hecho** otra cosa **tonta**? ¿Qué ha sido?
Escribe tu experiencia «trágame tierra» a
tragametierra@amigos.es.

Hablar

68/1

1 Haz las preguntas 1–6 de la revista a tu compañero/-a. Él/ella contesta.

> ¿Alguna vez has cogido el autobús equivocado?

Sí,	ya		cogido el autobús equivocado.
No,	nunca	he	salido con la etiqueta del precio.
	todavía no		[…].

Descubrir

▶ KV 52

2 a Copia la tabla y complétala con las formas del **pretérito perfecto** que hay en el texto.

verbos en -ar	verbos en -er/-ir	verbos irregulares
[ellas] han pasado	[nosotros] hemos tenido	[tú] has abierto
[…]		

b Wie werden die Partizipien der regelmäßigen Verben gebildet?

Hier lernst du:

• von Dingen zu erzählen, die du schon einmal oder noch nie gemacht hast.

c Um das pretérito perfecto zu bilden, benötigst du noch eine Form des Hilfsverbs haber. Ergänze das Schema in deinem Heft.

	he	
[yo]	**he**	
[tú]	[...]	hablado
[él/ella]	[...]	cogido
[nosotros/-as]	[...]	salido
[vosotros/-as]	[...]	
[ellos/ellas]	[...]	

Escuchar

3 Escucha y levanta la mano con cada forma del pretérito perfecto.

69/7

Practicar

68/2
68/3
68/4
69/5
69/6
▶ KV 53

4 Julia habla con Ana en el recreo. Completa con la forma correcta del verbo haber.

Julia: Hola Ana, ¿ya [...] leído el libro para Lengua?
Ana: No, todavía no [...] tenido tiempo. Y tú, ¿ya [...] estudiado para el examen de Matemáticas?
Julia: No, tampoco. ¡Es que esta semana ya [.../nosotros] tenido dos exámenes!

Ana: Claro. Oye, esta mañana los alumnos del otro grupo [...] escuchado música en clase.
Julia: ¡Qué guay! Ah, Ana, ¿ya [.../vosotros] hecho los deberes de Inglés con Nico?
Ana: No, los vamos a hacer esta tarde. Es que Nico [...] tenido tres partidos esta semana.

Hablar

▶ KV 54

5 Es viernes, estáis en el recreo y habláis de la semana.

p. 135

¿Qué habéis hecho esta semana?

Hemos jugado al baloncesto. ¿Y tú?

Esta semana he leído un cómic.

quedar con los amigos
escuchar música
jugar al fútbol/voleibol/baloncesto/[...]
bailar   nadar   chatear
hacer los deberes
comer [...]   *comprar* un regalo
escribir mensajes
discutir con mis padres/hermanos
leer [...]   *mandar* una postal a [...]
tocar la guitarra/[...]
ver una peli interesante   [...]

M4

 (2) 39

Julia: Hola, Ana. ¿Dónde has estado hoy? No te he visto en clase.
Ana: Esta mañana he estado en la biblioteca.
Julia: Ah, claro. Toma, aquí está tu revista. Ayer contesté todas las preguntas. ¡Qué divertido!
5 **Mateo:** ¿Qué preguntas?
Ana: En la revista hay <mark>un artículo</mark> con preguntas muy divertidas. Esta semana Nico y Julia las han contestado. Todavía no has leído el artículo, ¿verdad?
Mateo: No, la semana pasada tuve que ir a Madrid. Estuve en
10 casa de mi padre y no fui al instituto. Hace dos días volví a clase.
Julia: Ah, sí, <mark>es verdad</mark>. Pues, escucha la primera pregunta: «¿Alguna vez has cogido el autobús equivocado?»
Mateo: ¿Alguna vez? ¡Muchas veces!

Comprender el texto

 70/9

6 Contesta las preguntas.

1. ¿Quiénes ya han contestado las preguntas de la revista?
2. ¿Quién todavía no ha leído el artículo?
3. ¿Por qué Mateo no fue al instituto la semana pasada?
4. ¿Mateo alguna vez ha cogido el autobús equivocado?

Descubrir

 70/8
▶ KV 55

7 a Suche im Dialog die Zeitangaben, nach denen das **pretérito perfecto** und das **pretérito indefinido** stehen. Übertrage die Tabelle in dein Heft und trage diese Wörter ein.

pretérito perfecto	pretérito indefinido
hoy	[...]

b In welchem Satz verwendest du das **pretérito perfecto** und in welchem das **pretérito indefinido**?

Esta mañana [...] en la biblioteca.
Ayer [...] en casa.

72/10
73/11b

estuve

he estado

Practicar

 71/12a,b

8 ¿Qué dicen? Utiliza las formas correctas de los verbos en **pretérito perfecto** o **pretérito indefinido**.

1

Esta noche no (*dormir*/yo) bien. Y hoy (*tener*/nosotros) un examen de Naturales. Además (*olvidar*/yo) mi chuleta en casa.

Hablar

9 En verano, en la playa, conoces a una chica de Francia que también aprende español. Haced diálogos como en el ejemplo.

73/13

> ¿Ya has estado en América alguna vez?

> No, nunca he estado en América, ¿y tú?

> Sí, el año pasado fui a México con mi familia.

1. ¿Ya (*estar*) en América alguna vez?
2. ¿Alguna vez tus padres te (*decir*) «cariño» en el instituto?
3. ¿Ya (*comer*) paella alguna vez?
4. ¿Alguna vez el profe (*ver*) tu chuleta?
5. ¿Alguna vez (*bailar*) salsa?
6. ¿Alguna vez (*estar*) en Madrid?
7. ¿Alguna vez (*comer*) chocolate con churros?
8. ¿Alguna vez (*leer*) un cómic en español?
9. ¿Alguna vez (*ver*) un partido de fútbol del Real Madrid?
10. ¿Alguna vez [...]?

M4

Escribir

10 ¿Qué otra cosa tonta has hecho? Escribe tu experiencia «trágame tierra». Utiliza las formas correctas del pretérito perfecto o del pretérito indefinido.

Ejemplo: El año pasado, en las vacaciones de verano, encontré a un chico muy majo en la playa. Fuimos a tomar un helado y de repente...

> ✔ Benutze Wörter wie *primero, luego, entonces, después, en ese momento, al final.*

Unidad 1/¡Acércate!

2 **Algo más** Was bedeuten diese Abkürzungen? Finde die Paare.

xq x fa tqm vms tb qtl?	¿Qué tal? porque vamos te quiero mucho también por favor

4 **a** **Algo más** ¿Qué les gusta a los chicos? Relaciona y encuentra el final de las frases. |
Was gefällt den Jugendlichen? Verbinde die folgenden Elemente zu vollständigen Sätzen.

1. A nosotros
2. A Tarek
3. A Ana
4. A Mateo
5. Chicos,
6. A los padrinos
7. A mí
8. A ti

a. les gustan las fotografías del barrio.
b. le gusta andar en monopatín.
c. le gusta Madrid.
d. no te gustan los helados.
e. ¿os gusta bailar salsa?
f. me gustan mucho los gatos.
g. le gusta México.
h. nos gusta quedar los sábados en la plaza.

4 **b** ¿Qué dicen los chicos? Elige el pronombre correcto.   ▶ Resumen, p. 22/1
p. 12

–Chicos, ¿[os/te] gusta el pádel?
–Sí, [me/nos] gusta mucho.

–¿[Te/Os] gusta bailar?
–¡No! No [me/nos] gusta nada.

–¿Es una postal para tu tía?
–Sí, [le/les] mando una.

–¿Escribes a tus abuelos?
–Sí, [les/nos] escribo una carta.

–A vosotras [nos/os] gusta el
fútbol, ¿verdad?

–A ti [te/me] gusta la playa.
Pero a mí no [me/te] gusta.

5 **b** **Algo más** Escribe al menos seis frases como en el ejemplo.

Hoy por la tarde me gustaría ver una película con Selma, después me gustaría hacer deporte.
[...]

Unidad 1/Texto B

8 a **Algo más** Encuentra los antónimos. | Finde die Gegensatzpaare.

> antiguo   grande   cerca
> muchas tiendas   ¡Es muy interesante!
> aburrido   ¡No me gusta nada!

> lejos   ¡Mola mucho!
> pequeño   pocas tiendas   divertido
> moderno   ¡Es muy aburrido!

8 b Tú (**B**) eres de Valencia. | Du (**B**) kommst aus Valencia und kennst dich dort gut aus.
Spielt die Szene. **A** beginnt.   ► A, p. 20

DELE

> – Sage **A**, du weißt, wo das Kino „Estrella" ist. Er/sie muss diese Straße überqueren und die
>   *Avenida Murcia* geradeaus entlanggehen. Da gibt es
>
>   eine , ein   und einen   . Dort ist das Kino auf
>
>   der linken Seite.
> – Du antwortest, dass es nicht weit ist, nur etwa 15 Minuten. Man kann aber auch den Bus
>   nehmen.
> – Du sagst **A**, dass der Bus Nr. 8 zum Kino fährt. Die Bushaltestelle *(la parada)* ist in der
>   *Avenida Murcia* gegenüber.
> – Du verabschiedest dich auch.

B

10 Habla de tu lugar favorito en tu barrio. Utiliza tu mapa mental del ejercicio **8 a** (p. 20). |
Sprich über deinen Lieblingsort in deinem Wohnviertel. Verwende deine Mindmap.

↗ p. 20

> ¿Cuál es tu lugar
> favorito?

> Mi lugar favorito es el cine de la esquina /
> el parque de la calle [...] / la plaza [...] / [...] .
> Es un lugar divertido/ [...]. / Es genial para salir / quedar
> con [...] / andar en monopatín / [...].

> ¿Qué haces en tu
> lugar favorito?

> Todas las tardes toco con mi banda. /
> Los martes ensayo con mi grupo de teatro. / [...].

Unidad 2/¡Acércate!

1 **Algo más** Pregunta a tu compañero / tu compañera por las asignaturas que faltan en tu horario. **A** empieza.

	lunes	martes	miércoles	jueves	viernes
8:40 – 9:30	Inglés	[...]	Ciencias Sociales	[...]	Educación Física
9:30 – 10:20	[...]	Matemáticas	Inglés	Religión	Ciencias Sociales
10:20 – 11:10	[...]	[...]	[...]	Música	[...]
11:10 – 11:40	Recreo				
11:40 – 12:30	[...]	[...]	Lengua	Taller: teatro	[...]

¿Qué clase tenemos los lunes desde las nueve y media hasta las diez y veinte?

A

B

Los lunes desde las nueve y media hasta las diez y veinte tenemos Religión. ¿Qué clase tenemos los lunes desde las ocho y cuarenta hasta las nueve y media?

	lunes	martes	miércoles	jueves	viernes
8:40 – 9:30	[...]	Educación Física	[...]	Francés	[...]
9:30 – 10:20	Religión	[...]	[...]	[...]	[...]
10:20 – 11:10	Ciencias Naturales	Artes Plásticas	Matemáticas	[...]	Lengua
11:10 – 11:40	Recreo				
11:40 – 12:30	Ciencias Naturales	Música	[...]	[...]	Matemáticas

5 Y tú, ¿en qué asignaturas (no) eres bueno/buena? Cuenta a tu compañero / tu compañera.

▶ En el instituto, p. 158

p. 28

Ejemplo: —Soy muy bueno en Mates, siempre saco buenas notas. ¿Y tú?
         —Yo no soy muy buena en Mates pero Inglés para mí es muy fácil.

☺	☹
Soy (muy) bueno/-a en [...].	No soy muy bueno/-a en [...].
Saco buenas notas en [...].	Saco malas notas en [...].
[...] para mí es muy fácil.	En [...] no entiendo ni jota.
[...] me gusta un montón.	Estoy harto/-a de [...].

Unidad 2/Texto A

1 ¿Qué cuenta Nico de su día? Lee el texto (p. 29) y ordena sus actividades en una lista. p. 30

por la mañana	por la tarde	por la noche
me despierto [...]	[...]	[...]

1 a **Algo más** Lee el texto (p. 29) y elige las frases correctas.

1. **a** Hoy va a ser un **d**ía difícil para Nico porque tiene dos exámenes.
   b Hoy va a ser un día difícil para Nico por**q**ue tiene un examen en Nat**u**rales.
2. **a** Nico siempre se desp**i**erta a las ocho y después empieza el rollo con su padre.
   b Nico hoy se despierta a las siete y despu**é**s desayuna galletas y Cola Cao.
3. **a** Su padre hoy **n**o se queja.   **b** Su padre est**á** nervioso.
4. **a** Las clases emp**i**ezan a las ocho y media.   **b** Las **c**lases empiezan a la una y media.
5. **a** Nico siempre se pone nervioso cuando **t**iene un examen.
   b Nico se pone ne**r**vioso cuando tiene un examen de Naturales.
6. **a** Nico **t**iene una chuleta.   **b** **A**na tiene una chuleta.
7. **a** Hoy Nico tiene mucha hambr**e** y cena con su familia.
   b Hoy Nico n**o** tiene hambre y **s**e va a la cama.

b Apunta las letras verdes de las frases correctas y forma dos palabras.

3 ¡Acuérdate! ¿Qué hora es? Escucha y apunta las seis horas correctas. p. 30

8 a Describe el día de Ana.   ▶ Resumen, p. 38/2

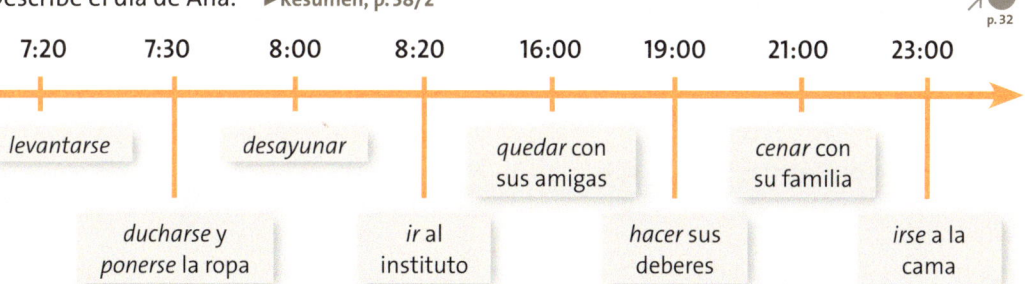

7:20   7:30   8:00   8:20   16:00   19:00   21:00   23:00

levantarse   *desayunar*   *quedar* con sus amigas   *cenar* con su familia

ducharse y *ponerse* la ropa   *ir* al instituto   *hacer* sus deberes   *irse* a la cama

Unidad 2/Texto B

3 a Lee las frases y después escucha el partido de fútbol en la radio. Completa las frases. p. 34

1. Hoy juegan los equipos de [...].
2. El partido empieza [...] de la tarde.
3. En el minuto 25 el jugador con el número [...] marca un gol para Valencia.
4. El árbitro pita una falta en el minuto [...].
5. ¡Gol! Otro gol en el minuto [...].
6. Gana [...] 2:0.

⊙ **7 b** ¿Qué quieren o tienen que hacer los chicos? Relaciona y formula frases con los verbos reflexivos.

↗⊙ p. 35

[Yo] me	quiere quejar con el profesor.
[Tú] te	tienen que levantar temprano.
Pablo se	tengo que duchar después del partido.
[Nosotros] no nos	podemos quejar del árbitro. Estamos muy contentas.
Chicos, os	quieres apuntar al grupo de dibujo.
Nico y Mateo se	tenéis que ir.

Evaluación 1 (Unidades 1–2)

DELE

13 Tú (**B**) eres de Valencia y visitas a un amigo / una amiga (**A**). Dais un paseo por la ciudad. Presentad la escena. **A** empieza. ▶ **A, p. 43**

– Du schaust dir den Lieblingsort von **A** an und beschreibst deinen Lieblingsort bei dir zuhause in Valencia.
– Du erzählst von deiner Schule (Noten, Lieblingsfächer oder Fächer, die du nicht gerne magst).
– Du findest die Idee gut.

B

Módulo 2

1 ¿Qué necesitas para el próximo viaje escolar[1]? Habla con tu compañero / tu compañera. ↗⊙ p. 46

la camiseta   el jersey   el pantalón   el vestido   la maleta   la mochila
las botas   las zapatillas de deporte   el bikini   el bañador

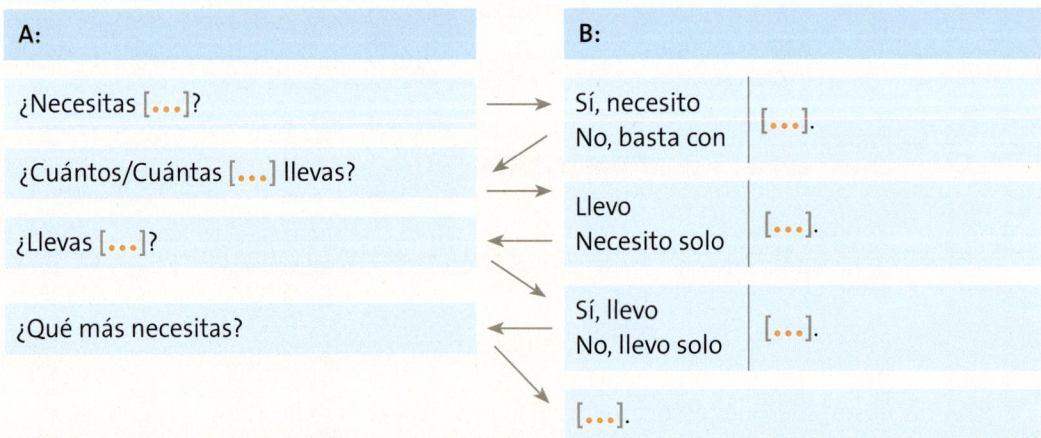

A:	B:
¿Necesitas [...]?	Sí, necesito / No, basta con [...].
¿Cuántos/Cuántas [...] llevas?	Llevo / Necesito solo [...].
¿Llevas [...]?	
¿Qué más necesitas?	Sí, llevo / No, llevo solo [...].
	[...].

1 el viaje escolar *die Klassenfahrt*

2 **Algo más** Jugad a «Hago mi maleta».

Ejemplo: —Hago mi maleta y pongo la camiseta azul.
—Hago mi maleta y pongo la camiseta azul y las chanclas blancas.
—Hago mi maleta y pongo la camiseta azul, las chanclas blancas y [...].

Unidad 3/¡Acércate!

3 ¿Cuántos kilómetros hay entre Madrid y estas ciudades? Escucha y relaciona.

p. 50

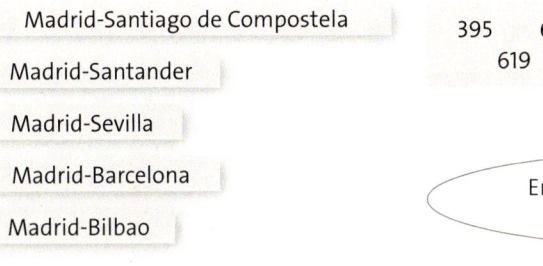

Madrid-Santiago de Compostela	395 613 532
Madrid-Santander	619 455
Madrid-Sevilla	
Madrid-Barcelona	
Madrid-Bilbao	

Entre Madrid y Santiago de Compostela hay [...] kilómetros.

4 a Apunta las parejas y escribe ocho frases con las expresiones.

p. 50

limitar ir ser famoso/-a	a con	Portugal excursión a Madrid
olvidarse participar volver	por de	el fútbol su mochila un concurso
viajar vivir	en	Madrid Valencia Alicante

Unidad 3/Texto A

1 **Algo más** Busca los siguientes lugares en el plano de Madrid (p. 204) y dibuja con tu dedo el recorrido de los chicos por la ciudad.

| la Puerta del Sol | el Museo del Prado | la Plaza Mayor | el Parque del Retiro |

Unidad 3/Texto B

1 ¿Qué (no) quieren hacer los chicos? Busca la información en el texto y cuenta.

Mateo

Ana

Nico

Julia

Juan

quiere ir al estadio porque le gusta mucho el fútbol.
quiere comprar recuerdos en la Gran Vía.
no tiene ganas de ir en bici.
quiere descansar un poco y no tiene ganas de ver los monumentos de Madrid.
no quiere ir al estadio, pero tampoco quiere comprar recuerdos.
también quiere hacer otra cosa.

p. 56

6 ¿Qué dicen los chicos? Utiliza el comparativo. ▶ Resumen, p. 60/2, 3
p. 58

Ejemplo: **1.** El estadio es menos famoso que el museo.

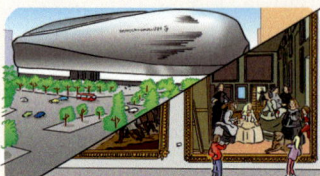

1. El estadio es (– famoso) el museo.

2. Madrid Río es (– bonito) el Turia.

3. La bici de Nico es (+ buena) la bici de Julia.

4. El Rastro es (= divertido) el estadio.

5. Un perro es (= cariñoso) un gato.

6. El museo es (– caro) el estadio.

9 Tú (**B**) eres nuevo/-a en Madrid y conoces a un chico / una chica (**A**) en una cafetería.
A empieza. ▶ A, p. 58

DELE

– Du begrüßt **A** und sagst ihr/ihm deinen Namen. Du fragst, ob diese „Churros" die besten der Stadt sind.
– Du sagst, dass du neu in der Stadt bist. Du kennst nicht so viele Orte. Du fragst **A**, welche Lieblingsorte **A** hat.
– Du fragst **A**, was sie/er dort macht.
– Du sagst, dass Fußball die beste Sportart ist.
– Du sagst, dass das eine tolle Idee ist.
– Du verabschiedest dich auch.

B

Unidad 4/¡Acércate!

2 a **Algo más** ¿Qué hay en las mesas de Ana y Tarek? Describid las imágenes.

Ana

Tarek

b Encontrad las cinco diferencias.

En la mesa de Ana hay [...] pero en la mesa de Tarek no.

3 Estás en casa de Tarek y sus padres te invitan a comer.
Escucha las preguntas y contesta.

p. 65

> Quiero un zumo, por favor.   Sí, tengo mucha hambre.
> Quiero un poco de paella y ensalada, por favor.   Se dice «Guten Appetit.»
> El pan, por favor.   Sí, un poco más, gracias.

Unidad 4/Texto A

1 Lee el texto y ordena las frases.

p. 67

1. Tarek fue al supermercado por segunda vez.
2. Después fueron al comedor y Félix entró en la cocina.
3. Encontró a Mateo y a Nico y olvidó el pastel.
4. Félix saltó encima de la mesa y el pastel terminó en el suelo.
5. Primero prepararon el pastel para el cumple de Merche y la tía los ayudó.
6. Entonces Ana y Tarek fueron al supermercado, pero olvidaron el azúcar.
7. El domingo Tarek preparó el pastel de nuevo y después fue a casa.
8. El fin de semana pasado Ana y Tarek fueron a casa de la tía de Tarek.

2 b Escucha otra vez. ¿Dónde olvidó Tarek el pastel?

p. 68

DELE

Tarek olvidó el pastel en
a. el quiosco de Fernando.
b. la heladería de Mari y Tino.
c. el parque.

5 a ¿Adónde fueron ayer? Utiliza una forma del pretérito indefinido del
verbo ir con la preposición a. ▶ Resumen, p. 76/3

p. 69

> fue   fuimos   fui   fueron   fuiste   fuisteis

| 1 [yo] | 2 Nico y Mateo | 3 Tarek | 4 [tú] | 5 [nosotros] | 6 [vosotros] |

⊙ **9** ¿Y qué tal tu día de ayer? Cuenta a tu compañero / tu compañera.

p. 70

ir a	*estudiar*	*comprar*	*quedar* con
	visitar a	*ayudar* a	*ordenar*
	charlar con	*cenar* con	*preparar*
llamar a	*tomar*	*esperar* a	*entrenar*
	ensayar	*sacar* fotos	
		desayunar	
		tomar el sol	
	nadar	*ser*	

Ayer fue genial. Por la mañana quedé con un amigo. Después [...].

ayer	por la mañana	por la tarde	por la noche
primero	después	luego	al final

Unidad 4 / Texto B

5 **Algo más** ¿Qué cuentan los primos de Tarek sobre las vacaciones juntos? Mira el texto del ejercicio **5** (p. 73) y escribe la historia desde su punto de vista[1].

Ejemplo: El año pasado Tarek y su hermano pasaron las vacaciones aquí y nos conocieron. El primer día...

1 desde su punto de vista *aus ihrer Sicht*

DELE

9 a El sábado Nico queda con Ana y Mateo y les cuenta la conversación con sus padres. Elegid un rol, preparad el diálogo y presentadlo en clase.

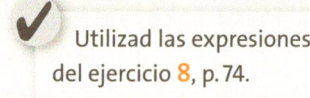
Utilizad las expresiones del ejercicio **8**, p. 74.

Nico

1. Du begrüßt die anderen und fragst, wie es ihnen geht.
3. Du fragst Mateo, mit wem er gefahren ist.
5. Du fragst Mateo, wie sie hingefahren sind.
7. Du fragst Ana, wo sie gestern war.
9. Du bist überrascht. Wie heißt er?
11. Du erzählst, dass du erst in den Park gegangen bist, um dort Basketball zu spielen. Danach bist du nach Hause gegangen. Am Abend hast du mit deinen Eltern gesprochen. Sie wollen dir eine Reise in ein Feriencamp in Deutschland schenken! Dein Cousin Lukas wird auch hinfahren.

Mateo

2. Sehr gut. Du sagst, dass du gestern nach Alicante gefahren bist und dass es super war.
4. Du sagst, dass du mit Pablo und deinen Eltern gefahren bist.
6. Du sagst, dass ihr mit dem Auto gefahren seid. Du erzählst, dass Pablo und deine Eltern sich unterhalten haben und du geschlafen hast. Ihr seid um sechs angekommen und habt ein Museum besucht. Danach habt ihr zu Abend gegessen und seid um elf Uhr wieder zurückgefahren.
12. Wie cool!

Ana

8. Du sagst, dass er es nicht glauben wird. Du warst mit Julia im Park. Zuerst habt ihr ein Eis gegessen und dann habt ihr euch unterhalten. Plötzlich habt ihr dort einen berühmten Fußballspieler getroffen.

10. Du erinnerst dich nicht mehr an seinen Namen. Aber ihr habt ein bisschen mit ihm gesprochen. Es war sehr lustig. Du fragst Nico, wo er gestern war.

13. Du freust dich.

Evaluación 2 (Unidades 3–4)

DELE **12** Tú (**B**) estás con un amigo / una amiga (**A**) en Madrid. Discutid sobre lo que vais a hacer por la tarde. **A** empieza. ▶ **A, p. 81**

> Du möchtest heute Nachmittag:
> – zum Museo del Prado gehen, wo berühmte Kunstwerke hängen; dort ist ab 18.00 Uhr der Eintritt gratis.
> – gerne *Chocolate con churros* probieren.
> Du möchtest auf gar keinen Fall einkaufen gehen.
>
> **B**

Unidad 5/¡Acércate!

1 **a** **Algo más** Busca en el mapa (p. 205) Ciudad de México y el volcán Popocatépetl.

b Busca también Estados Unidos, Guatemala y Belice.
¿Qué país tiene la frontera[1] más larga con México?

1 la frontera *die Grenze*

2 **Algo más** Apunta seis números entre mil y un millón y díctaselos a tu compañero / tu compañera. Él/ella los apunta. Después comparad vuestros números.

3 ¿Cómo hacer una buena presentación? Lee los consejos y ordénalos en la tabla. Utiliza el imperativo singular.

↗ ⊙ p. 86

Leer tu presentación dos o tres veces.
Contestar las preguntas de tus compañeros.
Buscar información.   *Hacer* pausas[1].   *Hablar* despacio[2].
Escribir tu texto.   *Mirar* a tus compañeros.
Decir a tus compañeros dónde pueden encontrar más información.

Copia la tabla
en tu cuaderno.

1 la pausa *die Pause*
2 despacio *langsam*
3 durante *während*

Antes de la presentación	Durante[3] la presentación	Después de la presentación
[...]	[...]	[...]
[...]		

Unidad 5/Texto A

9 Tú eres Nico (**B**) y estás en Alemania. Chateas con Julia (**A**). **A** empieza. ▶ A, p. 90

DELE

– Du begrüßt Julia und sagst, dass es super ist. Letzte Woche wart ihr in Berlin.
– Zuerst habt ihr das Brandenburger Tor und den Reichstag besucht. Danach seid ihr zum Tiergarten gegangen. Dort habt ihr ein Picknick gemacht. Dann habt ihr Lisa getroffen, eine Freundin deines Cousins.
– Du antwortest, dass ihr danach viel gelaufen seid, bis zum Zoo. Dort habt ihr viele seltsame Tiere gesehen, einen Axolotl zum Beispiel. Und schließlich habt ihr abends Currywurst gegessen.
– Du beschreibst, was eine Currywurst ist.
– Du antwortest, dass Currywurst superlecker ist.

✔ Fällt dir das richtige Wort auf Spanisch nicht ein, umschreibe es!

Unidad 5/Texto B

4 Mauricio y Ana son muy diferentes. Describe a Mauricio y utiliza no… nadie, no… nada y no… nunca como en el ejemplo. ▶ Resumen, p. 96/3

p. 92

Ejemplo: Ana es amable con todos.
→ Mauricio no es amable con nadie.

no… nadie
1. Ana habla con todos.
2. Ana estudia con sus amigos.

no… nada
3. En las vacaciones Ana compra muchas cosas.
4. Ana participa en extraescolares.

no… nunca
5. Ana escucha siempre a sus amigos.
6. Ana hace siempre sus deberes.
7. Ana canta siempre.

7 ¿Qué cuenta Marcela sobre su fiesta? Mira la foto y cuenta en pretérito indefinido. p. 93

11 Nico también escribe un blog para sus amigos en España. Ayer visitó tu región / tu ciudad. Describe el día de Nico en tu región / tu ciudad.

p. 94

Ayer	*hacer*	una excursión a...
Primero	*ir*	al centro para...
Luego	*visitar*	enchiladas/...
Además	*comer*	el mercado / la plaza [...] / ...
Allí	*hacer* un picnic	al parque [...] / río [...] / ...
Al final	...	...

Unidad 6 / Texto A

3 Y tú, ¿estás a favor o en contra? ¿Cuáles son las ventajas y desventajas de pasar un día desconectado/-a? Habla con tu compañero / tu compañera.

p. 102

5 a Ana le manda un mensaje de voz a Julia. Escucha. ¿De qué habla?

▶ Globales Hörverstehen, S. 140

p. 102

| el instituto | su día sin móvil | los planes con los chicos | los deberes | la paga |

7 **Algo más** ¡A jugar! Jugad al «teléfono roto». | Spielt „Stille Post".

–**Anne:** «Tengo hambre.»
–**Tim:** «Anne dice que tiene hambre.»
–**Luis:** «Anne dice que [...].»

Unidad 6 / Texto B

DELE **3 a** Tú eres el padre de Julia (**B**) y hablas con ella (**A**) sobre el tutorial. **A** empieza. ▶ A, p. 106

> – Du findest das keine gute Idee – jeder kann das Video dann kopieren und teilen.
> – Du fragst, wie Julia das Video machen will.
> – Du fragst, wer Rafa ist.
> – Du sagst, dass du das Video aber vorher sehen möchtest.
> – [...]
>
> **B**

Módulo 4

5 Es viernes, estáis en el recreo y habláis de la semana.

p. 121

¿Qué habéis hecho esta semana?

Hemos jugado al baloncesto. ¿Y tú?

Esta semana he leído un cómic.

he	quedado con los amigos escuchado música jugado al fútbol/tenis/baloncesto/[...]
	bailado nadado chateado hecho los deberes comido comprado un regalo
	escrito mensajes discutido con mis padres/hermanos leído [...]
	mandado una postal a [...] tocado la guitarra/[...] visto una peli interesante [...]

Destrezas

Wortschatz

Wörter verstehen

1 **Abbildungen nutzen**
Fotos und Bilder eines Textes helfen dir oft, unbekannte Wörter zu verstehen. Achte auch auf Bildunterschriften.

Probiere es gleich aus:
Schaue dir die Bilder 3 und 8 auf Seite 49 (**Unidad 3**) an. Was bedeuten die Wörter el río und la isla? Vergleicht eure Antworten in der Klasse und erklärt, wie ihr darauf gekommen seid.

2 **Andere Sprachen nutzen**
Viele Wörter aus verschiedenen Sprachen ähneln sich, da sie denselben Ursprung haben. Nutze dein Wissen aus anderen Sprachen, um spanische Wörter zu erschließen und sie dir zu merken.

🇪🇸	el teatro	🇩🇪	das Theater
🇬🇧	the theatre	🇹🇷	tiyatro
🇷🇺	teatr	🇫🇷	le théâtre

Probiere es gleich aus:
1 Was bedeuten folgende Wörter auf Deutsch: el estadio, el monumento, el supermercado, la montaña, nervioso/-a, la atención? Wie bist du darauf gekommen?
2 Sammelt zu zweit weitere Wörter, die sich in verschiedenen Sprachen ähneln. Tauscht euch mit euren Mitschülern aus.

Neu **3** **Wörter über Wortfamilien erschließen**
Wie im Deutschen gibt es auch im Spanischen sogenannte Wortfamilien. Wörter, die denselben Stamm haben, gehören zu einer Familie, z. B. beber, la bebida. Diese Ähnlichkeit hilft dir dabei, die Bedeutung neuer Wörter zu erschließen.

Probiere es gleich aus:
Du kennst das Verb cantar. Was könnten diese beiden Wörter bedeuten: el/la cantante, la canción?

Neu **4** **Unbekannte Wörter über den Kontext erschließen**
Wörter stehen selten allein. Oft hilft dir der Kontext, also der Zusammenhang, die Bedeutung eines Wortes zu verstehen.

Probiere es gleich aus:
Lies den folgenden Satz und überlege: Was ist wohl balonmano?
Por la tarde, los chicos hacen deporte: juegan al baloncesto, balonmano, fútbol o voleibol.

5 **Mit den alphabetischen Wortlisten arbeiten**
In diesem Lehrbuch findest du ein spanisch-deutsches Wörterverzeichnis (**Lista alfabética** ▶ p. 187–195) und ein **deutsch-spanisches Wörterbuch** (▶ S. 196–203). Sie enthalten alle Wörter, die du im Laufe dieses Schuljahres lernst, und auch alle Wörter aus **¡Apúntate! 1**.

Der Artikel sagt dir, ob das Wort männlich oder weiblich ist.

el **instituto** das Gymnasium, die Schule 1Ac

Hier kommt das Wort zum ersten Mal vor:
1Ac ▶ Unidad 1, ¡Acércate!

Blau gedruckte Verben sind unregelmäßig oder haben eine Besonderheit.

pedir algo a alguien (e → i) jdn um etw. bitten 5A

pedir ändert den Stammvokal (e → i ▸ S. 155).

Neu **6** **Ein Wort im zweisprachigen Wörterbuch nachschlagen**
Du suchst ein Wort, das in diesem Buch nicht vorkommt? Schlage es in einem zweisprachigen Wörterbuch nach: Verben im Infinitiv, Substantive im Singular und Adjektive in der maskulinen Singularform.

a **Suche im spanisch-deutschen Wörterbuch**
So ist ein Wörterbucheintrag aufgebaut:

Wortart: Geschlecht:
n. = *nombre* (Nomen/   f. = *femenino*
Substantiv)   (weiblich)
v. = *verbo* (Verb)   m. = *masculino*
adj. = *adjetivo* (Adjektiv)   (männlich)

parque ['parke] n. m.
1. (Grünanlage) der Park
2. (für kleine Kinder) der Laufstall
3. ~ **infantil** der Spielplatz
4. ~ **nacional** der Nationalpark
5. ~ **temático** der Themenpark

1., 2., 3., 4., 5. = verschiedene   Die Tilde ~ ersetzt
Bedeutungen des Wortes   das gesuchte Wort.

Probiere es gleich aus:
Was bedeutet parque in diesem Satz?
En el parque detrás del colegio hay muchos juegos. A los niños les gusta mucho jugar allí.

 In elektronischen bzw. Online-Wörterbüchern kannst du oft auch konjugierte Verbformen in das Suchfeld eingeben, z. B. vinieron.

b **Suche im deutsch-spanischen Wörterbuch**

Lies immer den ganzen Wörterbucheintrag durch, bevor du dich für die passende Bedeutung entscheidest.
Überprüfe das spanische Wort dann im spanisch-deutschen Teil des Wörterbuchs, um ganz sicher zu gehen.

Geschlecht:
f. = *feminin* (weiblich)
m. = *maskulin* (männlich)
n. = *neutrum* (sächlich)

Ecke n. f.
1. (außen) la esquina: *der Kiosk an der* ~ *el quiosco de la esquina*
2. (innen) el rincón: *in der* ~ *des Zimmers en el rincón de la habitación*
3. (Sport) el córner
4. *mit jdm um die* ~ *verwandt sein ser pariente lejano de alguien*

Redewendung

Probiere es gleich aus:
Wie sagt man in diesen Sätzen auf Spanisch „die Ecke"?
1 An der Ecke ist eine Cafeteria.
2 Der Sessel steht in der Ecke.
3 Schon in der zweiten Minute des Spiels gab es eine Ecke.

Vokabeln lernen

7 **Mit der chronologischen Wortliste (Lista cronológica ▶ p. 162) im Schülerbuch lernen**
- Lerne eine Woche lang täglich neue Wörter.
- Wiederhole die Wörter dann einmal pro Woche.

Probiere es gleich aus:
Wähle zehn neue Wörter aus und lerne sie täglich eine Woche lang. Fragt euch dann gegenseitig ab.

8 **Mit Karteikarten lernen**
- Schreibe auf eine Seite der Karteikarte das spanische Wort und einen Beispielsatz.
- Schreibe auf die andere Seite die deutsche Übersetzung und zeichne etwas, wenn du willst.
- Wähle 10–15 Karteikarten aus. Lies das spanische Wort vor. Nenne die deutsche Übersetzung. Drehe die Karte um und kontrolliere deine Antwort.
- Wenn du alle Wörter geübt hast, lies die deutsche Bedeutung, sage das Wort auf Spanisch und kontrolliere mit der Rückseite.
- Lies zuletzt den spanischen Beispielsatz vor.

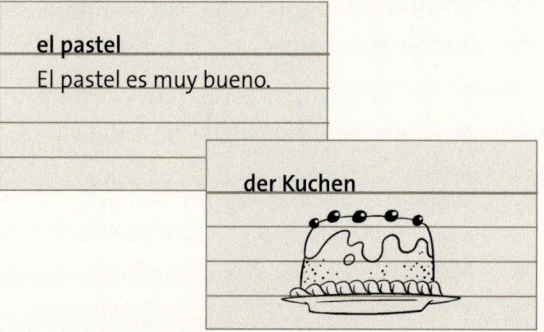

Probiere es gleich aus:
Lege Karteikarten für 12 neue Vokabeln an. Lernt sie zu zweit, indem ihr die Karten austauscht und euch gegenseitig abfragt.

9 **Mit digitalen Medien lernen**
- Lerne Vokabeln mit einem Vokabeltrainer am Computer oder auf dem Handy, z. B. mit der Vokabel-App.
- Du kannst digitale Geräte auch zum Lernen nutzen, indem du dich selbst aufnimmst und anhörst.

10 **Mit Merkzetteln lernen**
- Nimm kleine Klebezettel und schreibe Wörter von Gegenständen auf, die du dir merken willst.
- Klebe die Zettel auf die jeweiligen Gegenstände bei dir zuhause oder im Klassenzimmer.
- Du siehst die Wörter auf den Zetteln oft und prägst dir auch Vokabeln ein, die du dir nicht so gut merken kannst.

Probiere es gleich aus:
Schreibe die spanischen Namen von zehn Gegenständen in deinem Zimmer auf Merkzettel und klebe sie auf die Gegenstände. Überprüfe nach einer Woche, ob du sie dir eingeprägt hast.

11 Wörter gestalten
– Wenn du gerne zeichnest, denke dir Wortbilder aus.
– Du kannst eine Zeichnung anfertigen, die zur Bedeutung des Wortes passt oder
– das Wort so gestalten, dass seine Bedeutung auf den ersten Blick klar wird.

Probiere es gleich aus:
Gestalte drei Wortbilder zum Thema la ciudad.

12 Wortpaare bilden
– Lerne Wörter als Paare: Suche zu einem neuen Wort ein anderes, das dazu passt, z. B. ein Wort mit einer ähnlichen Bedeutung, eines aus derselben Wortfamilie oder das Gegenteil.
– Schreibe die Wortpaare auf Karteikarten und lerne sie zusammen:

ir = andar   divertido ≠ aburrido
guay = chulo   bueno ≠ malo

Probiere es gleich aus:
1 Bilde Wortpaare für folgende Wörter:
fácil ≠ [...], la pregunta ≠ [...], antiguo/-a ≠ [...], el edificio = [...]
2 Überlegt euch zu zweit vier Übungen für Wortpaare und tauscht sie aus.

querer – querido/-a
el juego – jugar

13 Wörter in einer Mindmap ordnen
– Ordne Wörter zu einem Thema in einer Mindmap.
– Schreibe in die Mitte das (Haupt-) Thema, z. B. la comida (das Essen).
– Lege Unterbegriffe fest (z. B. la fruta) und trage sie in die Mindmap ein.
– Ordne diesen Begriffen weitere Wörter zu, z. B. la manzana.

Probiere es gleich aus:
Erstelle eine Mindmap zum Thema el deporte (**Palabrateca** ▶ p. 157).

Hören

Vor dem Hören

1 Die Aufgabenstellung lesen und verstehen
– Lies dir die Aufgabenstellung genau durch und stelle dir die Gesprächssituation vor: Wie viele Personen sprechen? Sind sie am Telefon, zu Hause, in der Schule oder in einem Geschäft? Wenn du eine Situation kennst, kannst du dir vorstellen, worum es geht. Manchmal helfen dir auch Überschriften oder Bilder, dir die Situation besser vorzustellen.
– Oft musst du nur bestimmte Informationen aus einem Text heraushören. Lies dir die Aufgabenstellung noch einmal durch und achte nur auf das, wonach gefragt wird.

Während des Hörens

 2 **Sich beim Hören Notizen machen**

Mache dir beim Hören Notizen, damit du nicht vergisst, was du gehört und schon verstanden hast. Da du beim Hören wenig Zeit zum Schreiben hast, halte deine Notizen so knapp wie möglich:

– Notiere nur einzelne Wörter, keine ganzen Sätze.

– Strukturiere die Information, z. B. in einer Tabelle.

– Wird nach bestimmten Informationen gefragt, notiere nur diese, also z. B. Zeit und Ort einer Veranstaltung.

– Lasse Artikel und Konjunktionen weg, z. B. **equipos + jugadoras** (statt **los equipos y las jugadoras**)

– Kürze lange Wörter ab und verwende Abkürzungen, z. B. **km** (**kilómetro**), **cumple** (**cumpleaños**), **S-Dio** (**día de San Dionisio**).

– Verwende Zeichen und Symbole statt Wörter, z. B. **=** für **igual**, **≠** für **diferente**, **+** für **y** bzw. **más**, **–** für **menos** usw.

– Wenn du etwas nicht verstehst, lasse eine Lücke und konzentriere dich beim nächsten Hören darauf.

> **Probiere es gleich aus:**
>
> **1** Mache aus diesen Sätzen Notizen:
>
> En la clase de Ciencias Naturales, nuestra profesora habla de los animales. A mí me gusta, pero no siempre saco buenas notas.
>
> Mi asignatura favorita es Educación Física, porque no hay deberes. Además en las clases jugamos en equipos, ¡mola mucho!
>
> **2** Vergleicht eure Notizen zu zweit. Wo könnt ihr noch knapper sein?

3 **Globales Hörverstehen**

– Höre beim ersten Hören nur zu und gewöhne dich an die Sprecher.

– Achte auf Hintergrundgeräusche (z. B. Verkehr, Lachen, Musik, …) oder den Tonfall (z. B. wütend, froh, traurig, …). Dadurch fällt es dir leichter, die Situation zu erfassen.

– Du solltest nach dem ersten Hören wissen, wie viele Personen miteinander sprechen, worum es geht und vielleicht, wo das Gespräch stattfindet: **¿Quién?**, **¿Qué?**, **¿Dónde?**

> **Probiere es gleich aus:**
>
> 40 Hör dir die drei kurzen Dialoge an und beantworte die Fragen: **¿Cuántas personas hablan? ¿De qué hablan?**

4 **Selektives Hörverstehen**

– Achte beim zweiten (oder dritten) Hören auf die Informationen, die du laut Aufgabenstellung heraushören sollst.

– Schreibe nur Stichpunkte auf (z. B. in einer Tabelle).

– Verwende Abkürzungen, um beim Mitschreiben Zeit zu sparen.

> **Probiere es gleich aus:**
>
> 40 Höre die drei Dialoge noch einmal und beantworte für jeden Dialog die Frage: **¿Para qué necesitan las cosas?**

5 **Detailliertes Hörverstehen**

Hier geht es darum, so viele Details wie möglich zu verstehen. Das ist zum Beispiel bei Wegbeschreibungen oder Rezepten wichtig.

- Gehe zunächst vor wie unter Punkt 3 (Globales Hörverstehen).
- Mache dir beim zweiten Hören Stichpunkte, verwende Abkürzungen.
- Du kannst auch mit einer Tabelle, einer Skizze oder einem Schema arbeiten.

Probiere es gleich aus:

1 Höre den Hörtext. Worum geht es?

2 / 41

2 Höre den Text noch einmal und mache dir Stichpunkte: ¿Qué hace el chico en los diferentes lugares?

3 Vergleicht eure Notizen zu zweit. Hört den Text dann noch einmal, um eure Lösungen zu überprüfen.

Nach dem Hören

6 **Notizen überprüfen und ergänzen**

- Lies dir deine Notizen noch einmal durch und ergänze sie so, dass du sie gut wiedergeben kannst.
- Korrigiere gegebenenfalls Fehler.
- Fehlen dir bestimmte Informationen, höre den Text noch einmal an und konzentriere dich gezielt darauf.

Hör-Seh-Verstehen

7 **Bilder für das Verstehen nutzen**

Wenn du eine Filmsequenz anschaust, verstehst du das Gesagte besser, wenn du

- auf den Hintergrund achtest, um zu erkennen, wo die Szene spielt,
- den Gesichtsausdruck und die Gesten der Schauspieler beobachtest und
- auf ihre Lippenbewegungen achtest.

Probiere es gleich aus:

Schaue dir die Szene 1 der DVD zunächst ohne Ton an. Achte auf den Hintergrund und stelle eine Vermutung an, wo die Filmszene stattfindet.

Lesen

Vor dem Lesen

1 **Texte über ihre Gestaltung erschließen**

Das Aussehen eines Textes verrät dir meistens schon etwas über seinen Inhalt.

- Schaue dir den Text an, mache dir seine Gestaltung bewusst und finde heraus, um welche Textsorte es sich handelt:

Ein Dialog sieht anders aus als eine E-Mail oder ein Brief. Bei einer Speisekarte weißt du sofort, welche Art von Information dich erwartet. Auch einen Prospekt oder ein Gedicht erkennst du auf den ersten Blick.

- Überschriften und Zwischenüberschriften geben dir wichtige Hinweise zum Thema eines Textes.
- Fotos, Bilder und Grafiken liefern dir weitere wichtige Informationen.

Probiere es gleich aus:

Schaue dir die Texte auf den Seiten 10–11 (**Unidad 1**), Seite 29 (**Unidad 2**) und Seite 90, Übung 10, (**Unidad 5**) an. Was für Texte sind das? Woran erkennst du das?

Während des Lesens

 2 **Die „W"-Fragen beantworten / Schlüsselwörter im Text finden**

Mit drei bis sechs grundlegenden Fragen, den sogenannten „W-Fragen", kannst du ermitteln, worum es in einem Text geht: **¿Quién?** (Wer?), **¿Qué?** (Was?), **¿Dónde?** (Wo?), **¿Cuándo?** (Wann?), **¿Cómo?** (Wie?), **¿Por qué?** (Warum?).

– Lies dir den Text durch und suche nach Schlüsselbegriffen, um diese Fragen zu beantworten.
– Du findest zu einer Frage keine Antwort? Das ist möglich, denn nicht jeder Text gibt Antwort auf alle W-Fragen.

3 **Globales Leseverstehen**

Es genügt, im Großen und Ganzen zu verstehen, worum es geht.

– Lies den Text einmal durch, ohne dich an unbekannten Wörtern aufzuhalten, und versuche, Antworten auf die drei wichtigsten „W-Fragen" zu finden.

> ¿**Quién** hace algo?
> ¿**Qué** pasa? / ¿**Qué** hace la gente?
> ¿**Dónde** es?

> **Probiere es gleich aus:**
> Lies dir den Text auf Seite 55 (**Unidad 3**) durch und beantworte die drei Fragen: **¿Quién?**, **¿Dónde?** und **¿Qué?**

> Lies immer mal wieder Texte auf Spanisch: einen Blog im Internet, einen Comic, eine Erzählung – du wirst sehen, dass du jedes Mal mehr verstehst, auch wenn du nicht alle Wörter kennst.

4 **Selektives Leseverstehen**

Manchmal musst du nur bestimmte Informationen in einem Text verstehen.

– Lies dir vor dem Lesen die Aufgabenstellung genau durch. Dann weißt du, nach welchen Informationen du suchen sollst.
– Überfliege den Text und suche ihn dabei nur nach diesen Schlüsselbegriffen ab. Alles andere kannst du überlesen. Sollst du Öffnungszeiten aus einem Prospekt herauslesen, dann achte nur auf Tage und Uhrzeiten.

> **Probiere es gleich aus:**
> Lies den Text auf Seite 33 (**Unidad 2**) und beantworte die Fragen: **¿Qué problema hay?**, **¿Quién gana el partido?**

5 **Detailliertes Leseverstehen**

Bei manchen Texten sollst du viele Einzelheiten verstehen.

– Gehe zunächst wie unter Punkt 3 (Globales Leseverstehen) vor.
– Lies den Text ein zweites Mal genau: Konzentriere dich auf Wörter und Sätze, die du gut verstehst.
– Versuche beim Lesen, weitere „W-Fragen" zu beantworten:

> ¿**Cuándo** pasa algo?
> ¿**Cómo** pasa?
> ¿**Por qué** pasa?

> **Probiere es gleich aus:**
> Lies den Text auf Seite 55 (**Unidad 3**). Beantworte die Fragen: **¿Quién/es?**, **¿Dónde?**, **¿Qué?**, **¿Cuándo?**, **¿Cómo?** und **¿Por qué?**

6 **Einen Text in Sinnabschnitte gliedern**

Texte haben meistens einen Aufbau, der das Verstehen erleichtert. Du findest z. B. in Zeitungstexten eine Überschrift, eine Einleitung, einen Hauptteil (der oft nach Themen gegliedert ist) und einen Schluss.

Um einen Text genau zu verstehen, kannst du dir diese Gliederung bewusst machen:
– Teile den Text in Sinnabschnitte ein. Ein Sinnabschnitt kann einen oder mehrere Absätze umfassen.
– Gib jedem Sinnabschnitt eine Überschrift, die zusammenfasst, worum es darin geht.

Probiere es gleich aus:
Mache eine Kopie vom Text zu Übung 10 auf Seite 90 (**Unidad 5**). Lies den Text, gliedere ihn in Sinnabschnitte und gib diesen Abschnitten Überschriften.

7 **Mit „Verstehensinseln" arbeiten**

Mache in jedem Sinnabschnitt sichtbar, was du schon verstanden hast und was du noch „knacken" musst:
– Lies jeden Abschnitt und unterstreiche darin alles, was du verstehst. Das sind deine „Verstehensinseln".
– Schaue dir diese „Inseln" genauer an. Welche Wörter und Informationen kannst du um sie herum erschließen?
– Lies den gesamten Text noch einmal und unterstreiche dabei wieder alles, was du verstanden hast.
– Bleiben Wörter übrig, die du nicht verstanden hast? Schlage sie nach, wenn du meinst, dass sie für dein Textverständnis wichtig sind (**Suche im spanisch-deutschen Wörterbuch** ▶ S. 137).

Probiere es gleich aus:
Nimm dir die Kopie vom Text S. 90/10 noch einmal vor. Unterstreiche alles, was du verstehst und versuche, unbekannte Wörter aus dem Kontext zu erschließen. Gibt es noch ein Wort, das du nachschlagen musst?

8 **Informationen aus einem Text festhalten und ordnen**

Fertige Notizen an, um festzuhalten, was du über den Inhalt des Textes herausgefunden hast. Das kannst du tun in
– einfachen Stichpunkten,
– einer Tabelle oder einem Raster
– oder in einer Mindmap (**Wörter in einer Mindmap ordnen** ▶ S. 139) bzw. einem Schaubild.

Probiere es gleich aus:
Stelle die Informationen aus dem Text zu Übung 10, Seite 90 (**Unidad 5**) auf Spanisch übersichtlich dar.

Sprechen

Um dich in Gesprächen gut ausdrücken zu können, helfen dir die Kästen **Para comunicarse** in der **Lista cronológica** (▶ p. 162) sowie die **Modelos para hablar** in den einzelnen **Unidades**.

Monologisches Sprechen

1 **Flüssig sprechen**
– Schaue dir die Aussprache- und Betonungsregeln noch einmal an (**La pronunciación** ▶ p. 150).
– Lies spanische Texte laut vor, am besten mehrmals hintereinander ganze Sätze, und achte dabei auch auf die Bindung der Wörter.

Probiere es gleich aus:
1 Lest euch gegenseitig den Text einer **Unidad**, die ihr schon bearbeitet habt, mehrere Male laut vor. Korrigiert euch, wenn nötig.
2 Wählt einen Kasten **Para comunicarse** in der **Lista cronológica** (▶ p. 162) aus. Lernt die Ausdrücke auswendig und fragt euch gegenseitig ab.

2 **Frei sprechen**

Es gibt Ausdrücke und Redewendungen, die du in vielen Situationen gebrauchen kannst. Es lohnt sich, sie auswendig zu lernen und zu üben, um flüssiger und freier zu sprechen.

Lerne vor allem:
– einzelne Sätze, die du besonders schwierig findest oder die dir besonders gut gefallen,
– die Wendungen in den **Para comunicarse**-Kästen.

So gehst du vor:
– Sprich die Sätze laut und nimm dich dabei auf.
– Probiere unterschiedliche Stimmungen aus: Sprich denselben Satz selbstsicher, zerknirscht, schüchtern, gelangweilt, …
– Höre die Aufnahme an und kontrolliere, ob du flüssig und überzeugend sprichst.

> **Probiere es gleich aus:**
> Lies den Text zu Übung 10, Seite 36, (**Unidad 2**). Lies den Text dann laut vor und nimm dich dabei auf.

3 **Ein Kurzreferat halten (**hacer una presentación**)**

Du möchtest deiner Klasse z. B. dein Hobby oder dein Stadtviertel vorstellen. Wie gelingt dein Vortrag am besten?

Vorbereitung
– Sammele zuerst Informationen zu deinem Thema (z. B. mit Hilfe einer Mindmap oder einer Tabelle).
– Sammele anschließend Wörter und Ausdrücke, um über dein Thema zu sprechen (siehe **Para comunicarse** in der **Lista cronológica** ▶ p. 162).
– Formuliere deinen Text aus.
– Fertige dir einen Stichwortzettel an, um möglichst frei zu sprechen (**Der Kniff mit dem Knick** ▶ S. 145).
– Kannst du für deinen Vortrag ein Poster oder eine Collage verwenden? Das hilft dir, dich während des Vortrags zu orientieren, und deine Mitschüler können dir besser folgen.
– Übe deinen Vortrag vor dem Spiegel, vor deinen Freunden oder deinen Eltern.

> **Probiere es gleich aus:**
> Du möchtest dein Wohnviertel vorstellen. Sammele Informationen und Wörter in einer Mindmap oder einer Tabelle. Formuliere dann deinen Text und fertige einen Stichwortzettel an. Bringe Fotos und einen Stadtplan mit.

Durchführung
– Sprich langsam, laut und deutlich.
– Versuche, nicht abzulesen, sondern so frei wie möglich zu sprechen.
– Schaue deine Mitschüler während des Vortrags an, damit du siehst, ob sie dir folgen und dich verstehen.

> **Probiere es gleich aus:**
> Stellt euch in Dreiergruppen eure Hobbys vor. Einer beginnt und die anderen hören zu. Achtet darauf, dass ihr deutlich und so frei wie möglich sprecht. Schaut euch gegenseitig an.

 Wenn du dich an ein Wort nicht erinnerst, kannst du es umschreiben (**Wörter umschreiben** ▶ S. 147).

Bewertung
Du kannst den Vortrag deiner Mitschüler bewerten. Evaluationsbögen findest du hier: **Webcode APU-2-07**

> **Probiere es gleich aus:**
> Stellt euch in Dreiergruppen eure Hobbys vor und bewertet euch gegenseitig.

Dialogisches Sprechen

4 **Rollenspiele** (*juegos de rol*)
  – Verteilt die Rollen untereinander.
  – Versetze dich in deine Rolle und überlege dir, was du sagen möchtest.
  – Notiere passende Wörter und Ausdrücke (**Para comunicarse** in der **Lista cronológica** ▸ p. 162).
  – Formuliere jeweils deinen Teil und schreibt so gemeinsam euren Text.
  – Übe deinen Text zunächst für dich allein. Anschließend übt zu zweit bzw. in der Gruppe.
  – Ihr könnt den **Kniff mit dem Knick** anwenden (▸ s. u.).
  – Versucht, euren Stichwortzettel so wenig wie möglich zu benutzen.

> ✔ Gestalte deine Rolle lebendiger: Arbeite mit passenden Gesichtsausdrücken und Bewegungen. Nutze geeignete Gegenstände und Kostüme.

5 **Der Kniff mit dem Knick**
  – Nimm ein Blatt Papier und schreibe in die oberen zwei Drittel die Sätze, die du vorbereitet hast.
  – In das untere Drittel schreibst du nur die wichtigen Stichwörter.
  – Beim Vortragen oder Vorspielen sprichst du frei und schaust ab und zu auf die Stichwörter. Nur wenn du nicht weiter weißt, klappst du das Blatt auf und liest nach.

Probiere es gleich aus:
Bereitet zu zweit oder zu dritt ein Rollenspiel vor: Ihr verabredet euch und überlegt, was ihr am Nachmittag gemeinsam unternehmen wollt. Verwendet den Kniff mit dem Knick.

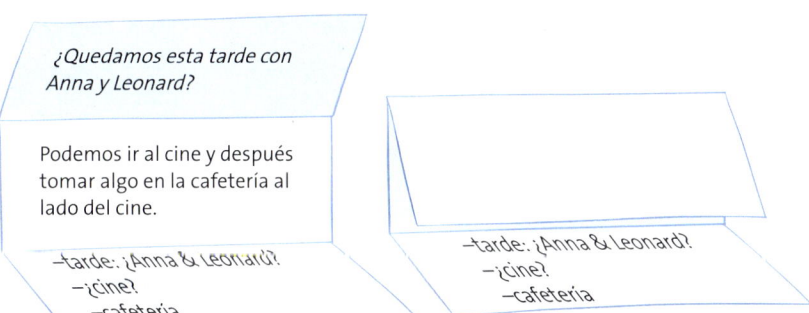

¿Quedamos esta tarde con Anna y Leonard?

Podemos ir al cine y después tomar algo en la cafetería al lado del cine.

– tarde: ¿Anna & Leonard?
– ¿cine?
– cafetería

Schreiben

Vor dem Schreiben

1 **Ideen sammeln und ordnen**
Lies dir die Aufgabenstellung genau durch und überlege,
  – welche Art von Text du schreiben sollst (E-Mail, Blog, Spielbericht usw.),
  – was für diese Textsorte typisch ist (z. B. Anrede und Grußformel in einer E-Mail),

Probiere es gleich aus:
Ein Schüler eurer Partnerschule in Sevilla möchte wissen, wo du wohnst und wie dein Viertel ist, welche Fächer ihr in der Schule habt und was du in der Freizeit machst. Mache dir Stichpunkte für eine E-Mail an ihn.

  – an wen sich der Text richtet (Sprichst du die Leute mit tú oder usted an?).
  – Sammele Ideen und schreibe die spanischen Wörter und Ausdrücke auf, die du verwenden willst. Ordne sie z. B. in einer Mindmap (**Wörter in einer Mindmap ordnen** ▸ S. 139).
  – Plane den Aufbau des Textes und lege eine Struktur an: Formuliere Überschriften für die einzelnen Abschnitte und ordne ihnen die zuvor gesammelten Wörter und Ausdrücke zu.

Texte schreiben

2 **Eine E-Mail / Einen Brief / Eine Postkarte schreiben**

Begrüßung	Querida [...] / Querido [...]:
	¿Qué tal? Yo estoy [...].
Dein Viertel	Vivo en [...]. Mi barrio es [...].
	Hay [...], pero no hay [...].
	Mi lugar favorito es [...].
Deine Schule	En el instituto [...]. El horario [...].
	La asignatura que más me gusta es [...]. Pero no me gusta [...].
Deine Freizeit	Por la tarde [...]. A veces [...]. Nunca [...].
	Con los amigos [...].
Die letzte Woche	El lunes [...], el martes [...]. El fin de semana [...].
Verabschiedung	Y tú, ¿qué haces [...]? ¿Te gusta [...]?
	Besos / Un abrazo / Saludos [...]

3 **Modelltexte verwenden**
Verwende einen spanischen Text als Vorlage. Markiere oder schreibe Ausdrücke und Wendungen heraus, die du auch für deinen Text verwenden kannst. So weißt du, worauf es ankommt.

Probiere es gleich aus:
Für die Schülerzeitung eurer Partnerschule sollst du einen Text über ein wichtiges Fest für Kinder oder Jugendliche in Deutschland schreiben. Lies den Artikel über die Fiesta de quince auf S. 92 (**Unidad 5**) und nimm ihn als Modell für deinen Text.

4 **Texte strukturieren**
Verwende passende Ausdrücke, um deinen Text zu strukturieren: ayer, por la mañana, por la tarde, por la noche, el fin de semana, ahora, en ese momento, primero, después, luego, más tarde, al final usw.

Probiere es gleich aus:
Erzähle deiner spanischen Austauschschülerin, was du letzte Woche gemacht hast.

Nach dem Schreiben

5 **Fehler korrigieren**
– Überprüfe, ob du an alles gedacht hast, was typisch für die Textsorte ist. Zu einem Brief gehören z. B. das Datum, der Ort, die Begrüßung und die Verabschiedung.
– Lies dir Satz für Satz durch und korrigiere deinen Text mit Hilfe der Fehlerliste.

Probiere es gleich aus:
1 Überprüfe mit Hilfe der Fehlerliste deine Mail an den Schüler in Sevilla (**Ideen sammeln und ordnen** ▶ S. 145). Korrigiere deine Fehler.
2 Tauscht eure selbst korrigierten E-Mails untereinander aus und korrigiert euch gegenseitig.

✔ Stimmen Substantiv und Begleiter überein?	**los** herman**os**, **mi** mascot**a**
✔ Passen Substantiv und Adjektiv zusammen?	**el** jugador nervios**o**, **la** jugador**a** enferm**a**
✔ Passen Subjekt und Verbform zusammen?	**Ana y Julia** est**án** en la heladería.

✓ Stimmt die Zeitform des Verbs?	**Ayer fuimos** al cine. **Hoy estamos** en casa. **Mañana vamos a ir** a la playa.
✓ Hast du auf die richtige Anrede geachtet?	Perdón, ¿**sabe usted** cómo ir al Retiro?
✓ Hast du an die Satzzeichen gedacht?	Y tú, ¿**qué tal?**; **¡Trágame tierra!**
✓ Hast du die Akzente richtig gesetzt?	compañero, río, sí, olvidé, ¡siéntate!
✓ Hast du Satzanfänge und Namen groß geschrieben?	**E**l abuelo de **A**na vive en **M**éxico.
✓ Ist die Satzstellung richtig (Subjekt – Verb – Objekt – Ergänzungen)?	Pablo tiene un examen el lunes. [Subjekt] [Verb] [Objekt] [Ergänzungen].
✓ Ist die Verneinung richtig formuliert?	Mateo **no** entiende **nada**. **Nunca** escucha.
✓ Hast du die indirekte Rede korrekt verwendet?	Mi madre **dice que** no hay problema. **Pregunta cuándo** quieres ir a mi casa.

Sprachmittlung

1 Für andere sprachmitteln

Falls deine Familie oder deine Freunde kein Spanisch sprechen, kannst du ihnen als „Sprachmittler" helfen, Informationen in der für sie fremden Sprache zu verstehen. Vielleicht musst du auch einmal als „Spanischexperte" für spanische Jugendliche, die Deutschland besuchen, deutsche Texte oder Gespräche auf Spanisch erklären.

Übersetze nicht jedes Wort, sondern überlege, was der andere wissen muss. Das sagst du dann in deinen eigenen Worten.

Probiere es gleich aus:

Du stehst mit eurem spanischen Gastschüler Pedro vor eurer Klassentür. Daran hängt eine Nachricht. Pedro kann noch nicht sehr gut Deutsch. Erkläre ihm, was er wissen muss.

An die Schüler der Klasse 7A:
Liebe Schüler,
Frau Lentz ist heute leider krank. Herr Thomas wird den ersten Teil der Doppelstunde Mathematik übernehmen. Er wird euch auch Hausaufgaben geben. Die zweite Stunde fällt aus, und ihr könnt nach Hause gehen.
Die Schulleitung

Neu

2 Wörter umschreiben

Beim Sprachmitteln musst du manchmal Dinge erklären, die dem anderen nicht vertraut sind. Dabei kann es passieren, dass du Wörter brauchst, die du nicht kennst. Umschreibe sie.

Um etwas zu umschreiben, verwendest du Relativsätze oder para + Infinitiv.

Probiere es gleich aus:

Du willst einem Spanier erklären, wie er mit der S-Bahn zum Krankenhaus kommt. Du weißt aber noch nicht, wie man „Fahrplan", „Bahnhof" und „Krankenhaus" auf Spanisch sagt. Umschreibe die Wörter.

Es un lugar donde [...].
Es algo que [...].
Es algo para + *infinitivo*.
Es una persona que [...]. / Es un animal que [...]. / Es una cosa que [...].
Es como [...].

Spanien

Geografisches

Alicante (ca. 329 000 Einwohner)
Spanische Hafenstadt an der Costa Blanca (dt.: „Weiße Küste"), am Mittelmeer im Süden der autonomen Region Valencia gelegen. Amtssprachen sind Spanisch und Valencianisch. Eine berühmte Sehenswürdigkeit ist das Castillo de Santa Bárbara, eine der größten Burganlagen Europas. ▶4A

España (ca. 47 Mio. Einwohner) 🇪🇸
Europäischer Staat mit der Hauptstadt → Madrid. Spanien ist in 17 autonome Regionen (*comunidades autónomas*) unterteilt. Neben Spanisch spricht man in einigen Regionen auch Katalanisch/Valencianisch (*el catalán / el valenciano*), Galicisch (*el gallego*) und Baskisch (*el vasco*). Sie sind dort dem Spanischen als offizielle Amtssprache gleichgestellt. Die wichtigste Einnahmequelle des Landes ist der Tourismus, vor allem an der Küste sowie auf den Balearischen Inseln (→ *las Islas Baleares*) und den Kanarischen Inseln (*las Islas Canarias*). Die größten Städte Spaniens sind → Madrid und Barcelona, gefolgt von → Valencia und Sevilla. ▶3Ac

el Guadalquivir

Mit einer Länge von 657 km ist der Guadalquivir der längste Fluss Andalusiens und nach Tajo (1007 km), Ebro (925 km), Duero (895 km) und Guadiana (745 km) der fünftlängste Strom Spaniens. ▶3Ac

las Islas Baleares (ca. 1,1 Mio. Einwohner)
Inselgruppe im Mittelmeer und autonome Region Spaniens. Zur Inselgruppe gehören Mallorca, Menorca, Ibiza, Formentera und Cabrera sowie 146 weitere, unbewohnte Inseln. Mallorca ist mit ca. 3640 km² die größte Insel. Sie ist damit zehnmal größer als die Kleinste der Balearischen Inseln, Formentera. Die gemeinsame Hauptstadt der Balearen ist Palma de Mallorca. Amtssprachen sind Spanisch und Katalanisch. ▶3Ac

Madrid (ca. 3,2 Mio. Einwohner)

Puerta del Sol

Seit 1561 Hauptstadt und größte Stadt Spaniens sowie Regierungs- und Königssitz. Die Einwohner nennt man Madrilenen (*madrileños*). Bekannt ist die Stadt vor allem für ihre verschiedensten Attraktionen. An der von Bäumen gesäumten Museumsmeile *Paseo del Prado* befindet sich das *Museo del Prado*. Es ist eines der wichtigsten Kunstmuseen der Welt. Die Prachtstraße *Gran Vía* ist durch ihre Vielzahl an Geschäften und Cafés ideal zum Einkaufen

und Flanieren. Zum Stöbern und Einkaufen lädt auch der *Rastro* ein. Auf dem sonntäglichen Flohmarkt im Stadtteil *La Latina* findet man an ca. 3 500 Ständen verschiedenste Waren wie Kleidungsstücke, Bücher und Antiquitäten. Im Zentrum Madrids liegt die *Puerta del Sol*. Auf diesem Platz sieht man nicht nur das Wahrzeichen der Stadt, die Statue eines Bären neben einem Erdbeerbaum, sondern auch den *Kilómetro Cero*. Von diesem im Boden eingelassenen Null-Kilometerstein aus erstrecken sich sternförmig alle Hauptstraßen Spaniens. Unweit der *Puerta del Sol* befindet sich die *Plaza Mayor*, ein großer, rechteckiger von Gebäuden umgebener Platz, auf dem auch durch die zahlreichen Gaststätten geschäftiges Treiben herrscht. Die grüne Lunge der Stadt ist der *Parque del Buen Retiro*, der bekannteste Park der Stadt, in dem Besucher Ausstellungen oder Cafés besuchen sowie Ruderboot fahren können. Auch der modern gestaltete und 2012 eröffnete Park *Madrid Río*, den der 92 km lange Fluss *Manzanares* durchquert, ist bei den Madrilenen u. a. für sportliche Aktivitäten sehr beliebt. Die Stadt ist zudem Heimat der Fußballvereine Atlético Madrid und Real Madrid. Dessen Stadion, das *Estadio Santiago Bernabéu*, wurde 1947 erbaut und bietet Platz für mehr als 80 000 Zuschauer. ▶3Ac

la Sierra de Madrid
Bergkette im Zentrum Spaniens mit zahlreichen Wäldern, Seen und Wasserfällen. Aufgrund seiner Nähe zu → Madrid wird das Gebirge von den Bewohnern Madrids als Erholungsgebiet genutzt. ▶M2

Valencia (ca. 786 000 Einwohner)
Drittgrößte Stadt Spaniens und Hauptstadt sowie kulturelles Zentrum der autonomen Region Valencia. Eine große Attraktion ist die *Ciudad de las Artes y de las Ciencias*, ein modernes Kultur- und Wissenschaftszentrum mit ausgefallenen Bauten und dem weltweit größten Aquarium. Der Park *El Turia*, der nach dem gleichnamigen Fluss der Stadt benannt ist, ist ideal zum Sporttreiben und Picknicken. ▶1A

Sonstiges

el Camino de Santiago
Pilgerweg, dessen Hauptroute von den Pyrenäen über den Norden Spaniens zur Kathedrale von Santiago de Compostela führt, der Hauptstadt der autonomen Region Galicien. Jedes Jahr begeben sich Tausende von Pilgern auf den Weg, und ihre Zahl wächst stetig. ▶3Ac

los churros con chocolate
Spanisches, frittiertes Spritzgebäck, ähnlich einem länglichen Krapfen, das oft in flüssige Schokolade getunkt wird. Man kann diese Spezialität in Cafés oder auch an Churro-Ständen, den sogenannten *churrerías* kaufen. ▶3B

la fiesta de San Dionisio
Jedes Jahr am 09. Oktober feiert man in → Valencia den Tag der Verliebten, *el día de los enamorados*, in Gedenken an den heiligen Dionisio, den traditionellen Schutzpatron der Verliebten der Stadt. Paare schenken sich an diesem Tag auch oft Marzipanfrüchte in einem Tuch, bekannt als *mocadorá*. ▶1Ac

Lateinamerika

Geografisches

Belice (ca. 315 000 Einwohner)

Mittelamerikanisches Land an der Karibikküste, die Hauptstadt ist Belmopán. Es ist das einzige Land in Mittelamerika, in dem Englisch offizielle Amtssprache ist, da Belize bis 1981 eine britische Kolonie war. Fast die Hälfte der Bevölkerung hat jedoch Spanisch als Muttersprache oder spricht eine Mayasprache. ▶ 5Ac

Ciudad de México (ca. 29 Mio. Einwohner)

El Zócalo: Hauptplatz von Mexiko-Stadt

Schloss Chapultepec

Hauptstadt der Vereinigten Mexikanischen Staaten (→ *Estados Unidos de México*). Im Großraum der Stadt leben ca. 29 Millionen Menschen.

Die Stadt wurde von den Azteken (→ *los aztecas*) gegründet. Sie ist von der Gebirgskette Sierra Nevada umgeben, in der sich auch der sagenumwobene Vulkan *Popocatépetl* (5 462 m) befindet. Besonders beliebt bei Touristen ist u. a. der Vorort *Xochimilco*, der bekannt ist für seine „schwimmenden Gärten": künstlich angelegte Kanäle, auf denen bepflanzte Flöße treiben und auf denen man Ausflüge in bunten Booten, den *trajineras*, unternehmen kann. Neben dem Park *Los Dinamos*, durch den der einzige Fluss der Stadt fließt, ist auch der *Bosque de Chapultepec* ein beliebtes Ausflugsziel. Er ist die grüne Lunge der Stadt und beherbergt neben einem Schloss auch einen Freizeitpark. Im *Museo del Chocolate*, kurz *MUCHO*, erfährt man alles rund um die Schokolade, die ihren Ursprung in Mexiko hat. ▶ 5Ac

Estados Unidos Mexicanos (ca. 120 Mio. Einwohner)

Mexiko ist das bevölkerungsreichste spanischsprachige Land der Welt und liegt im Süden Nordamerikas. Die Hauptstadt ist Mexiko-Stadt (→ *Ciudad de México*), und die Amtssprache ist Spanisch. Die mexikanische Küche ist auch außerhalb Mexikos sehr beliebt, insbesondere die *tacos*, *burritos* und *enchiladas*, die alle aus dünnen Maisfladen (*tortillas*) hergestellt werden. ▶ 5Ac

Guatemala (ca. 12,7 Mio Einwohner)

Bevölkerungsreichstes Land in Zentralamerika. Die Hauptstadt ist Guatemala-Stadt, die Amtssprache ist Spanisch. Guatemala gilt als die Wiege der Mayakultur. Die Maya (→ *los mayas*) machen heute etwa 40 % der guatemaltekischen Bevölkerung aus. ▶ 5Ac

Puerto Ángel (ca. 2 700 Einwohner)

Fischerort an der Pazifikküste des im Südwesten Mexikos gelegenen Bundesstaates Oaxaca. Die kleine Stadt ist umgeben von malerischen Buchten. Ihre Einwohner sprechen neben Spanisch auch eine der über 60 indigenen Sprachen Mexikos. ▶ 5Ac

Sonstiges

los aztecas

Angehörige der Aztekenkultur, die zwischen dem 14. und dem frühen 16. Jahrhundert in Mexiko existierte. Die Azteken gründeten um 1320 Tenochtitlán, die Hauptstadt ihres Reiches, und unterwarfen im Laufe der Jahre umliegende Städte und Völker. Zwischen 1519 und 1521 wurden die Azteken von den spanischen Eroberern unterworfen. ▶ 5Ac

la fiesta de quince años

In vielen Ländern Lateinamerikas ist der 15. Geburtstag eines Mädchens traditionell Anlass zu einem aufwendigen Fest, da dieser Tag als Symbol für den Wandel vom Mädchen zur Frau gesehen wird. ▶ 5B

los mayas

Angehörige der Mayakultur, die ihre Blütezeit zwischen 600 und 900 n. Chr. erlebte. Die Maya waren schon vor der Eroberung Amerikas durch die Spanier ein hoch entwickeltes Volk. Sie hatten z. B. einen sehr exakten Kalender und ein eigenes Schriftsystem. Heute leben noch etwa sechs Millionen Maya im Süden Mexikos, in Guatemala, Belize und Honduras. ▶ 5Ac

los voladores de Papantla

Ein zeremonieller Tanz, bei dem bis zu sechs Männer an einem sich drehenden Pfahl von ca. 20 Metern Höhe hängen. Eine weitere Person sitzt auf dem Pfahl und spielt eine Flöte oder Trommel. Der Tanz geht zurück auf vorspanische Kulturen. ▶ 5A

La pronunciación y la ortografía

La pronunciación | Die Aussprache

Las consonantes | Die Konsonanten

[β]	revista, a **v**eces, ner**v**ioso, be**b**er		[m]	**m**adre, ale**m**án, fa**m**oso
[b]	**b**oli, ta**b**leta, **b**ailar		[n]	a**n**imal, orde**n**ar, **n**ota
[θ]	**c**edé, **z**umo, maza**p**án		[ŋ]	i**n**glés, le**n**gua
[tʃ]	mo**ch**ila, **ch**uleta		[ɲ]	compa**ñ**ero, peque**ñ**o, monta**ñ**a
[d]	**d**esayuno, **d**inero, **d**ucharse		[p]	cam**p**amento, gru**p**o, es**p**erar
[ð]	mo**d**erno, pa**d**re, ayu**d**ar		[ɾ]	pe**r**o, cent**r**o, ot**r**o
[f]	**f**amilia, **f**útbol, **f**iesta		[r]	pe**rr**o, gui**t**arra, chu**rr**o
[x]	cole**g**io, **g**ente, video**j**uego, tar**j**eta		[s]	co**s**a, **s**alón, co**s**ta
[g]	**g**olosinas, **g**rande, **g**astar		[t]	**t**ía, estan**t**ería, repe**t**ir
[ɣ]	lue**g**o, pre**g**untar, pa**g**a		[ks]	e**x**perimento, e**x**posición
[k]	**qu**iosco, **c**aro, **k**ilo, **c**omida		[j]	**y**o, pla**y**a, ma**y**or
[l]	fenomena**l**, **l**aboratorio, do**l**or		[w]	**w**indsurf, página **w**eb
[ʎ]	bocadi**ll**o, caba**ll**o, **ll**amar			

Las vocales | Die Vokale

[a]	**a**hor**a**, cen**a**r
[e]	t**e**atro, cr**ee**r
[i]	**i**ntel**i**gente, **i**ndígena, **y**
[o]	tamp**o**c**o**, c**o**d**o**
[u]	l**u**gar, c**u**ltura

Der Vokal **u** wird in folgenden Fällen nicht ausgesprochen:
– nach **q**, z. B. ¿**qu**é?, ¿**qu**ién?
– zwischen **g** und **e** bzw. **i**, z. B. ju**gue**te, **gui**tarra.

Los diptongos | Die Diphthonge

[ai]	h**ay**, g**uay**
[au]	**au**la, **au**nque
[ei]	v**ei**nte, vol**ei**bol
[eu]	**eu**ro, **Eu**ropa
[oi]	h**oy**, v**oy**, s**oy**
[j]	b**i**en, gen**i**al, c**i**udad, nad**i**e
[w]	ag**u**a, b**u**eno, sit**u**ación

Wenn zwei aufeinanderfolgende Vokale **a**, **e** oder **o** sind, dann bilden sie keinen Diphthong, sondern zwei Silben (**mu-se-o**, **te-a-tro**).

Reglas de acento | Betonungsregeln

1 Wörter, die auf **n**, **s** oder einen Vokal enden, werden auf der vorletzten Silbe betont.

		va	so
		va	mos
	e	**xa**	men
cho	co	**la**	te

2 Wörter, die auf einen Konsonanten (außer **n**, **s**) enden, werden auf der letzten Silbe betont.

Por	tu	**gal**
	gri	**tar**

3 Wörter, deren Betonung von diesen Regeln abweicht, haben einen Akzent auf der betonten Silbe.

tam	**bién**		
in	**glés**		
vi	**vís**		
a	**llí**		
sa	**lón**		
	fút	bol	
	fá	cil	
	pá	gi	na
	nú	me	ro

Wegen der Betonungsregeln entfällt bei einigen Wörtern der Akzent oder es wird ein Akzent hinzugefügt:
– bei Singular/Plural, z. B. la ha-bi-ta-**ción**, las ha-bi-ta-**cio**-nes
– bei angehängten Pronomen, z. B. ¡Le-**ván**-ta-te!, ¡Ves-**tí**-os!

Los números ordinales | die Ordinalzahlen

1º	el primero	1ª	primera
2º	el segundo	2ª	la segunda
3º	el tercero	3ª	la tercera
4º	el cuarto	4ª	la cuarta
5º	el quinto	5ª	la quinta
6º	el sexto	6ª	la sexta
7º	el séptimo	7ª	la séptima
8º	el octavo	8ª	la octava
9º	el noveno	9ª	la novena
10º	el décimo	10ª	la décima

! el **primer** piso

! el **tercer** piso

Los signos de puntuación | Die Satzzeichen

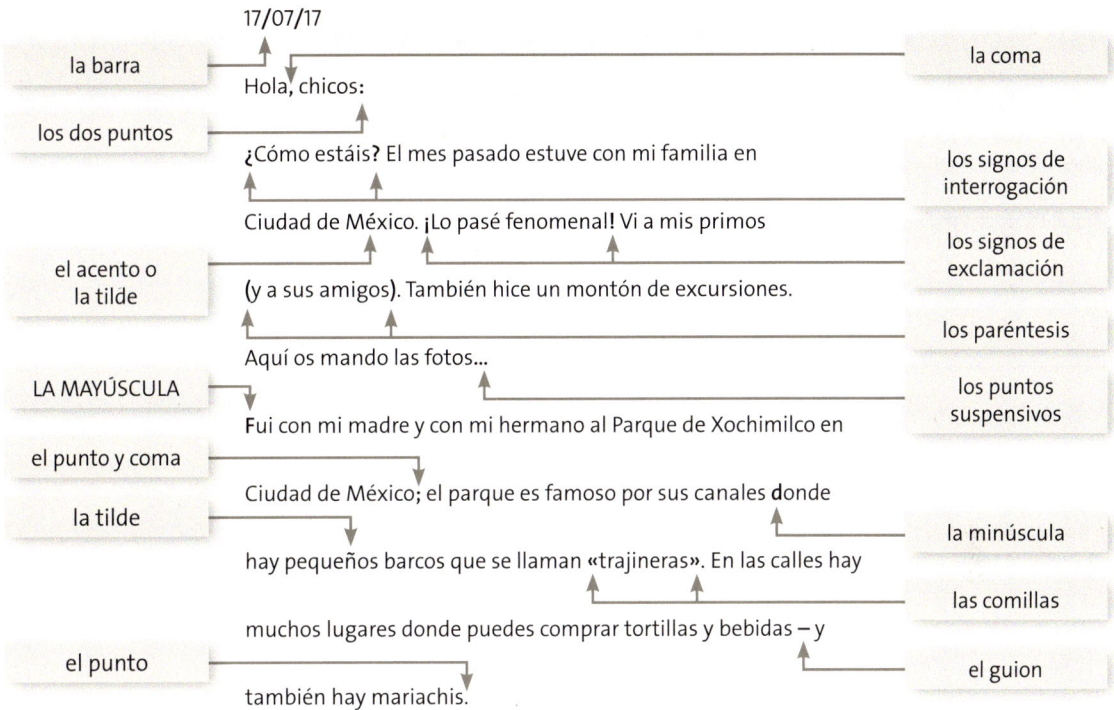

la barra	17/07/17	la coma
los dos puntos	Hola, chicos:	
	¿Cómo estáis? El mes pasado estuve con mi familia en	los signos de interrogación
	Ciudad de México. ¡Lo pasé fenomenal! Vi a mis primos	los signos de exclamación
el acento o la tilde	(y a sus amigos). También hice un montón de excursiones.	los paréntesis
	Aquí os mando las fotos...	los puntos suspensivos
LA MAYÚSCULA	Fui con mi madre y con mi hermano al Parque de Xochimilco en	
el punto y coma		
la tilde	Ciudad de México; el parque es famoso por sus canales donde	
	hay pequeños barcos que se llaman «trajineras». En las calles hay	la minúscula
		las comillas
	muchos lugares donde puedes comprar tortillas y bebidas – y	
el punto		el guion
	también hay mariachis.	

La ortografía | Die Rechtschreibung

Las mayúsculas y minúsculas | Die Groß- und Kleinschreibung

Im Spanischen werden Substantive in der Regel klein geschrieben. Ausnahmen sind:

Nico García Las Leonas	Nico (Vorname) García (Nachname) Las Leonas (Name der Fußballmannschaft)	– Eigennamen
Madrid los Pirineos el País Vasco España	Madrid (Stadt) die Pyrenäen (Gebirge) das Baskenland (autonome Region) Spanien (Land)	– geografische Bezeichnungen
la Semana Santa Navidad la Nochevieja el Día de las puertas abiertas	die Karwoche Weihnachten Silvester der Tag der offenen Tür	– Feiertage und Feste
Mates Francés	Mathe Französisch	– Schulfächer
la Puerta del Sol el Museo del Prado la Plaza Mayor		– Sehenswürdigkeiten

En la clase

El español en la clase | Spanisch im Unterricht

Hilfe erbitten/anbieten

¿Tienes un boli/lápiz?	Hast du einen Kuli/Bleistift?
¿Te puedo ayudar?	Kann ich dir helfen?
¿Me puedes ayudar? – Claro.	Kannst du mir helfen? – Na klar!

Um Wiederholung bitten

¿Lo puede explicar/repetir otra vez?	Können Sie es noch einmal erklären/wiederholen?
¿Puede hablar más despacio/alto, por favor?	Können Sie bitte langsamer/lauter sprechen?

Um Hinweise oder Erklärungen bitten

No entiendo el ejercicio / los ejercicios.	Ich verstehe die Aufgabe/n nicht.
¿Cómo se dice «[...]» en alemán / en español?	Was heißt „[...]" auf Deutsch/Spanisch?
¿Se puede decir también «[...]»?	Kann man auch „[...]" sagen?
¿Cómo se llama esto en español?	Wie heißt das auf Spanisch?
¿Cómo se escribe «[...]»?	Wie schreibt man „[...]"?
¿«[...]» se escribe con/sin «s»?	Schreibt man „[...]" mit/ohne „s"?
¿En qué página está?	Auf welcher Seite steht das?
¿Es correcto/incorrecto?	Ist das richtig/falsch?
¿Qué significa «mochila» en alemán?	Was bedeutet „mochila" auf Deutsch?
¿A quién le toca? –Ahora te toca a ti.	Wer ist dran? – Jetzt bist du dran.

Sich entschuldigen

Lo siento.	Es tut mir leid.
Disculpa. / Perdona.	Entschuldige.
No pasa nada.	Das macht nichts.

Indicaciones para los ejercicios | Arbeitsanweisungen in den Übungen

Adivina.	**Rate.**
Apunta las palabras / el orden de las palabras.	**Notiere** die Wörter / die Reihenfolge der Wörter.
Busca los contrarios / el vocabulario en el texto.	**Suche** die Gegenteile / das Vokabular im Text.
Compara con tu compañero / tu compañera.	**Vergleiche** mit deinem Partner / deiner Partnerin.
Completa la tabla / con una forma de [...].	**Ergänze** die Tabelle / mit einer Form von [...].
Conjuga los verbos.	**Konjugiere** die Verben.
Contesta las preguntas.	**Beantworte** die Fragen.
Corrige las frases falsas / el error.	**Korrigiere** die falschen Sätze / den Fehler.
Cuenta como en el ejemplo.	**Erzähle** wie im Beispiel.
Describe las imágenes.	**Beschreibe** die Bilder.
Elige el resumen correcto.	**Wähle** die richtige Zusammenfassung aus.
Encuentra las parejas / las diferencias.	**Finde** die Paare / die Unterschiede.
Escucha, **lee** y **repite**.	**Höre zu**, **lies mit** und **sprich nach**.
Explica las siguientes palabras.	**Erkläre** die folgenden Wörter.
Forma/Formula frases con las expresiones.	**Bilde** Sätze mit den Ausdrücken.
Haz una lista / una encuesta.	**Erstelle** eine Liste. / **Führe** eine Umfrage **durch**.
Imagina [...] / el final de cada frase.	**Stelle** dir [...] / das Ende jedes Satzes **vor**.
Justifica tu respuesta.	**Begründe** deine Antwort.
Lee los anuncios / las líneas [...] en voz alta.	**Lies** die Anzeigen / die Zeilen [...] laut vor.
Menciona tres cosas que te gustan.	**Nenne** drei Dinge, die du magst.
Ordena los dibujos.	**Bringe** die Bilder in die richtige Reihenfolge.
Prepara una charla de un minuto / una lista.	**Erstelle** einen Kurzvortrag / eine Liste.
Presentad el diálogo / los resultados.	**Präsentiert** den Dialog / die Ergebnisse.
Relaciona los pronombres con [...].	**Verbinde** die Pronomen mit [...].
Termina las frases.	**Beende** die Sätze.
Toma apuntes en tu cuaderno.	**Mache** dir **Notizen** in deinem Heft.
Utiliza tu mapa mental / las palabras claves.	**Verwende** deine Mindmap / die Schlüsselwörter.

Los verbos

Hier findest du die Konjugationen oder Konjugationsmuster aller Verben, die du in *¡Apúntate! 1* und *2 Nueva Edición* gelernt hast.

1 Los verbos auxiliares | Die Hilfsverben

Die Verben **ser** und **estar** werden nicht nur als Hilfsverben sondern vor allem als Vollverben benutzt.

infinitivo	**ser**	**estar**	**haber**
presente	**soy**	**estoy**	**he**
	eres	est**ás**	**has**
	es	est**á**	**ha/hay**
	somos	estamos	**hemos**
	sois	est**áis**	**habéis**
	son	est**án**	**han**
pretérito indefinido	**fui**	**estuve**	**hube**
	fuiste	**estuviste**	**hubiste**
	fue	**estuvo**	**hubo**
	fuimos	**estuvimos**	**hubimos**
	fuisteis	**estuvisteis**	**hubisteis**
	fueron	**estuvieron**	**hubieron**
imperativo	**sé**, sed	est**á**, estad	
gerundio	siendo	estando	(habiendo)
participio	sido	estado	habido

2 Los verbos regulares en -ar/-er/-ir | Die regelmäßigen Verben auf -ar/-er/-ir

infinitivo	**hablar**	**comer**	**vivir**	**!**
presente	habl**o**	com**o**	viv**o**	**coger:** cojo, coges…
	habl**as**	com**es**	viv**es**	**saber: sé**, sabes…
	habl**a**	com**e**	viv**e**	**salir:** sal**g**o, sales…
	habl**amos**	com**emos**	viv**imos**	**traer: traig**o, traes…
	habl**áis**	com**éis**	viv**ís**	
	habl**an**	com**en**	viv**en**	
pretérito indefinido	habl**é**	com**í**	viv**í**	**leer:** leí, leíste, le**y**ó, leímos, leísteis, le**y**eron (*ebenso:* creer)
	habl**aste**	com**iste**	viv**iste**	**-car: buscar:** bus**qué**, buscaste…
	habl**ó**	com**ió**	viv**ió**	(*ebenso:* colocar, marcar, pescar, sacar, tocar)
	habl**amos**	com**imos**	viv**imos**	**-gar: llegar:** lle**gué**, llegaste…
	habl**asteis**	com**isteis**	viv**isteis**	(*ebenso:* descargar, jugar)
	habl**aron**	com**ieron**	viv**ieron**	**-zar: empezar:** empe**cé**, empezaste… (*ebenso:* alcanzar, cruzar, organizar, lanzarse)
imperativo	habl**a**, habl**ad**	com**e**, com**ed**	viv**e**, viv**id**	**salir:** sal
gerundio	habl**ando**	com**iendo**	viv**iendo**	**leer:** le**y**endo, **creer:** cre**y**endo
participio	habl**ado**	com**ido**	viv**ido**	**leer:** leído, **creer: creído**, **traer: traído**, **abrir: abierto**, **escribir: escrito**

3 Los grupos de verbos | Die Gruppenverben

a Los verbos con diptongación: e → ie | Diphthongverben: e → ie

infinitivo	**pensar**	**entender**	**preferir**	**!**
presente	pienso piensas piensa pensamos pensáis piensan	entiendo entiendes entiende entendemos entendéis entienden	prefiero prefieres prefiere preferimos preferís prefieren	**tener: tengo,** tienes… **venir: vengo,** vienes
pretérito indefinido	pensé pensaste pensó pensamos pensasteis pensaron	entendí entendiste entendió entendimos entendisteis entendieron	preferí preferiste prefirió preferimos preferisteis prefirieron	**tener: tuve, …** **querer: quise, …** **venir: vine, …**
imperativo	piensa, pensad	entiende, entended	prefiere, preferid	
gerundio	pensando	entendiendo	prefiriendo	
participio	pensado	entendido	preferido	
	ebenso: cerrar, despertarse, empezar, sentarse	*ebenso:* encender, perder, querer, tener	*ebenso:* sentirse, venir	

b Los verbos con diptongación: o → ue | Diphthongverben: o → ue

infinitivo	**contar**	**volver**	**dormir**	**!**
presente	cuento cuentas cuenta contamos contáis cuentan	vuelvo vuelves vuelve volvemos volvéis vuelven	duermo duermes duerme dormimos dormís duermen	**jugar: juego,** juegas…
pretérito indefinido	conté contaste contó contamos contasteis contaron	volví volviste volvió volvimos volvisteis volvieron	dormí dormiste durmió dormimos dormisteis durmieron	**jugar: jugué,** jugaste… **poder: pude,** **pudiste, …**
imperativo	cuenta, contad	vuelve, volved	duerme, dormid	
gerundio	contando	volviendo	durmiendo	**poder:** pudiendo
participio	contado	**vuelto**	dormido	
	ebenso: acordarse, costar, encontrar, jugar, recordar	*ebenso:* doler, llover, poder		

c Los verbos con debilitación vocálica: e → i |
Die Verben mit Vokalschwächung: e → i

infinitivo	**seguir**
presente	**sigo**
	si**g**ues
	si**g**ue
	seguimos
	seguís
	si**g**uen
pretérito indefinido	seguí
	seguiste
	si**g**uió
	seguimos
	seguisteis
	si**g**uieron
imperativo	si**g**ue, seguid
gerundio	si**g**uiendo
participio	seguido

ebenso: corregir, pedir, servir

d Los verbos con el cambio c → zc |
Die Verben mit der Veränderung c → zc

infinitivo	**conocer**	**!**
presente	cono**z**co	**convencer:** conven**z**o, convences, ...
	conoces	
	conoce	
	conocemos	
	conocéis	
	conocen	
pretérito indefinido	conocí	
	conociste	
	conoció	
	conocimos	
	conocisteis	
	conocieron	
imperativo	conoce, conoced	
gerundio	conociendo	
participio	conocido	

ebenso: parecer

4 Los verbos irregulares | Die unregelmäßigen Verben

infinitivo	**hacer**	**ir**	**ver**	**venir**	**saber**
presente	**hago**	**voy**	**veo**	**vengo**	**sé**
	haces	**vas**	**ves**	vie**nes**	sabes
	hace	**va**	**ve**	vie**ne**	sabe
	hacemos	**vamos**	**vemos**	venimos	sabemos
	hacéis	**vais**	**veis**	venís	sabéis
	hacen	**van**	**ven**	vienen	saben
pretérito indefinido	**hice**	**fui**	**vi**	**vine**	**supe**
	hiciste	**fuiste**	viste	**viniste**	**supiste**
	hizo	**fue**	vio	**vino**	**supo**
	hicimos	**fuimos**	vimos	**vinimos**	**supimos**
	hicisteis	**fuisteis**	visteis	**vinisteis**	**supisteis**
	hicieron	**fueron**	vieron	**vinieron**	**supieron**
imperativo	**haz**, haced	**ve**, id	ve, ved	**ven**, venid	sabe, sabed
gerundio	haciendo	**yendo**	viendo	viniendo	sabiendo
participio	**hecho**	ido	**visto**	venido	sabido

infinitivo	**tener**	**poner**	**dar**	**decir**	**traer**
presente	**tengo**	**pongo**	**doy**	**digo**	**traigo**
	tie nes	pones	das	dices	traes
	tie ne	pone	da	dice	trae
	tenemos	ponemos	damos	decimos	traemos
	tenéis	ponéis	**dais**	decís	traéis
	tie nen	ponen	dan	dicen	traen
pretérito indefinido	**tuve**	**puse**	**di**	**dije**	**traje**
	tuviste	**pusiste**	**diste**	**dijiste**	**trajiste**
	tuvo	**puso**	**dio**	**dijo**	**trajo**
	tuvimos	**pusimos**	**dimos**	**dijimos**	**trajimos**
	tuvisteis	**pusisteis**	**disteis**	**dijisteis**	**trajisteis**
	tuvieron	**pusieron**	**dieron**	**dijeron**	**trajeron**
imperativo	**ten**, tened	**pon**, poned	da, dad	**di**, decid	trae, traed
gerundio	teniendo	poniendo	dando	diciendo	trayendo
participio	tenido	**puesto**	dado	**dicho**	traído

Grammatische Begriffe | Términos gramaticales

spanisch	deutsch	Beispiel
el adjetivo	das Adjektiv	**bueno**, **malo**, **diferente**
el adverbio (temporal)	das (Zeit)Adverb	**primero**, **luego**, **después**, **aquí**
el artículo determinado	der bestimmte Artikel	**el** árbitro, **la** nota
el artículo indeterminado	der unbestimmte Artikel	**un** pastel, **una** cuchara
el comparativo	der Komparativ	Mateo es **más alto que** Ana.
la conjunción	die Konjunktion	**y**, **o**, **sin embargo**, **porque**
el determinante demostrativo	der Demonstrativbegleiter	**este** libro, **esas** hermanas
el determinante indefinido	der indefinite Begleiter	**muchos** edificios, **poca** gente
el determinante posesivo	der Possessivbegleiter	**mi** falda, **nuestro** blog
el estilo indirecto	die indirekte Rede	Nico **dice que está** enfermo.
el futuro inmediato	das unmittelbare Futur	**voy a** bailar
el género (masculino/-a, femenino/-a)	das Geschlecht (männlich, weiblich)	**el** huevo (masculino), **la** gorra (femenino)
el gerundio	das Gerundium	**cantando**, **escribiendo**
el imperativo	der Imperativ	**¡haz!**, **¡despiértate!**
el infinitivo	der Infinitiv	**hablar**, **decir**, **saber**
la negación	die Verneinung	**No** hablo portugués.
el número (el singular, el plural)	Numerus (Einzahl, Mehrzahl)	el río (singular), las cascadas (plural)
la oración relativa	der Relativsatz	El cómic **que lees** es divertido.
el participio	das Partizip	**hablado**, **vivido**, **escrito**
la persona	die Person	[tú] preparas (segunda persona singular)
la preposición	die Präposition	**en**, **a**, **por**, **delante de**, **para**
el presente	das Präsens	**creo**, **habla**, **pedís**
el pretérito indefinido	das Pretérito Indefinido	**canté**, **tuvimos**, **dijeron**
el pretérito perfecto	das Pretérito Perfecto	**he visto**, **ha salido**
el pronombre de complemento directo	das direkte Objektpronomen	**me**, **te**, **lo**, **la**, **nos**, **os**, **los**, **las**
el pronombre de complemento indirecto	das indirekte Objektpronomen	**me**, **te**, **le**, **nos**, **os**, **les**
el pronombre demostrativo	das Demonstrativpronomen	**este** es..., **esos** son...
el pronombre interrogativo	das Fragewort	**¿dónde?**, **¿qué?**, **¿cómo?**
el pronombre personal sujeto	das Subjektpronomen	**yo**, **tú**, **él**, **ella**, ...
el pronombre relativo	das Relativpronomen	**que**
el superlativo	der Superlativ	El Prado es **el** museo **más importante**.
el sustantivo	das Substantiv	el **mundo**, la **cultura**
el verbo	das Verb	**llevar**, **traer**, **pedir**
el verbo modal	das Modalverb	**poder** hablar, **tener que** irse
el verbo reflexivo	das reflexive Verb	**despertarse**, **ducharse**

Palabrateca

Los países y las lenguas ▶ab Unidad 1

el alemán	– Deutsch		**Alemania**	– Deutschland
el español	– Spanisch		**España**	– Spanien
el inglés	– Englisch		**Reino Unido**	– Großbritannien
			Estados Unidos (EEUU)	– Vereinigte Staaten (USA)
el francés	– Französisch		**Francia**	– Frankreich
el turco	– Türkisch		**Turquía**	– Türkei
el ruso	– Russisch		**Rusia**	– Russland
el polaco	– Polnisch		**Polonia**	– Polen
el italiano	– Italienisch		**Italia**	– Italien

Mis actividades ▶ab Unidad 1

el tiempo libre:

| montar a caballo | dibujar | patinar | esquiar | navegar a vela |

los instrumentos: tocar...

| el violín | la flauta | al saxofón | el arpa *f.* | el acordeón |

el deporte: jugar al...

| balonmano | tenis | ajedrez | bádminton | ping-pong |

Mi barrio ▶ab Unidad 1

| la carnicería | la pastelería | el gimnasio | el banco | la librería |

Estoy mal ▶ab Módulo 1

estoy mareado/-a	– mir ist übel
tengo un moretón	– ich habe einen blauen Fleck
sangro por la nariz	– ich habe Nasenbluten
me he torcido el pie	– ich habe mir den Fuß verstaucht

el medicamento	– das Medikament
la pastilla	– die Tablette
la pomada	– die Salbe
el vendaje	– der Verband

la herida	– die Wunde
el rasguño	– der Kratzer
la picadura	– der Stich
la fractura de brazo/pie/[...]	– der gebrochene Arm/Fuß/[...]

En el instituto ▶ab Unidad 2

Latín	– Latein	**Química**	– Chemie
Historia	– Geschichte	**Economía**	– Wirtschaft
Física	– Physik	**Valores Éticos**	– Ethik
Biología	– Biologie	**Tecnología**	– Technik

taller de...

fotografía

informática

costura

cocina

autodefensa

Mi ropa ▶ab Módulo 2

los calcetines

el cinturón

la bufanda

los guantes

la ropa interior

 naranja *inv.*
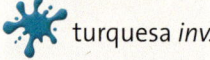 turquesa *inv.*
 violeta *inv.*
verde claro
verde oscuro

Mi ciudad ▶ab Unidad 3

el lago

la iglesia

el ayuntamiento

el castillo

el zoológico

Comida y bebidas ▶ab Módulo 3

la fruta:

la pera	el plátano	el melocotón	la fresa	la piña

la verdura:

la cebolla	la patata	la zanahoria	la lechuga	el brócoli

la comida:

la carne	el pescado	la sopa	las patatas fritas	la pasta

las bebidas:

el café	el chocolate	la infusión	el refresco	el batido

En la red

el explorador	– der Internetbrowser
el buscador	– die Suchmaschine
el enlace	– der Link
la portada	– die Homepage
la página web / el sitio web	– die Webseite
el correo electrónico / el e-mail	– die E-Mail
la contraseña	– das Passwort
el ratón	– die Maus
bajar (= descargar)	– herunterladen
subir (= cargar)	– laden, hochladen
hacer clic	– klicken
estar conectado/-a	– verbunden sein
interactivo/-a	– interaktiv
navegar	– surfen
la arroba	– @
triple uve doble	– www

Soluciones

¡Hola! ▶ p. 8/9

Vocabulario para jugar

la ficha *der Spielstein*

¿A quién le toca? *Wer ist dran?*

Me toca a mí. *Ich bin dran.*

Te toca a ti. *Du bist dran.*

Me falta una casilla gris/naranja/verde. *Mir fehlt noch ein graues/oranges/grünes Feld.*

¡He ganado! *Ich habe gewonnen!*

1. Son las siete menos cinco. Son las siete y diez. Son las once menos cuarto.   **2.** Es un bocadillo de jamón, un zumo de naranja y un helado.   **3.** quiero, quieres, quiere, queremos, queréis, quieren   **4.** (por ejemplo:) Madrid, Barcelona y Valencia.   **5.** Hace sol. / Hace buen tiempo.   **7.** ¿Cuándo es tu cumpleaños?   **8.** Sigue todo recto y coge la segunda calle a la derecha. Allí está el cine.   **9.** a)   **10.** Ordena, haz   **11.** tía, primo   **12.** le gusta   **13.** rubio, alto, castaño/largo, baja   **14.** b)   **15.** Pepe está al lado del armario. Pepe está encima de la lámpara. Pepe está delante de la puerta.   **16.** Son Educación Física / Deporte y Matemáticas/Mates.   **17.** Valencia es una ciudad que tiene muchos museos.   **18.** lunes, martes, miércoles, jueves, viernes, sábado, domingo   **19.** a)   **21.** (Ana no está en clase) porque está enferma.   **22.** Son las actividades leer y jugar al baloncesto.   **23.** mi, tu   **24.** viven   **25.** es, está   **26.** Ana va a escuchar música.   **27.** Son una gallina y un caballo. / Es una gallina. Es un caballo.   **28.** voy, vas, va, vamos, vais, van   **29.** b)   **30.** alemán, inglés, español

Teste deine Grammatikkenntnisse

Unidad 1   ▶ p. 23

1: 1. nos, Os; 2. Le, Les; 3. te, Me

2: 1. A mí; 2. A él/ella; 3. A nosotros/-as; 4. A ellos/-as; 5. A vosotros/-as; 6. A nosotros/-as; 7. A mí; 8. A él/ella

3: 1. Estoy leyendo un libro interesante.; 2. Estamos viendo una peli en la tele.; 3. Estás comiendo un bocadillo.; 4. Estáis haciendo los deberes.; 5. Está hablando con los nuevos.; 6. Están chateando con Tarek.

4: 1. Todo; 2. Todos; 3. Todas; 4. todos; 5. toda; 6. todas

5: 1. doy; 2. pongo; 3. ponéis; 4. dan; 5. pone; 6. pones; 7. da; 8. damos; 9. ponen; 10. das

Unidad 2   ▶ p. 39

1: 1. buen; 2. malas; 3. buenas; 4. buen; 5. mal; 6. malos

2: 1e. me ducho; 2d. te acuerdas; 3f. se levanta; 4b. nos vamos; 5c. os despertáis; 6a. se sientan

3: 1. te acuerdas; 2. se despiertan; 3. se siente; 4. os vais; 5. me ducho; 6. te levantas; 7. me pongo; 8. te apuntas

4: 1. otra galleta; 2. otro chico; 3. otras actividades; 4. otra historia; 5. otro libro; 6. otra película

Unidad 3   ▶ p. 61

1: 1. más famoso; 2. mejores; 3. más bonitos; 4. más interesantes

2: 1. menos chulo que; 2. más cara que; 3. más divertido que; 4. tan bonita como

3: 1. conozco; 2. dices; 3. sabéis; 4. sé; 5. digo; 6. conoces; 7. decís; 8. decimos; 9. conocéis

4: 1. La; 2. Las; 3. Me; 4. Los; 5. Lo, 6. Nos

Unidad 4   ▶ p. 77

1: 1. preparaste; 2. entramos; 3. salisteis; 4. comí; 5. volvisteis; 6. abriste; 7. escribieron; 8. pensó

2: 1. llegué; 2. crucé; 3. toqué; 4. jugué; 5. busqué; 6. organicé; 7. saqué; 8. empecé

3: 1. fuimos; 2. Fui; 3. fuisteis; 4. Fue; 5. fueron; 6. fuiste

4: 1. traemos; 2. trae; 3. traéis; 4. traigo; 5. traen; 6. Traes

5: 1. Antes de salir de casa...; 2. Después de hablar con el profe...; 3. Antes de ir a la playa...; 4. Después de comer algo en la cafetería...

Unidad 5 ▶ p. 97

1: 1. pudieron; 2. tuvisteis; 3. vino; 4. pusimos; 5. estuvimos; 6. vine; 7. diste; 8. tuvo; 9. pusiste; 10. hizo; 11. estuvisteis; 12. di

2: 1. ¡Siéntate!, ¡Sentaos!; 2. ¡Cállate!, ¡Callaos!; 3. ¡Acuérdate!, ¡Acordaos!; 4. ¡Dúchate!, ¡Duchaos!; 5. ¡Despiértate!, ¡Despertaos!; 6. ¡Levántate!, ¡Levantaos!

3: 1. no, nada; 2. Nadie; 3. no, nunca; 4. Nada; 5. Nunca; 6. no, nadie

4: 1. aburridísima; 2. riquísimas; 3. larguísimo; 4. interesantísimas; 5. grandísima; 6. carísimos

Unidad 6 ▶ p. 111

1: 1. Tarek le dice a Adil que tienen que comprar muchas cosas. 2. Julia nos pregunta si (Merche y yo) fuimos al cine ayer. 3. Mateo pregunta a Ana cuándo vienen sus primos. 4. Ana dice que hay que ordenar la habitación. 5. Nico me pregunta si estudio hoy por la tarde. 6. Pablo nos pregunta por qué no venimos a su fiesta.

2: 1. Mándale una postal. 2. Explícales la tarea. 3. Dale el libro. 4. Léelo. 5. Cómpralos. 6. Escríbeles un mensaje.

Algo más

Unidad 1

¡Acércate!, 2 (p. 124): xq = porque; x fa = por favor; tqm = te quiero mucho; vms = vamos; tb = también; qtl? = ¿Qué tal?

¡Acércate!, 4 a (p. 124): 1h, 2b, 3g, 4c, 5e, 6a, 7f, 8d

Texto B, 8 a (p. 125): antiguo – moderno; grande – pequeño; cerca – lejos; muchas tiendas – pocas tiendas; ¡Es muy interesante! – ¡Es muy aburrido!; aburrido – divertido; ¡No me gusta nada! – ¡Mola mucho!

Unidad 2

¡Acércate!, 1 (p. 126): siehe jeweils Stundenplan des Partners / der Partnerin

Texto A, 1 a (p. 127): 1b, 2b, 3a, 4a, 5b, 6a, 7b; **1b:** ¡Qué nervios!

Unidad 3

Texto A, 1 (p. 129): siehe Stadtplan von Madrid (S. 204)

Unidad 4

¡Acércate!, 1 a (p. 130): En la mesa de Ana hay un pimiento, dos barras de pan, tres manzanas, jamón, arroz, un pepino, ajo, aceite, sal, un tenedor, un cuchillo, un plato, una botella, una servilleta, dos vasos de agua, galletas, un postre y paella. En la mesa de Tarek hay tres tomates, dos barras de pan, tres manzanas, arroz, un pepino, ajo, vinagre, sal, un tenedor, una cuchara, un plato, una botella, una servilleta, dos vasos de agua, un bocadillo de queso, galletas, una ensalada y paella.

1b: En la mesa de Tarek hay tres tomates, vinagre, una cuchara, un bocadillo de queso y una ensalada, pero en la mesa de Ana no. En la mesa de Ana hay un pimiento, jamón, aceite, un cuchillo y un postre, pero en la mesa de Tarek no.

Texto B, 5 (p. 132): El año pasado Tarek y su hermano pasaron las vacaciones aquí y nos conocieron. El primer día mi madre le habló a Tarek y él no entendió mucho. Pero al final aprendió más árabe y francés. Adil y Tarek compartieron habitación con nosotros todo el mes. ¡Fue muy divertido! También visitaron a sus/nuestros abuelos y a otros tíos. Una noche nuestros padres organizaron una fiesta con toda la familia. Fue genial. Comieron y bebieron muchas cosas nuevas. Adil y Tarek fueron al instituto con nosotros y también participaron en un curso de árabe. Además, Adil conoció a una chica. Las vacaciones fueron increíbles, vivieron muchas cosas.

Unidad 5

¡Acércate!, 1 a (p. 133): siehe Mexikokarte (S. 205); **1b:** Los Estados Unidos tienen la frontera más larga con México.

Lista cronológica

Symbole und Abkürzungen

~	bezeichnet die Lücke, in die du das neue Wort einsetzt.
1	bezeichnet ein Wort, das du angleichen musst. Die richtige Form steht am Ende des Kapitels.
ser	Bei Verben in blauer Schrift musst du auf unregelmäßige Formen achten.
→	bezeichnet spanische Wörter derselben Wortfamilie.
=	bezeichnet Wörter und Wendungen mit gleicher Bedeutung.
≠	bezeichnet Wörter und Wendungen mit gegensätzlicher Bedeutung.
ing.:	Englisch
⚠	bezeichnet eine sprachliche Besonderheit.

kursiv	fakultativer Wortschatz	*jdm/jdn*	jemandem/ jemanden
adj.	adjetivo (Adjektiv, *Adj.*)	*lat. am.*	lateinamerikanisch
adv.	adverbio (Adverb)	*m.*	masculino (Maskulinum)
etw.	etwas	*mex.*	mexikanisch
f.	femenino (Femininum)	*pl.*	plural (Plural, *Pl.*)
fam.	familiar (umgangssprachlich, *ugs.*)	*pron.*	pronombre (Pronomen, *Pron.*)
inf.	infinitivo (Infinitiv, *Inf.*)	*sg.*	singular (Singular, *Sg.*)
inv.	invariable (invariabel, *inv.*)	*sust.*	sustantivo (Substantiv, *S.*)

Unidad 1 ¡Acércate!   ▶ p. 10

bienvenido/-a	willkommen	¡Chicos, ~[1] a Valencia! Es una ciudad genial.
el tablón de anuncios	das schwarze Brett	Tarek lee los mensajes en el ~.
el anuncio	die Anzeige	Tarek escribe un ~ porque busca amigos.
les	ihnen	A los chicos ~ gusta el pádel.
para nada	überhaupt nicht	−¿A ti te gusta el fútbol? −¡~!
os	euch	¡Chicos, ~ mando un mensaje, ¿vale?
entrenar	trainieren	Las chicas ~[2] para el partido.
el entrenamiento	das Training	Los jueves Julia tiene ~ de fútbol.
el campo	das Spielfeld, der Platz	Chicas, al ~, ¡empieza el partido!
el instituto (= el insti *fam.*)	das Gymnasium, die Schule	
nos	uns	A nosotros ~ gusta mucho Valencia.
bailar	tanzen	Ana ~[3] salsa muy bien.
contigo	mit dir	Oye, Tarek, yo voy ~, ¿vale?
el monopatín, los monopatines *pl.*	das Skateboard	Mira, ¡este es mi nuevo ~!
ser nuevo/-a ▶ **Los verbos, p. 153**	neu sein	Tarek es ~[4] en el instituto.
Me gustaría ...	Ich würde gerne ...	~ viajar a México.
andar en monopatín (por algo)	Skateboard fahren (durch etw.)	A Tarek le gusta mucho ~.
andar	gehen	
sacar fotos ▶ **Los verbos, p. 153**	Fotos machen	En las excursiones Mateo siempre ~[5].
el padrino	der (Schul)Pate	Los ~[6] organizan un paseo por el barrio.

la madrina	die (Schul)Patin	Ana es una de las ~[7] del instituto.
la batería	das Schlagzeug	Antonio toca la ~.
la banda	die Band	Una ~ es un grupo de música.
por	wegen	Quiero hablar con el profe ~ el examen.
conmigo	mit mir	¿Quién quiere ensayar ~?
la fiesta de San Dionisio ▶ Cultura, p. 148	*Stadtfest in Valencia zu Ehren des heiligen Dionysius*	
ser especial ▶ Los verbos, p. 153	besonders sein	*ing.:* special

Unidad 1 / Texto A ▶ p. 13

el día de los enamorados	der Tag der Verliebten	
el desfile	der Umzug, die Parade	Los amigos ven el ~ en el centro.
cuando	als	~ llega Tarek, sus amigos están viendo el desfile.
¡Trágame tierra!	*etwa:* Ich würde am liebsten im Erdboden versinken!	
contestar algo	etw. (be)antworten	≠ preguntar
a la vez	auf einmal, gleichzeitig	Los chicos contestan ~.
creo que	ich glaube, dass	Estoy cansado. ~ hoy no voy a salir.
hacer la compra ▶ Los verbos, p. 153	einkaufen	El padre de Nico va al mercado para ~.
la compra	der Einkauf	→ comprar
esperar a alguien	auf jdn warten	—Chicos, ¿vamos? —No, ~[8] a Ana.
poco después	kurz darauf	Termina el desfile y ~ empieza a llover.
ahí	da	≠ aquí
el mazapán	das Marzipan	Tarek le regala ~ a su madre.
¡Qué rico!	Wie lecker!	
dar algo a alguien ▶ Los verbos, p. 153	jdm etw. geben	≠ tomar / Ana le ~[9] su libro a Julia.

Unidad 1 / Texto B ▶ p. 17

todo/-a	alle; ganz; jede/r, jedes	~[10] la gente quiere ver el desfile.
poner algo ▶ Los verbos, p. 153	etw. setzen, stellen, legen	Mateo ~[11] sus revistas en la mesa.
la exposición, las exposiciones *pl.*	die Ausstellung	
el pan	das Brot	En Alemania mucha gente desayuna ~.
el Parque Gulliver	*Park in Valencia*	
pasar por algo	an etw. vorbeigehen	Ana, si ~[12] la panadería, ¿compras pan?
la tienda de ropa	das Kleidungsgeschäft	En este barrio hay muchas ~[13].
la ropa	die Kleidung	Toda mi ~ está en mi armario.

el supermercado	der Supermarkt	En un ~ puedes comprar de todo.
la farmacia	die Apotheke	*ing.:* pharmacy
el medio tubo	die Halfpipe	En el Parque Gulliver hay un ~.
ser chulo/-a ▶ Los verbos, p. 153	cool sein	= guay
poner al lado ▶ Los verbos, p. 153	zur Seite legen	
el lado	die Seite	
el truco	der Trick	Hacemos ~[14] divertidos en monopatín.
la biblioteca pública	die öffentliche Bibliothek	
usar algo	etw. benutzen	*ing.:* to use
la mediateca	die Mediathek	En la ~ hay cedés y vídeos.
fuera (de algo)	außerhalb (von etw.)	Quedamos a las tres ~[15] instituto.
poner música ▶ Los verbos, p. 153	Musik einschalten	En la biblioteca no puedes ~.
¡Mola mucho! *fam.*	Das ist total cool!	= guay, chulo/-a
el equipo de fútbol	die Fußballmannschaft	El ~ de Julia se llama «Las Leonas».
el equipo	die Mannschaft, das Team	Mi ~ favorito son «Las Leonas».
la panadería	die Bäckerei	→ el pan
la esquina	die Ecke	En la ~ hay una heladería.
poner una película ▶ Los verbos, p. 153	einen Film zeigen	
el chiringuito	das Strandrestaurant, die Strandbar	Vamos a la playa y comemos algo en el ~.

Para comunicarse

So sagst du, was jemandem oder dir (nicht) gefällt:
(A las chicas) (no) les gusta (el deporte).
A nosotros nos gusta (el teatro).
¿Os gusta (el fútbol)?
Me gustaría ir al cine.

So sagst du, was du gerade tust:
−¿Qué estás haciendo? −Estoy leyendo (un libro) /
comprando mazapán / haciendo la compra.

So stellst du Vermutungen an:
Creo que / Seguro que (Ana no quiere venir).

1 bienvenidos **2** entrenan **3** baila **4** nuevo **5** saca fotos **6** padrinos **7** madrinas **8** esperamos **9** da **10** Toda **11** pone **12** pasas por **13** tiendas de ropa **14** trucos **15** fuera del

Módulo 1 ▶ p. 24

¿Qué te duele?	Was tut dir weh?	
el dolor de muelas	die Zahnschmerzen	Mateo tiene ~. Por eso va al dentista.
el dolor	der Schmerz	
el/la dentista *m./f.*	der Zahnarzt, die Zahnärztin	*ing.:* dentist
me siento mal	ich fühle mich schlecht	

doler (o → ue) ▶ **Los verbos, p. 153** schmerzen, wehtun

Me duele el brazo. (Singular)   **Me duelen** las piernas. (Plural)

la barriga	der Bauch	Cuando como muchas golosinas, me duele la ~.
¿Estás bien?	Geht es dir gut?	
la rodilla	das Knie	Hoy no puedo correr, me duelen las ~[1].
la tirita	das Pflaster	
el pañuelo	das Taschentuch	
la pierna	das Bein	Después del fútbol, a Tarek le duelen las ~[2].
la cabeza	der Kopf	
la fiebre	das Fieber	*ing.:* fever
la gripe	die Grippe	Hoy Ana no va al insti porque tiene ~.
mañana	morgen	~ no hay clase, ¡genial!
el/la médico/-a	der Arzt, die Ärztin	Ana va al ~[3] porque está enferma.
la parte del cuerpo	der Körperteil	El brazo es una ~.
la parte	der Teil	*ing.:* part
el cuerpo	der Körper	Me duele todo el ~.
el ojo	das Auge	Ana tiene los ~[4] castaños.
la nariz, las narices *pl.*	die Nase	
la boca	der Mund	
la espalda	der Rücken	Hoy no salgo, me duele la ~.
la oreja	das Ohr	
el codo	der Ellenbogen	
el brazo	der Arm	
la mano	die Hand	Carmen tiene un libro en la ~.
el dedo	der Finger	La mano tiene cinco ~[5].
el pie	der Fuß	Ya no corro, me duelen los ~[6].

Para comunicarse

So sprichst du über dein Befinden und das Befinden anderer:
¿Qué te pasa? / ¿Estás bien?
Me siento mal.
Tengo dolor de cabeza / fiebre / gripe.
Me duele (un poco) la rodilla / la barriga.
Me duelen las piernas / los pies.
¿Quieres una tirita / un pañuelo?

1 rodillas **2** piernas **3** médico **4** ojos **5** dedos **6** pies

Unidad 2 ¡Acércate! ▶ p. 26

juntos/-as	zusammen	
ser importante ▶ Los verbos, p. 153	wichtig sein	*ing.:* important
estar nervioso/-a (por algo) ▶ Los verbos, p. 153	(wegen etw.) nervös sein	Nico ~[1] por el examen de Naturales.
en serio	im Ernst	—¡En verano voy a México! —¿~? ¡Genial!
sacar ▶ Los verbos, p. 153	*hier:* bekommen *Schulnote*	En Deportes Mateo ~[2] buenas notas.
ser bueno/-a (en algo) ▶ Los verbos, p. 153	gut sein (in etw.)	≠ malo/-a / Nico es ~[3] en Deporte.
la nota	die Schulnote	—¿Qué ~ tienes en Inglés? —Un bien.
el notable	Gut *Schulnote*	Para mí Lengua no es difícil. Tengo un ~.
¡Vaya!	Wow!, Nicht schlecht!	—Hablo alemán, inglés y español. —¡~!
solo	nur	Ya están todos los alumnos, ~ falta Mateo.
el bien	Befriedigend *Schulnote*	En Ciencias Sociales a veces saco un ~.
Francés *m.*	Französisch *Schulfach*	*ing.:* French
el sobresaliente	Sehr gut *Schulnote*	María es muy buena alumna. Siempre saca un ~.
para mí	für mich	—¿Qué tomáis? —~ un agua.
un montón	eine Menge, *hier:* sehr	Jugar al fútbol me gusta ~.
el/la estudiante *m./f.*	der/die Schülerin	Hoy los ~[4] tienen un examen.
ser malo/-a (en algo) ▶ Los verbos, p. 153	schlecht sein (in etw.)	≠ bueno/-a
estar harto/-a (de algo) ▶ Los verbos, p. 153	die Nase voll haben (von etw.)	Ana ~[5] de empollar todo el domingo.
no **entender** ni jota	nur Bahnhof verstehen	Para Nico Naturales es difícil. ~[6].
entender (algo / a alguien) (e → ie) ▶ Los verbos, p. 153	(etw./jdn) verstehen	No te ~[7], es que no hablo francés.
empollar *fam.*	pauken *ugs.*	Nico tiene que ~ mucho para el examen.
el suficiente	Ausreichend *Schulnote*	Un ~ no es una buena nota.
un/a ... más	noch ein/e ...	Tomo ~ zumo ~, por favor.
la chuleta	der Spickzettel	Nico estudia mucho, por eso no necesita ~.

Unidad 2 / Texto A ▶ p. 29

otro/-a	ein anderer/-s, eine andere; noch ein/e, noch eins	Me gustan los bocadillos. Quiero ~[8].
despertarse (e → ie) ▶ Los verbos, p. 153	aufwachen	Nico ~[9] a las siete.
levantarse	aufstehen	Los domingos los chicos no ~[10] temprano.
otra vez	noch einmal, *hier:* schon wieder	¡Qué mal día! Hoy llueve ~.
normalmente	normalerweise	~ pasamos los domingos con mis abuelos.

el rollo *fam.*	der Ärger, der Stress	
ducharse	sich duschen	Después del entrenamiento Julia ~[11].
ponerse algo ▶ Los verbos, p. 153	sich etw. anziehen	Nico ~[12] la ropa.
quejarse (de algo)	sich (über etw.) beschweren	La madre de Ana ~[13] del desastre de su habitación.
la galleta	der Keks	–¿Quieres otra ~? –No, gracias.
el Cola Cao	*spanisches Kakaogetränk*	A Nico le gusta beber ~ por la mañana.
preparar algo	etw. vorbereiten, zubereiten	*ing.:* to prepare
aguantar algo	etw. ertragen	Necesito un vaso de agua, no puedo ~ este calor.
el almuerzo	das Mittagessen	Hoy no hay clase después del ~.
ponerse + *adj.* ▶ Los verbos, p. 153	werden + *Adj.*	Julia ~[14] nerviosa por el examen.

ponerse la ropa – sich anziehen	**ponerse** nervioso – nervös werden	**poner** – legen, stellen

incluso	sogar	A veces ~ no puedo dormir.
sentirse (e → ie) ▶ Los verbos, p. 153	sich fühlen	–¿~[15] bien? –No, me duele la barriga.
¡Qué nervios!	Wie nervenaufreibend!	Hoy tengo un partido importante. ¡~!
acordarse (de algo) (o → ue) ▶ Los verbos, p. 153	sich (an etw.) erinnern	≠ olvidarse de algo / ¿No ~[16] de mí? Soy Mateo.
¡Tranquilo!	Keine Sorge!	
el/la pobre	der/die Arme	Ana está enferma, ¡~[17]!
ponerse como un flan *fam.* ▶ Los verbos, p. 153	ein Nervenbündel sein	= estar muy nervioso/-a (por algo)
el flan	*Karamellpudding*	
volver (a) (o → ue) ▶ Los verbos, p. 153	zurückkommen (nach)	Los lunes Ana ~[18] a casa a la una.
a ver	mal sehen	
sin	ohne	≠ con
cenar	zu Abend essen	En España la gente ~[19] a las 9.
irse a la cama ▶ Los verbos, p. 153	zu Bett gehen	Nico está cansado. Por eso ~[20] temprano.
irse ▶ Los verbos, p. 153	(weg)gehen	
olvidarse de algo	etw. vergessen	≠ acordarse de algo

Unidad 2 / Texto B ▶ p. 33

apuntarse	mitmachen, *auch:* sich anmelden	Nico ~[21] al voleibol. Le gusta mucho.
la actividad extraescolar	die außerschulische Aktivität	En mi insti hay muchas ~[22].
el dibujo	die Zeichnung, *hier:* das Zeichnen	
el coro	der Chor	¿Te gusta cantar en el ~ del insti?

el voleibol	der Volleyball *Sportart*	El deporte favorito de Nico es el ~.
por supuesto	natürlich	—Ana, ¿también vienes a la fiesta? —¡~!
jugar a algo (u → ue) ▶ Los verbos, p. 153	etw. spielen	En mi tiempo libre me gusta ~ al voleibol.
llamarse	heißen	—¿Cómo ~[23]? —Me llamo Mateo.
Las Leonas	*Name von Julias Fußballmannschaft*	
antes de + *sust.*	vor + *S.*	Siempre desayuno en casa ~ las clases.
el/la entrenador/-a	der/die Trainer/in	La ~[24] de Julia es muy maja.
el/la portero/-a	der/die Torwart/in	La ~[25] del equipo juega muy bien.
ser fuerte ▶ Los verbos, p. 153	stark sein	El equipo de Julia es muy ~.
el/la delantero/-a	der/die Stürmer/in	El ~[26] marca un gol en el minuto 50.
jugar como algo (u → ue) ▶ Los verbos, p. 153	*hier:* als etw. spielen	
el uniforme	die Uniform, *hier:* das Trikot	Antes del partido los jugadores se ponen los ~[27].
sentarse (e → ie) ▶ Los verbos, p. 153	sich (hin)setzen	Julia ~[28] al lado de Ana.
más tarde	später	Julia, ahora no tengo tiempo. Hablamos ~.
tarde	spät, zu spät	Hoy Nico llega ~ a clase.
el primer tiempo	die erste Halbzeit	En el ~ «Las Leonas» marcan dos goles.
el marcador	die Anzeigetafel	—¿Quién gana? —No sé, ¡mira el ~!
el marcador está...	der Stand ist ...	
2 a 2	zwei zu zwei	
el minuto	die Minute	Un partido de fútbol tiene 90 ~[29].
marcar un gol ▶ Los verbos, p. 153	ein Tor schießen	En el minuto 85 la delantera ~[30].
el gol	das Tor	**ing.:** goal
el/la jugador/-a	der/die Spieler/in	→ jugar
el/la árbitro/-a	der/die Schiedsrichter/in	Los equipos están nerviosos porque el ~[31] es muy estricto.
pitar	pfeifen	Cuando termina un partido el árbitro ~[32].
la falta	das Foul(spiel)	¡No puede hacer esto! ¡Es una ~!
no pasa nada	*hier:* es passiert nichts	
intentar (+ *inf.*)	versuchen (zu + *Inf.*)	**ing.:** to intent / Ana ~[33] bailar con Tarek.
lanzarse ▶ Los verbos, p. 153	sich (hin)werfen	El portero ~[34] y tiene el balón en las manos.
ganar (algo)	(etw.) gewinnen	≠ perder
alegrarse (de algo)	sich (über etw.) freuen	Los chicos ~[35] porque empiezan las vacaciones.
a partir de + *tiempo*	von + *Zeitangabe* + an	~ hoy voy a estudiar más.
el número	die Zahl, die Nummer	**ing.:** number

perder (algo) (e → ie) (etw.) verlieren ≠ ganar / Hoy el equipo ~[36] el partido.
▶ Los verbos, p. 153

Para comunicarse

So sprichst du über die Schule und deine schulischen Stärken und Schwächen:
–¿Qué nota tienes? –Tengo un sobresaliente/bien/notable/suficiente en (Francés).
Saco buenas/malas notas en (Lengua).
Soy muy bueno/-a en (Mates).
Para mí (Naturales) es muy fácil. / (Sociales) me gusta un montón.
No entiendo ni jota. / Estoy harto de (Naturales).
Tengo que empollar mucho. / Necesito una chuleta.

So beschreibst du deinen Tagesablauf:
(Todos los días) me despierto y me levanto (a las siete).
(Después) me ducho y me pongo la ropa.
(A veces) preparo el desayuno.
(Normalmente) tengo clases (desde las ocho hasta las cuatro).
(Después del almuerzo / por la tarde) hago los deberes.
Cenamos (a las nueve) y (a las diez) me voy a la cama.

So sprichst du über Sport / außerschulische Aktivitäten:
(Los chicos) se apuntan a muchas actividades extraescolares.
Se apuntan a dibujo/teatro/coro/voleibol/fútbol/[...].
Julia juega (muy bien) al fútbol (con el equipo de chicas).
(Antes del partido) la entrenadora habla con el equipo.
La delantera / la jugadora marca un gol.
El árbitro pita una falta.
La portera se lanza / tiene el balón en las manos.
El equipo es muy fuerte / gana / pierde (2 a 3).
El marcador va (2 a 2).

1 está nervioso 2 saca 3 bueno 4 estudiantes 5 está harta 6 No entiende ni jota 7 entiendo 8 otro
9 se despierta 10 se levantan 11 se ducha 12 se pone 13 se queja 14 se pone 15 Te sientes 16 te acuerdas
17 la pobre 18 vuelve 19 cena 20 se va a la cama 21 se apunta 22 actividades extraescolares 23 te llamas
24 entrenadora 25 portera 26 delantero 27 uniformes 28 se sienta 29 minutos 30 marca un gol 31 árbitro
32 pita 33 intenta 34 se lanza 35 se alegran 36 pierde

Módulo 2 ▶ p. 46

de viaje	auf Reisen	En verano mis tíos siempre están ~.
el viaje	die Reise	Los alumnos hacen un ~ a Madrid.
llevar algo	etw. mitnehmen	Los amigos ~[1] zumo y bocadillos al parque.
la maleta	der Koffer	Los chicos ponen su ropa en la ~.
bastar (con algo)	ausreichen	Para el viaje ~[2] con una maleta.
solo	nur	
la Sierra de Madrid	*Gebirge in Zentralspanien*	
la sierra	das Gebirge	Este verano escalamos en la ~.
las botas	die Stiefel, die Winterschuhe	Hoy llevo las ~ porque hace frío.
las zapatillas de deporte	die Sportschuhe	Mamá, busco mis ~. Quiero jugar al fútbol.
la camiseta	das T-Shirt	Estas ~[3] me gustan mucho.
el jersey, los jerséis *pl.*	der Pullover	El ~ de Nico es gris.
¿Qué más?	Was noch?	

todo *pron.*	alles *(Pron.)*	
la aspirina	die Aspirin	Carmen toma una ~ porque tiene dolor de cabeza.
el bañador	die Badehose, der Badeanzug	Nico busca su ~ porque quiere nadar.
las gafas de sol *pl.*	die Sonnenbrille	En la playa Julia lleva sus ~.
el bikini	der Bikini	
las chanclas	die Flip-Flops	En verano siempre llevo mis ~.
el vestido	das Kleid	
los pantalones *pl.*	die Hose	Los ~ de Ana son azules.
la montaña	der Berg	*ing.:* mountain
la gorra	die Mütze, das Basecap	
ser de manga larga ▶ Los verbos, p. 153	langärmelig sein	
ser de manga corta ▶ Los verbos, p. 153	kurzärmelig sein	≠ de manga larga
la manga	der Ärmel	
el abrigo	der Mantel	Cuando hace frío, Tarek lleva un ~.
la camisa	das Hemd	
los vaqueros *pl.*	die Jeans	Los ~ de Julia son nuevos.
la chaqueta	die Jacke	*ing.:* jacket
la falda	der Rock	
un par	ein Paar	*ing.:* a pair
los zapatos	die Schuhe	—¿Te gustan estos ~? —Sí, mucho.
ser blanco/-a ▶ Los verbos, p. 153	weiß sein	≠ negro/-a
ser gris ▶ Los verbos, p. 153	grau sein	Estos pantalones ~ [4] son muy bonitos.
ser amarillo/-a ▶ Los verbos, p. 153	gelb sein	¿Prefieres la gorra ~[5] o la azul?
ser rojo/-a ▶ Los verbos, p. 153	rot sein	Julia tiene un armario ~[6].
ser rosa *inv.* ▶ Los verbos, p. 153	rosa(farben) sein	
ser azul ▶ Los verbos, p. 153	blau sein	Hoy Carmen lleva una falda ~.
ser verde ▶ Los verbos, p. 153	grün sein	Mira, ¿te gusta este vestido ~?
ser marrón *inv.* ▶ Los verbos, p. 153	braun sein	Esta camiseta ~ no es muy cara.

Para comunicarse

So sprichst du über Kleidung:
¿Necesito jerséis / un abrigo / botas / [...]?
No, lleva solo camisetas / pantalones cortos / faldas / [...].
¿Cuántos pares de zapatos llevo?
Basta con un par de zapatillas de deporte / chanclas / [...].

1 llevan **2** basta **3** camisetas **4** grises **5** amarilla **6** rojo

Unidad 3 ¡Acércate! ▶ p. 48

de paseo por	unterwegs in	
ir de excursión (a) ▶ Los verbos, p. 153	einen Ausflug machen (nach)	Los amigos ~[1] a Madrid.
la capital	die Hauptstadt	Madrid es la ~ de España.
la pregunta	die Frage	→ preguntar
la respuesta	die Antwort	≠ pregunta / ¿Quién conoce la ~ a esta pregunta?
el/la peor + *sust.*	der/die/das schlimmste / schlechteste + *S.*	≠ el/la mejor
Geografía	Erdkunde *Schulfach*	~ es mi asignatura favorita.
[yo] sé	ich weiß	¡Es fácil! ~ la respuesta.
la comunidad autónoma	die Autonome Region	En España hay diecisiete ~[2].
el/la *sust.* + **más** + *adj.*	*Superlativ*	El Prado es ~ museo ~ importante de Madrid.
el país	das Land	Quiero visitar ~[3] como Italia y España.
el Guadalquivir	*Fluss in Andalusien*	
el río	der Fluss	
Galicia	Galicien	En ~ la gente habla gallego.
el País Vasco	das Baskenland	
Andalucía	Andalusien	
la lengua oficial	die Amtssprache	El alemán es la ~ de Alemania.
la lengua	die Sprache	*ing.:* language
ser oficial ▶ Los verbos, p. 153	offiziell sein	*ing.:* official
el vasco	Baskisch *Sprache*	
el catalán	Katalanisch *Sprache*	
el gallego	Galicisch *Sprache*	
el portugués	Portugiesisch *Sprache*	Lucía es de Portugal. Habla ~.
el francés	Französisch *Sprache*	
el Ebro	*zweitlängster Fluss Spaniens*	
tener una longitud de... ▶ Los verbos, p. 153	... lang sein	El Guadalquivir ~[4] de 657 km.
la longitud	die Länge	→ largo
el kilómetro	der Kilometer	Entre Madrid y Barcelona hay 600 ~[5].
limitar con algo	an etw. grenzen	Alemania ~[6] con nueve países.
Portugal	Portugal	~ limita con España.
Italia	Italien	*ing.:* Italy
Francia	Frankreich	La capital de ~ es París.
ser famoso/-a (por algo) ▶ Los verbos, p. 153	(für etw.) berühmt sein	*ing.:* famous

el Camino de Santiago ▶ Cultura, p. 148	der Jakobsweg *Pilgerweg nach Santiago de Compostela*	El ~ termina en Galicia.
la isla	die Insel	Mallorca es una ~.
las Islas Baleares ▶ Cultura, p. 148	die Balearischen Inseln	
Menorca	*eine der Balearischen Inseln*	
Ibiza	*eine der Balearischen Inseln*	
Formentera	*eine der Balearischen Inseln*	

Unidad 3 / Texto A ▶ p. 51

el rally	die Rallye	Los amigos hacen un ~ por Madrid.
descubrir algo	etw. entdecken	*ing.:* to discover
recibir algo	etw. bekommen, erhalten	*ing.:* to receive / Hoy los chicos van a ~ su nuevo horario.
la tarjeta	die Karte	
la adivinanza	das Rätsel	Esta ~ es fácil. Sé la respuesta.
la meta	das Ziel	El equipo que llega primero a la ~ gana.
si	wenn, falls	~ llueve, no voy a ir al parque.
descansar	sich ausruhen	Estoy cansado. Voy a ~ un rato.
dar un paseo ▶ Los verbos, p. 153	einen Spaziergang machen	Hoy mi familia y yo ~[7] por el parque.
la estatua	die Statue	En Madrid hay una ~ de Don Quijote.
estar vivo/-a ▶ Los verbos, p. 153	lebendig sein	→ vivir
el/la siguiente (+ *sust.*)	der/die/das folgende, nächste (+ S.)	→ seguir
la parada	die Haltestelle, *hier:* der Halt	La siguiente ~ del autobús es el Retiro.
el (Museo del) Prado	*Kunstmuseum in Madrid*	
el/la mejor + *sust.*	der/die/das beste + S.	El Parque Gulliver es el ~ lugar para andar en monopatín.
Francisco de Goya	*spanischer Maler des 18. Jhd.*	
Diego Velázquez	*spanischer Maler des 17. Jhd.*	
conocer algo / a alguien (c → zc) ▶ Los verbos, p. 153	etw./jdn kennen, etw./jdn kennen lernen	—¿Julia, ¿quieres ~ a mis primos de México? —Sí, claro.
el/la pintor/-a	der/die Maler/in	*ing.:* painter / Velázquez es uno de los ~[8] españoles más importantes.
la entrada	der Eintritt, *auch:* die Eintrittskarte	→ entrar
ser gratis ▶ Los verbos, p. 153	kostenlos sein	—¿Es caro? —No, ¡qué va! Es ~.
el Paseo del Prado	*Boulevard in Madrid*	
ayudar a alguien	jdm helfen	—Nico, ¿me puedes ~ con los deberes? —¡Claro!
la Puerta del Sol	*Platz im Zentrum von Madrid*	

el Kilómetro Cero	Null-Kilometerstein auf der Puerta del Sol	
cero	null	*ing.:* zero
la carretera	die (Land-)Straße	Una ~ es una calle fuera de los pueblos.
la Plaza Mayor	Platz im Zentrum Madrids	

Unidad 3 / Texto B ▶ p. 55

La Latina	*Stadtviertel von Madrid*	
el chocolate	die Schokolade	*ing.:* chocolate / En una piñata hay golosinas y ~.
el churro	*frittiertes Spritzgebäck*	
la propuesta	der Vorschlag	Chicos, ¿qué hacemos hoy? ¿Tenéis una ~?
el plan	der Plan	—Chicos, ¿ya tenéis ~[9] para esta tarde? —Sí, vamos al Retiro.
todos/-as	alle	En el campamento ~[10] son muy majos.
ser diferente ▶ Los verbos, p. 153	verschieden sein	*ing.:* different
el estadio Santiago Bernabéu	*Fußballstadion des Vereins Real Madrid*	
el Real Madrid	*spanischer Fußballverein*	
el mundo	die Welt	
Gran Vía	*bekannte Einkaufsstraße in Madrid*	
el recuerdo	das Souvenir, das Andenken	Ana compra un ~ de Madrid para sus padres.
tal vez	vielleicht	—Ana, ¿vas con nosotros al cine? —~
visitar algo	etw. besuchen, *auch:* etw. besichtigen	Hoy mi familia y yo ~[11] un museo.
el monumento	das Denkmal	*ing.:* monument
por suerte	zum Glück	¡Qué difícil! ~ me ayuda mi madre.
el/la mayor + *sust.*	der/die ältere + *S.*	Estos son los hermanos ~[12] de Ana.
Madrid Río	*Park in Madrid*	
por	*hier:* am … entlang	Los amigos dan un paseo ~ el río.
el Manzanares	*Fluss durch Madrid*	
tan + *adj.* como	so + *Adj.* wie	Lili es ~ alta ~ María.
más + *adj.* (que)	*Komparativ*	Este libro es ~ interesante ~ ese.
menos + *adj.* (que)	weniger + *Adj.* (als)	Este cómic es ~ divertido ~ el otro.

Julia es **tan** alta **como** Ana.	Ana es **más** alta **que** Lili.	Ana es **menos** alta **que** Nico.

menos	weniger	≠ más
¿o no?	oder nicht?	
saber algo ▶ Los verbos, p. 153	etw. wissen, etw. kennen	Juan no ~[13] el camino al Rastro.

el Rastro	*größter Flohmarkt Madrids*	
lo	es *sächliches direktes Objekt-pronomen*	
decir algo a alguien (e → i) ▶ Los verbos, p. 153	jdm etw. sagen	¿Qué ~[14]? No te entiendo.
mejor (que)	besser (als)	≠ peor / Hacer deporte es ~ [15] ver la tele.
el camino	der Weg	El ~ al colegio es muy corto.
el/la señor/-a	der Herr, die Frau	Pregunto a un ~ [16] por el camino.
¡Disculpe!	Entschuldigen Sie!	~ ¿Me puede decir la hora, por favor?
usted/es	Sie *höfliche Anrede*	—Señor, ¿~[17] sabe dónde está el Rastro?
menor (que)	jünger (als)	≠ mayor (que)
peor (que)	schlechter (als)	≠ mejor (que)
tener razón ▶ Los verbos, p. 153	Recht haben	—Tienes que estudiar más. —Sí, ~[18].

Para comunicarse

So sprichst du über ein Land:
El (Río Guadalquivir) tiene una longitud de
(657 kilómetros).
(Galicia) es famosa por [...].
El (Río Ebro) es el río más largo de [...].
Las ciudades más grandes son [...].
La isla más pequeña (de...) es [...].

So stellst du die Sehenswürdigkeiten einer Stadt vor:
Es el parque/museo más grande de (Madrid).
En este museo hay/podéis ver (las mejores obras
de Goya).
La entrada (al museo) es gratis.
(La Plaza Mayor) es una de las plazas más antiguas
(de Madrid).

So vergleichst du etwas:
(Madrid Río) es tan bonito como (el Turia).
(El Ebro) es más largo que (el Guadalquivir).
(El parque) es menos caro que (la entrada al museo).
(El Rastro) es el mercado más famoso (de Madrid).

So sprichst du jemanden höflich an:
Señor/-a, disculpe, ¿usted es de aquí?

1 van de excursión   2 comunidades autónomas   3 países   4 tiene una longitud   5 kilómetros   6 limita
7 damos un paseo   8 pintores   9 planes   10 todos   11 visitamos   12 mayores   13 sabe   14 dices
15 mejor que   16 señor   17 usted   18 tienes razón

Módulo 3   ▶ p. 62

la oferta	das Angebot	
la barra	der Laib *Brot*	Nico compra una ~ de pan en la panadería.
el litro	der Liter	Los chicos compran un ~ de zumo.
la leche	die Milch	A veces Nico desayuna galletas y ~.
la manzana	der Apfel	En el recreo Ana come una ~.
la lata	die Dose	Nico compra dos ~[1] de atún en la tienda.
el atún	der Thunfisch	*ing.:* tuna
el gramo	das Gramm	Me pone 500 ~[2] de tomates, por favor.

el jamón ibérico	spanischer Schinken einer besonderen Schweinerasse	—¿Algo más? —Para mí un bocadillo de ~, por favor.
el paquete	das Paket	Tengo que comprar dos ~[3] de arroz en el mercado.
el arroz	der Reis	La paella valenciana es un plato de ~.
¿Qué le/te pongo?	Was darf's sein?	—¿~? —Un kilo de manzanas, por favor.
poner algo a alguien ▶ Los verbos, p. 153	*hier:* jdm etw. geben *Einkaufen*	
¿cuánto?	wie viel?	¿~ cuesta este libro?
costar algo (o → ue) ▶ Los verbos, p. 153	etw. kosten	*ing.:* to cost / Este libro ~[4] trece euros.
el tomate	die Tomate	Este bocadillo tiene ~.
medio/-a	halbe/r, halbes	Ana compra ~[5] kilo de manzanas.

⚠ **medio/-a** steht nie mit dem unbestimmten Artikel: **medio** kilo de manazas   **ein halbes** Kilo Äpfel

el pimiento	die Paprika	¿Prefieres los ~[6] rojos o los verdes?
ser verde ▶ Los verbos, p. 153	grün sein	A Ana le gusta mucho la falda ~.
Eso es todo.	Das wär's. *Einkaufen*	
el blog	der Blog	Escribo un ~ sobre mi excursión.
preparar algo	etw. zubereiten	*ing.:* to prepare
el gazpacho	das Gazpacho *kalte Gemüsesuppe*	
el plato	das Gericht *Speise*	—¿Cuál es tu ~ español favorito? —La paella.
el pepino	die Gurke	Los ~[7] son verdes.
el diente de ajo	die Knoblauchzehe	Para preparar un gazpacho necesitas un ~.
el ajo	der Knoblauch	
el mililitro	der Milliliter	*ing.:* millilitre
el aceite de oliva	das Olivenöl	Tarek compra una botella de ~.
el aceite	das Öl	
ser frío/-a ▶ Los verbos, p. 153	kalt sein	El gazpacho es un plato ~[8].
el vinagre	der Essig	*ing.:* vinegar
la sal	das Salz	Falta ~ en este plato.
la preparación	die Zubereitung	
pelar algo	etw. schälen	*ing.:* to peel
cortar algo	etw. schneiden	Después de pelar las manzanas, Ana las ~[9].
añadir algo	etw. hinzufügen	Ana ~[10] el aceite al gazpacho.
triturar algo	etw. zerkleinern, etw. pürieren	Tienes que ~ todo para hacer un gazpacho.
la batidora	der Mixer	
servir algo (e → i) ▶ Los verbos, p. 153	etw. servieren	*ing.:* to serve

estar bien frío/-a   schön kalt sein
▶ Los verbos, p. 153

Para comunicarse

So kaufst du Lebensmittel ein:
—Buenos días, ¿qué le pongo? —Me pone (un kilo de manzanas), por favor.
—¿Cuánto cuestan (los tomates)? —El kilo cuesta (1,50 euros).
—¿Algo más? —Gracias, eso es todo.
—¿Cuánto es? —Son (dos) euros y (cincuenta) céntimos. Aquí tiene.

So verstehst du ein Rezept:
Pela/Corta (los tomates / el pepino).
Añade (el aceite / el vinagre).
(Al final) tritura (todo) con una batidora.

---

1 latas   **2** gramos   **3** paquetes   **4** cuesta   **5** medio   **6** pimientos   **7** pepinos   **8** frío   **9** corta   **10** añade

Unidad 4 ¡Acércate! ▶ p. 64

la ensalada	der Salat	Hoy Ana come una ~ de tomate.
la patata	die Kartoffel	*ing.:* potato
las patatas *pl.*	die Kartoffelchips	
poner la mesa ▶ Los verbos, p. 153	den Tisch decken	Nico, vamos a comer. ¡~¹, por favor!
pasar algo a alguien	jdm etw. (weiter)geben	Papá, ¿me ~² la sal, por favor?
de postre	zum Nachtisch	—¿Qué hay ~? —Hay flan.
el postre	das Dessert, der Nachtisch	—¿Quieres ~? —Hoy no, gracias.
¡Que aproveche!	Guten Appetit!	
el tenedor	die Gabel	
la cuchara	der Esslöffel	
el cuchillo	das Messer	
el vaso	das Glas	—¿Me das un ~ de agua, porfa?
el plato	der Teller	*ing.:* plate
la servilleta	die Serviette	Lili, usa tu ~, por favor.

Unidad 4 / Texto A ▶ p. 67

pasar	geschehen, passieren	
¡Jo! *fam.*	Mensch!	¡~!, esta gorra es muy cara.
creer algo ▶ Los verbos, p. 153	etw. glauben	¿En serio? ¡No lo puedo ~!
traer algo a alguien ▶ Los verbos, p. 153	jdm etw. mitbringen, etw. dabeihaben	—Clara, ¿~³ los libros de Mates? —Sí, claro.
el pastel	der Kuchen	Este ~ es para Pablo. Hoy es su cumpleaños.
¡No me digas!	Sag bloß!, Wirklich?	—¡Es todo gratis! —¡~!
pasado/-a	vergangene/r, vergangenes	El mes ~⁴ fui a Barcelona.

terminar	fertig werden	
el comedor	das Esszimmer, der Speisesaal	El ~ del instituto es muy grande.
el momento	der Moment	—Ana, ya nos vamos. —¡Esperad un ~, porfa!
saltar	springen	Mi gato siempre ~[5] encima de mi escritorio.
terminar en el suelo	auf dem Boden landen	Ayer el gato saltó y el pastel ~[6].
el suelo	der Boden	Lili, toda tu ropa está en el ~, ¡ordena tu habitación!
¡Ay, no!	Ach Mensch!	¡~! No encuentro mi móvil.
el ingrediente	die Zutat	*ing.:* ingredient
la harina	das Mehl	Para hacer un pastel necesitas ~.
el huevo	das Ei	
la mantequilla	die Butter	Nico, compra un paquete de ~, por favor.
la fruta	die Frucht, das Obst	*ing.:* fruit
olvidar algo	etw. vergessen	
el azúcar	der Zucker	Los pasteles tienen mucho ~.
por segunda vez	zum zweiten Mal	Hoy Ana va al mercado ~.
¡Qué palo! *fam.*	Wie doof!	No podemos salir de casa porque llueve. ¡~!
de nuevo	von neuem	= otra vez
encontrar a alguien (o → ue) ▶ Los verbos, p. 153	jdm begegnen	Ayer Nico ~[7] a su profe en el parque.
tanto/-a	so viel/e	Esta semana tengo ~[8] exámenes que no puedo salir con mis amigos.
ayer	gestern	≠ hoy / ~ los amigos fueron al cine.
No pasa nada.	Das macht nichts.	
firmar (algo)	(etw.) unterschreiben	Tarek ~[9] la tarjeta para Merche.

Unidad 4 / Texto B ▶ p. 71

la nota	die Notiz	*ing.:* note / Ana escribe dos ~[10]: una para Julia y otra para Mateo.
estar callado/-a ▶ Los verbos, p. 153	schweigsam sein	Hoy Nico no habla mucho. ~[11].
hace + *tiempo*	vor + *Zeitangabe*	~ un año pasé el verano en Italia.
dar corte a alguien ▶ Los verbos, p. 153	jdm etw. peinlich sein	A Ana le ~[12] cantar en el concierto.
anteayer	vorgestern	~ es el día antes de ayer.
encender algo (e → ie) ▶ Los verbos, p. 153	etw. anschalten	Julia ~[13] la tele y ve una peli.
el canal (de Internet)	der (Internet)Kanal	En estos ~ [14] hay vídeos superdivertidos.
después de + *inf.*	nachdem	≠ antes de / ~ comer, hago mis deberes.
significar algo ▶ Los verbos, p. 153	etw. bedeuten	¿Qué ~[15] «verano» en alemán?

antes de + *inf.*	bevor	~ ir al insti Nico desayuna en casa.

In Sätzen mit **antes de** / **después de** muss das Subjekt in Haupt-und Nebensatz identisch sein:
Antes de ir al instituto, Nico desayuna. (Nico va al instituto y Nico desayuna.)

Berlín	Berlin	
mogollón de + *sust., fam.*	ein Haufen + *S.*, sehr viele + *S.*	= muchos/-as / En Madrid puedes hacer ~ de cosas.
pues sí	ja, schon	–¿No quieres ir al cine? –~, pero no tengo dinero.
Marruecos *m.*	Marokko	Tarek pasó el verano con sus primos en ~.
pasarlo fenomenal	viel Spaß haben	Nuestro viaje a Madrid fue genial. ~[16].
vivir algo	*hier:* etw. erleben	En su viaje hace un año Ana ~[17] muchos momentos divertidos.
ser increíble ▶ Los verbos, p. 153	unglaublich sein	*ing.:* incredible / ¡Es ~! No lo puedo creer.
el árabe	Arabisch *Sprache*	En Marruecos la gente habla ~.
a lo mejor	vielleicht	= tal vez
Inglaterra	England	En ~ la gente habla inglés.
el intercambio	der Austausch	En un ~ puedes conocer a nueva gente.

Para comunicarse

So kannst du dich am Esstisch unterhalten und über Mahlzeiten sprechen:
Pon la mesa, por favor.
¡Que aproveche!
¡Qué rico!
(No) tengo mucha hambre.
¿Qué hay (de postre)?
–¿No hay otra cosa?
–(También) hay (gazpacho).
¿Quién quiere ensalada/tortilla?
¿Me pasas (el pan)?
¿Qué queréis beber?
¿Le falta sal?

So berichtest du über eine Reihe von Ereignissen in der Vergangenheit:
La semana pasada (preparé un pastel con mi tía).
Primero (compré los ingredientes).
Luego (fui a casa e hice el pastel).
Después (fui al comedor y no cerré la puerta).
En ese momento (Félix saltó a la mesa y el pastel terminó en el suelo).

So berichtest du über Erlebnisse:
Ayer / Anteayer / Hace una semana (fui al parque).
El fin de semana pasado / El domingo pasado (visité a mi abuela).
El año pasado (pasé el verano en Italia).

1 Pon la mesa 2 pasas 3 traes 4 pasado 5 salta 6 terminó en el suelo 7 encontró 8 tantos 9 firma 10 notas
11 Está callado 12 da corte 13 enciende 14 canales 15 significa 16 Lo pasamos fenomenal 17 vivió

Unidad 5 ¡Acércate! ▶ p. 84

ser mexicano/-a ▶ Los verbos, p. 153	mexikanisch sein	¿Conoces un plato ~[1]?
ser general ▶ Los verbos, p. 153	allgemein sein	*ing.:* general
el nombre	der Name	¡Hola! Mi ~ es Ana.

Estados Unidos Mexicanos *m. pl.* ▶ Cultura, p.148	Vereinigte Mexikanische Staaten *amtlicher Name Mexikos*	
la Ciudad de México ▶ Cultura, p.148	Mexiko-Stadt *Hauptstadt von Mexiko*	
Estados Unidos *m. pl.*	Vereinigte Staaten von Amerika	
Guatemala ▶ Cultura, p.148	Guatemala *Land in Mittelamerika*	
Belice *m.* ▶ Cultura, p.148	Belize *Land in Mittelamerika*	
el/la habitante *m./f.*	der/die Einwohner/in	*ing.:* inhabitant
mil	tausend	
más de + *número*	mehr als + *Zahl*	En México hablan ~ 60 lenguas.
ser indígena *m./f.* ▶ Los verbos, p.153	indigen, einheimisch sein	Los mayas son una cultura ~[2] de América.
la presentación, las presentaciones *pl.*	das Referat, die Präsentation	→ presentar / Hoy hay una ~ sobre México en clase.
tratar sobre algo	von etw. handeln	Este libro ~[3] sobre la historia de España.
la historia	die Geschichte *Historie*	Los mayas son parte de la ~ mexicana.
la geografía	die Geografie	*ing.:* geography
Europa	Europa	*ing.:* Europe / España es un país de ~.
por ejemplo	zum Beispiel	En Madrid hay muchos museos, ~ el Prado.
el ejemplo	das Beispiel	
el ajolote	der Axolotl *mexikanischer Molch*	
la cultura	die Kultur	*ing.:* culture / −¿Te gusta conocer nuevas ~[4]? −Sí, mucho.
ser precolombino/-a ▶ Los verbos, p.153	präkolumbisch sein	Las culturas ~[5] son muy interesantes.
maya *inv.* ▶ Cultura, p.148	Maya- (+ S.)	
azteca *inv.* ▶ Cultura, p.148	aztekisch	
dejar algo (a alguien)	(jdm) etw. (hinter)lassen	Ayer mi mamá me ~[6] una nota en mi escritorio.
la pirámide	die Pyramide	Hoy visitamos una ~ de los aztecas.
el producto	das Produkt	*ing.:* product
el maíz	der Mais	Hay muchos platos mexicanos con ~.
el cacao	der Kakao	El ~ es de origen mexicano.
ser de origen + *adj.* ▶ Los verbos, p.153	*Adj.* + Herkunft sein	
el origen, los orígenes *pl.*	der Ursprung, die Herkunft	*ing.:* origin / ¿Qué sabes del ~ de los mayas?
el volcán, los volcanes *pl.*	der Vulkan	El Popocatépetl es uno de los ~[7] más famosos de México.
el Popocatépetl	*Vulkan nahe Mexiko-Stadt*	
ser activo/-a ▶ Los verbos, p.153	aktiv sein	En México hay volcanes ~[8].

tener... metros de altura ▶ Los verbos, p. 153	... Meter hoch sein	La montaña más alta de México ~[9] 5636 ~.
la altura	die Höhe	→ alto/-a
el metro	der Meter *Längeneinheit*	Mil ~[10] son un kilómetro.
el/la cuarto/-a + *sust.*	der/die/das vierte + *S.*	El jueves es el ~[11] día de la semana.
imaginarse (algo)	sich (etw.) vorstellen	***ing.:*** to imagine
el millón, los millones *pl.*	die Million	En México viven 123 ~[12] de habitantes.
la persona	die Person	Vienen 20 ~[13] al cumple de Juan.
América	Amerika *Kontinent*	México es un país de ~.
el Museo de Chocolate	*Schokoladenmuseum in Mexiko-Stadt*	
gracias por + *sust.*	danke für + *S.*	–¡~ el regalo! –¡De nada!
la atención	die Aufmerksamkeit	***ing.:*** attention / ¡Gracias por tu ~!
callarse	schweigen, den Mund halten	Estás hablando todo el tiempo, ahora ¡~[14]!

Unidad 5 / Texto A   ▶ p. 87

estar de vacaciones ▶ Los verbos, p. 153	in den Ferien sein, im Urlaub sein	Los amigos ~[15] en Madrid.
chatear por Internet	im Internet chatten	
nada	nichts	
¡Qué padre! *mex.*	Wie cool!	= ¡Qué chulo! / ¡Mola mucho!
nadie	niemand	
ser lindo/-a *lat. am.* ▶ Los verbos, p. 153	schön sein	= bonito / Mira, estas faldas son muy ~[16].
los Dinamos	*Park in Mexiko-Stadt*	
ser enorme ▶ Los verbos, p. 153	riesig sein	= muy grande / El Prado es ~.
la cascada	der Wasserfall	Esta ~ tiene 20 metros de altura.
Chapultepec	*größter Park in Mexiko-Stadt*	
el picnic	das Picknick	***ing.:*** picnic
observar algo	etw. beobachten	***ing.:*** to observe
los voladores de Papantla ▶ Cultura, p. 148	*zeremonieller Tanz*	
de sorpresa	als Überraschung	–Mi primo vino ~ a mi fiesta. –¡Qué padre!
los canales de Xochimilco	*Kanallandschaft im Stadtbezirk Xochimilco in Mexiko-Stadt*	
la trajinera	*Boot für Kanalfahrten in Xochimilco*	Vamos a Xochimilco y alquilamos una ~.
el/la pesado/-a	die Nervensäge	→ estar pesado/-a
nunca	nie	≠ siempre
parar de + *inf.*	aufhören, etw. zu tun	Chicos, ¡~[17] de hablar y callaos!

corregir **algo / a alguien** (e → i) ▶ Los verbos, p. 153	jdn/etw. verbessern, korrigieren	El profe ~[18] los exámenes.
los demás	die anderen	—¿Dónde están ~? —No sé.
pedir **algo (a alguien)** (e → i) ▶ Los verbos, p. 153	jdn um etw. bitten, etw. bestellen	Julia ~[19] un zumo en la cafetería.
el jugo *lat. am.*	der Saft	= zumo
la comida	das Essen	→ comer
la tortilla	die Tortilla *Maisfladen*	
la salsa	die Soße	—¿Le falta sal a la ~? —No, está bien.
el chipotle	*geräucherte Chilischoten*	
quemarse	sich verbrennen, *hier:* ein Brennen verspüren	¡Toma muy poca salsa o ~[20] la boca!

Unidad 5 / Texto B ▶ p. 91

Puerto Ángel ▶ Cultura, p. 148	*kleine Küstenstadt im Staat Oaxaca*	
la costa	die Küste	Valencia está en la ~ de España.
super- + *adj.*	total, super + *Adj.*	Este libro es ~divertido.
ser **amable** ▶ Los verbos, p. 153	freundlich sein	Carmen es mi profe favorita. Es muy ~.
aunque	obwohl	Jugamos en el jardín ~ llueve.
no ... nada	nichts	Esta lengua es superdifícil. ~ entiendo ~.
enseñar algo a alguien	jdm etw. beibringen, jdm etw. zeigen	Carmen ~[21] Inglés en mi instituto.
no ... nunca	nie	Los domingos Ana ~ se levanta ~ temprano.
el vals	der Walzer	El ~ es un tipo de baile.
el/la novio/-a	der/die (feste) Freund/in	
enfermarse	krank werden	→ enfermo/-a
el mole	*herzhafte Schokoladensoße mit Chili (mexikanisch)*	
la enchilada	*mit Fleisch und Tomatensoße gefüllter Maisfladen (mexikanisch)*	
ser **típico/-a** ▶ Los verbos, p. 153	typisch sein	El mole es una salsa ~ [22] mexicana.
ser **picante** ▶ Los verbos, p. 153	scharf sein *Speisen*	Estas salsas son muy ~ [23]. Te vas a quemar la boca.
ser **rico/-a** ▶ Los verbos, p. 153	lecker sein	—¿Te gusta el mole? —Sí, ¡es muy ~[24].
en cambio	dagegen	A Nico le gusta correr, Ana ~ no hace mucho deporte.
la fiesta de quince ▶ Cultura, p. 148	*große Feier zum 15. Geburtstag eines Mädchens*	

los mariachis	*traditionelle mexikanische Musikgruppe*	
la zona protegida	das Naturschutzgebiet	En las ~[25] no vive gente, solo hay animales.
no ... nadie	niemand	En esta casa ~ vive ~.
O eso parece.	So scheint es zumindest.	
parecer (c → zc) ▶ Los verbos, p. 153	scheinen	Hoy Nico ~[26] muy nervioso.
el ruido	der Lärm	Aquí hay mucho ~. Prefiero un lugar más tranquilo.
el tapir	*in Mittelamerika heimisches Säugetier*	
ser raro/-a ▶ Los verbos, p. 153	selten sein, komisch sein	*ing.:* rare / El tapir es un animal muy ~[27].
rápido *adv.*	schnell	El metro va más ~ que el autobús.
¡Vaya + *sust.***!**	Was für ein/e + *S.*!	¡~ libro! Es superdivertido.

Para comunicarse

So beschreibst du ein Land (und stellst seine Eckdaten vor):
El nombre oficial de (México) es (Estados Unidos Mexicanos).
La capital de (México) es (Ciudad de México).
(México) limita con (Estados Unidos, Guatemala y Belice).
(México) tiene (123 millones de) habitantes.
Las lenguas oficiales de (México) son (el español y más de 60 lenguas indígenas).
Es la ciudad con más (museos) / la cuarta ciudad con (más habitantes del mundo).

So erzählst du, was du erlebt hast:
La semana pasada estuve (en los Dinamos).
Hace dos días estuvimos (en Chapultepec) e hicimos (un picnic).

So reagierst du, wenn jemand etwas erzählt:
¡Qué padre!
¡Qué chulo!
¿Por qué? ¡Cuéntame!
¿Y qué pasó después?
¿Un/-a qué?
Y tú, ¿qué contaste?
¡No me digas!

So schilderst du Reiseeindrücke:
(Puerto Ángel) es un pueblo tranquilísimo.
Es un lugar increíble.
La gente es superamable.
¡Fue divertidísimo!

1 mexicano **2** indígena **3** trata **4** culturas **5** precolombinas **6** dejó **7** volcanes **8** activos **9** tiene, metros de altura **10** metros **11** cuarto **12** millones **13** personas **14** cállate **15** están de vacaciones **16** lindas **17** parad **18** corrige **19** pide **20** te quemas **21** enseña **22** típica **23** picantes **24** rico **25** zonas protegidas **26** parece **27** raro

Unidad 6 ¡Acércate!   ▶ p. 98

los medios	die Medien	
¿en qué?	*hier:* wofür?	¿~ gastas tu dinero?
gastar algo (en algo)	etw. (für etw.) ausgeben	Mateo ~[1] su dinero en cómics.
la paga	das Taschengeld	
la aplicación, las aplicaciones *pl.*	die App	Mateo tiene una nueva ~ en su móvil.
a final de + *sust.*	am Ende des/der + S.	~ mes ya no tengo dinero.
¿para qué?	wozu?	−¿~ usas tu móvil? −Para escribir mensajes.
ahorrar (algo)	(etw.) sparen	Julia ~[2] su paga para comprar una bici.
la mitad	die Hälfte	¿Quieres la ~ de mi bocadillo?
dar lo mismo a alguien ▶ Los verbos, p. 153	jdm egal sein	Hoy llueve pero ~[3] porque voy a estudiar.
descargar algo ▶ Los verbos, p. 153	etw. herunterladen	Ayer Ana ~[4] una nueva aplicación.
la canción, las canciones *pl.*	das Lied	→ cantar / Me gustan las ~[5] de Shakira.
pagar	bezahlen	→ la paga
la bebida	das Getränk	→ beber / Hace mucho calor. ¿Quieres una ~?
un poquito	ein kleines bisschen	−¿Quieres salsa? −Sí, pero solo ~.
cada	jede/r, jedes, alle	Hoy ~ estudiante presenta un país.
alcanzar ▶ Los verbos, p. 153	ausreichen	La paga me ~[6] para comprar cómics.
ser justo/-a ▶ Los verbos, p. 153	gerecht sein	
el acuerdo	die Abmachung	→ estar de acuerdo
el/la primero/-a (+ *sust.*)	der/die/das erste (+ S.)	El ~[7] de cada mes recibo mi paga.
la carga del móvil	das Handyguthaben	¡Jo! Ya no tengo ~.
el consumo	der Konsum	
la cosmética	die Kosmetik	Ana no gasta su paga en ~.

Unidad 6 / Texto A   ▶ p. 101

estar desconectado/-a ▶ Los verbos, p. 153	offline sein	Hoy no tengo internet. ~[8].
que	dass	Ana dice ~ va al cine mañana.
no obstante	dennoch, trotzdem	Está lloviendo. ~ voy a salir.
aceptar algo	etw. akzeptieren	María ~[9] el desafío.
el desafío	die Herausforderung	
la experiencia	die Erfahrung	*ing.:* experience
estar enganchado/-a (a algo) ▶ Los verbos, p. 153	süchtig sein (nach etw.)	María escribe mensajes todo el día. ~[10] a su móvil.

la red	das Netz *Internet*	= el internet / Ana ve vídeos en la ~.
sin embargo	trotzdem	= no obstante
pasarlo mal	jdm schlecht ergehen	≠ pasarlo fenomenal
la situación, las situaciones *pl.*	die Situation	Es una ~ muy difícil. No sé qué hacer.
el susto	der Schreck(en)	Ayer perdí mi mochilla. ¡Qué ~!
si	ob	
el cambio	die Änderung	→ en cambio
enfadarse (con alguien)	sich ärgern (über jdn)	La madre ~[11] con Nico porque no estudia.
enterarse de algo	etw. mitbekommen	Hoy Nico está en las nubes y no ~[12] de nada.
por un lado, ... por otro lado	einerseits, ... andererseits	~ tengo que estudiar, ~ me gustaría ir al cine.
como	da *Konjunktion*	~ no tengo dinero, no puedo ir al cine.
el bicho raro	der Freak, der Sonderling	
amar algo	etw. lieben	María ~[13] su móvil.
hasta	*hier:* sogar	= incluso
la solución, las soluciones *pl.*	die Lösung	Ana encuentra una ~ para su problema.
el/la bibliotecario/-a	der/die Bibliothekar/in	→ la biblioteca / A veces la ~[14] me ayuda cuando busco un libro.
estar solo/-a ► Los verbos, p. 153	alleine sein	A Ana no le gusta ~[15] en casa.
la ventaja	der Vorteil	≠ la desventaja
la radio *f.*	das Radio	Para escuchar música enciendo la ~.
la desventaja	der Nachteil	≠ la ventaja
el resultado	das Ergebnis	Hoy los chicos reciben los ~[16] del examen.
estar a favor de algo ► Los verbos, p. 153	für etw. sein	Yo ~[17] de esta propuesta.
estar en contra de algo ► Los verbos, p. 153	gegen etw. sein	≠ estar a favor de algo

Unidad 6 / Texto B   ► p. 105

el tutorial	das Tutorial	Julia hace un ~ sobre cómo hacer camisetas.
ser popular ► Los verbos, p. 153	beliebt sein	Este grupo es muy ~. Tiene muchos fans.
Los Tíos	*Name einer fiktiven Musikgrupppe*	«~» son mi grupo favorito.
la semana que viene	kommende Woche	~ vamos a hacer una excursión.
ser normal ► Los verbos, p. 153	normal sein	≠ especial
la plataforma del instituto	die Plattform der Schule	Busco información sobre los talleres en la ~.
el/la fan	der Fan	A Ana le encanta este grupo. Es una ~.
propio/-a	eigene/r, eigenes	Julia hace sus ~[18] camisetas. ¡Son geniales!

parecer (c → zc) a alguien ▶ Los verbos, p. 153	jdm scheinen, etw. finden	Este libro me ~[19] muy interesante.
encantar a alguien	jdm sehr gefallen	–¿Te gusta este programa? –¡Sí, me ~[20]!
estar loco/-a ▶ Los verbos, p. 153	verrückt sein	Nico, aunque hace mucho frío nadas en el mar. ¿~[21]?
interesar a alguien	jdn interessieren	→ interesante
recordar algo (o → ue) ▶ Los verbos, p. 153	sich an etw. erinnern	= acordarse de algo / ¿Cómo te llamas? No ~[22] tu nombre.
la ayuda	die Hilfe	→ ayudar
quedar mal/bien	schlecht/gut werden	Si el vídeo nos ~[23] lo borramos.
borrar algo	etw. löschen	No me gusta esta foto. La ~[24].
subir algo	*hier:* etw. hochladen	María ~[25] una foto de la excursión a la red.
copiar algo	etw. abschreiben, kopieren	*ing.:* to copy
hacer algo por alguien ▶ Los verbos, p. 153	etw. für jdn tun	
convencer a alguien (c → z) ▶ Los verbos, p. 153	jdn überzeugen	¿Cómo puedo ~ a mis padres de tener una mascota?
el paso	der Schritt	
dibujar algo	etw. zeichnen	→ el dibujo
el diseño	*hier:* das Muster	Julia tiene un ~ muy chulo en su camiseta.
la tabla de planchar	das Bügelbrett	
el/la segundo/-a (+ *sust.*)	der/die/das zweite (+ *S.*)	
colocar algo ▶ Los verbos, p. 153	etw. stellen, legen	Ana ~[26] los libros en la estantería.
dentro de	in, in … hinein	= en / Ana tiene su ropa ~ su armario.
el/la tercero/-a (+ *sust.*)	der/die/das dritte (+ *S.*)	
sacar punta a algo ▶ Los verbos, p. 153	etw. anspitzen	Antes de dibujar Julia ~[27] a su lápiz.
el lápiz de cera, los lápices de cera *pl.*	der Wachsmalstift	Julia dibuja mucho. Le podemos regalar ~[28].
rellenar algo	etw. ausfüllen	
la viruta	der Span	
tapar algo	etw. bedecken	
el papel vegetal	das Transparentpapier	Julia copia el dibujo con el ~.
pasar la plancha por encima de algo	über etw. bügeln	Antes de ponerse su vestido Carmen le ~[29].
la plancha	das Bügeleisen	
hay que + *inf.*	man muss + *Inf.*	Para sacar buenas notas ~ estudiar.
el/la quinto/-a (+ *sust.*)	der/die/das fünfte (+ *S.*)	
quitar algo	etw. entfernen	*ing.:* to remove
estar listo/-a ▶ Los verbos, p. 153	fertig sein	Nico, ¿~[30]? ¡Ya es tarde!

Para comunicarse

So sagst du, wofür du dein Geld ausgibst oder es benötigst:
Yo gasto mi paga en (juegos y aplicaciones).
Uso mi paga para (descargar canciones).
Necesito el dinero para (comprar golosinas).

So benennst du Vor- und Nachteile:
Por un lado (está muy lejos) por otro lado (no es caro).
La ventaja/desventaja (de estar sin tele) es que (tienes más tiempo).

So gibst du wieder, was jemand sagt:
(Muchos chicos) dicen/creen que (no pueden pasar un día sin móvil).
(Ana) pregunta / quiere saber si (hay clase).

So überzeugst du jemanden von etwas:
¡Anda! Seguro que (no es difícil).
¡Venga! ¡Habla (con tus padres)!

So stimmst du zu oder lehnst ab:
Estoy a favor / en contra de (ir al concierto).
¡A mí me parece genial!
Me encanta.
No me interesa.

---

1 gasta 2 ahorra 3 me da lo mismo 4 descargó 5 canciones 6 alcanza 7 primero 8 Estoy desconectado/-a
9 acepta 10 Está enganchada 11 se enfada 12 se entera 13 ama 14 bibliotecaria 15 estar sola
16 resultados 17 estoy a favor 18 propias 19 parece 20 encanta 21 Estás loco 22 recuerdo 23 queda mal
24 borro 25 sube 26 coloca 27 saca punta 28 lápices de cera 29 pasa la plancha 30 estás listo

---

Módulo 4 ▶ p. 120

alguna vez	schon einmal	¿~ has estado en México?
haber ▶ Los verbos, p. 153	haben *Hilfsverb*	
visto participio de ver	gesehen	Hoy no he ~ la tele, he leído un libro.
estar equivocado/-a ▶ Los verbos, p. 153	falsch sein	
la etiqueta	das Etikett	Mira la ~, ¡este libro es muy caro!
el precio	der Preis	*ing.:* price
escrito participio de escribir	geschrieben	Ana ha ~ un mensaje a Lili.
mal adv.	*hier:* falsch	Pablo contesta ~ a una pregunta.
leído participio de leer	gelesen	Chicos, habéis ~ este cómic? Es genial.
puesto participio de poner	gelegt	Mateo ha ~ las revistas en la mesa.
dicho participio de decir	gesagt	
el cariño	der Liebling	Me da corte cuando mis padres me dicen «~» en el insti.
hecho participio de hacer	gemacht	Los amigos han ~ una piñata.
ser tonto/-a ▶ Los verbos, p. 153	dumm sein	≠ inteligente
el artículo	der Artikel	Julia lee un ~ interesante sobre Madrid.
Es verdad.	Das stimmt.	—Este examen no es muy difícil. —Sí ¡~!

Lista alfabética

Hier in den alphabetischen Listen findest du alle Vokabeln, die du in *¡Apúntate! 1* und *2* gelernt hast. Die orangefarbenen Angaben hinter den Übersetzungen zeigen dir an, an welcher Stelle das Wort zum ersten Mal vorkommt: 3Ac heißt z. B. *Unidad 3 ¡Acércate!*, M2 bedeutet *Módulo 2*. Einträge ohne eine solche Angabe gehören zum Lernwortschatz von *¡Apúntate! 1*. Verben mit unregelmäßiger oder besonderer Konjugation sind blau hervorgehoben. Anmerkungen zu diesen Verben findest du auf den Seiten 153–156.

A

a zu, nach, an; **2 ~ 2** zwei zu zwei 2B; **de ... ~** von ... bis *Wochentage*; **~ la derecha (de)** rechts (von); **~ la izquierda (de)** links (von); **~ la vez** gleichzeitig 1A; **~ final de** + *sust.* am Ende des/der + *S.* 6Ac; **~ lo mejor** vielleicht 4B; **~ partir de** + *tiempo* von + *Zeitangabe* + an 2B; **~ veces** manchmal; **~ ver** mal sehen 2A

abierto/-a (estar) geöffnet sein

el **abrazo** die Umarmung; Herzliche Grüße *Brief*

el **abrigo** der Mantel M2

el **abril** der April

abrir algo etw. öffnen

el/la **abuelo/-a** der Opa, die Oma

los **abuelos** *pl.* die Großeltern

aburrido/-a (ser) langweilig sein

el **aceite** das Öl M3; el **~ de oliva** das Olivenöl M3

aceptar algo etw. akzeptieren 6A

acordarse (de algo) (o → ue) sich (an etw.) erinnern 2A

la **actividad** die Aktivität, die Beschäftigung; la **~ extraescolar** die außerschulische Aktivität 2B

activo/-a (ser) aktiv sein 5Ac

el **acuario** das Aquarium

el **acuerdo** die Abmachung 6Ac

además außerdem

¡Adéu! *valenciano* Tschüss!

¡Adiós! Tschüss!, Auf Wiedersehen!

la **adivinanza** das Rätsel 3A

¿adónde? wohin?

el **agosto** der August

el **agua** *f.* das Wasser

aguantar algo etw. ertragen 2A

ahí da 1A

ahora jetzt

ahorrar (algo) (etw.) sparen 6Ac

el **ajo** der Knoblauch M3; **el diente de ~** die Knoblauchzehe M3

el **ajolote** der Axolotl *mexikanischer Molch* 5Ac

al final am Ende

al lado de neben

alcanzar ausreichen 6Ac

alegrarse (de algo) sich (über etw.) freuen 2B

el **alemán** Deutsch *Sprache*

Alemania Deutschland

alérgico/-a (ser) allergisch sein

el **alfabeto** das Alphabet

algo etwas; **¿~ más?** Noch etwas?

alguna vez schon einmal M4

allí dort

el **almuerzo** das Mittagessen 2A

alquilar algo etw. mieten

alto/-a (ser) groß sein *Menschen*, hoch sein *Berge/Gebäude*

la **altura** die Höhe 5Ac; **tener ... metros de ~** ... Meter hoch sein 5Ac

el **alumno/-a** der/die Schüler/in

amable (ser) freundlich sein 5B

amar algo etw. lieben 6A

amarillo/-a (ser) gelb sein M2

América Amerika 5Ac

el/la **amigo/-a** der/die Freund/in

añadir algo etw. hinzufügen M3

¡Anda! *fam.* Komm schon!

Andalucía Andalusien 3Ac

andar gehen 1Ac; **~ en monopatín (por algo)** Skateboard fahren (durch etw.) 1Ac

el **animal** das Tier; el **~ marino** das Meerestier

el **año** das Jahr; **cumplir... ~ ...** Jahre alt werden, **tener... ~ ...** Jahre alt sein

anteayer vorgestern 4B

antes de + *sust.* vor + *S. zeitlich* 2B; **~ +** *inf.* bevor 4B

antiguo/-a (ser) alt sein

el **anuncio** die Anzeige 1Ac

el **aparato de dientes** die Zahnspange

la **aplicación** die App 6Ac

aprender algo etw. lernen

apuntarse mitmachen, sich anmelden 2B

aquí hier; **por ~** hier (in der Nähe); **~ tiene.** Bitte. *beim Bezahlen*

el **árabe** Arabisch *Sprache* 4B

el/la **árbitro/-a** der/die Schiedsrichter/in 2B

el **armario** der Schrank

el **arroz** der Reis M3

el **arte** *f.* die Kunst; **Artes Plásticas** Kunst *Schulfach*

el **artículo** der Artikel M4

así so

la **asignatura** das Schulfach

la **aspirina** das Aspirin

la **atención** die Aufmerksamkeit 5Ac

el **atún** der Thunfisch M3

el **aula** *f.* das Klassenzimmer

aunque obwohl 5B

el **autobús** der Bus

¡Ay, no! Ach Mensch! 4A

ayer gestern 4A

la **ayuda** die Hilfe 6B

ayudar a alguien jdm helfen 3A

azteca *inv.* aztekisch 5Ac

el **azúcar** der Zucker 4A

azul (ser) blau sein M2

B

bailar tanzen 1Ac

bajo/-a (ser) klein sein *Menschen*

el **balón** der Ball

el **baloncesto** der Basketball *Sportart*

el **bañador** die Badehose, der Badeanzug M2

la **banda** die Band 1Ac

el **baño** das Badezimmer

la **barca** das Boot

la **barra** der Laib *Brot* M3

la **barriga** der Bauch M1

el **barrio** das Stadtviertel

bastante ziemlich

bastar (con algo) ausreichen M2

la **batería** das Schlagzeug 1Ac

la **batidora** der Mixer M3

beber algo etw. trinken

la **bebida** das Getränk 6Ac

Belice *m.* Belize 5Ac

Berlín Berlin 4B

un **beso** Küsschen *Brief*
la **biblioteca** die Bibliothek; **la ~ pública** die öffentliche Bibliothek 1B
el/la **bibliotecario/-a** der/die Bibliothekar/in 6A
el **bicho raro** der Freak, der Sonderling 6A
la **bicicleta** (= la bici *fam.*) das Fahrrad; **ir en ~** Fahrrad fahren
bien *adv.* gut; **el ~** Befriedigend *Schulnote* 2Ac; **estar ~ frío/-a** schön kalt sein M3
bienvenido/-a willkommen 1Ac
el **bikini** der Bikini M2
blanco/-a (**ser**) weiß sein M2
el **blog** der Blog M3
la **boca** der Mund M1
el **bocadillo** das belegte Brötchen
el **boli** *fam.* (= el bolígrafo) der Kuli (= Kugelschreiber)
bonito/-a (**ser**) schön sein, hübsch sein
borrar algo etw. löschen 6B
el **bosque** der Wald
las **botas** die Stiefel, die Winterschuhe M2
la **botella** die Flasche
el **brazo** der Arm M1
bueno okay, gut; **ser ~/-a** (**en algo**) gut sein (in etw.) 2Ac
¡Buenos días! Guten Morgen!, Guten Tag!
buscar algo / a alguien etw./ jdn suchen

C

el **caballo** das Pferd
la **cabeza** der Kopf M1
el **cacao** der Kakao 5Ac
cada jede/r, jedes, alle 6Ac
la **cafetería** die Cafeteria
callado/-a (**estar**) schweigsam sein 4B
callarse schweigen, den Mund halten 5Ac
la **calle** die Straße
el **calor** die Hitze, die Wärme; **hace mucho ~** es ist sehr heiß
la **cama** das Bett; **irse a la ~** zu Bett gehen 2A
el **cambio** die Änderung 6A; **en ~** dagegen 5B
el **camino** der Weg 3B
la **camisa** das Hemd M2
la **camiseta** das T-Shirt M2
el **campamento** das Ferienlager
el **campo** das Land; das Spielfeld, der Platz 1Ac
el **canal** (**de Internet**) der (Internet)Kanal 4B

la **canción** das Lied 6Ac
cansado/-a (**estar**) müde sein
cantar singen
la **capital** die Hauptstadt 3Ac
la **carga del móvil** das Handyguthaben 6Ac
el **cariño** *der Liebling* M4
cariñoso/-a (**ser**) liebevoll sein, zutraulich sein
caro/-a (**ser**) teuer sein
la **carretera** die (Land-)Straße 3A
la **carta** der Brief
el **cartón** der Karton, die Pappe
la **casa** das Haus; **en ~** (**de alguien**) (bei jdm) zu Hause
la **cascada** der Wasserfall 5A
casi fast
castaño/-a (**ser**) braun sein
el **catalán** Katalanisch *Sprache* 3Ac
el **cedé** die CD
cenar zu Abend essen 2A
el **céntimo** der Cent
el **centro** das Zentrum; **el ~ comercial** das Einkaufszentrum
cerca (**de**) *adv.* in der Nähe (von)
cero null 3A
cerrar algo (**e → ie**) etw. schließen
las **chanclas** die Flip-Flops M2
la **chaqueta** die Jacke M2
charlar reden, plaudern
chatear chatten
el/la **chico/-a** der Junge, das Mädchen; **Chicos, ...** Leute, ...
el **chipotle** *geräucherte Chilischote* 5A
el **chiringuito** das Strandrestaurant, die Strandbar 1B
el **chocolate** die Schokolade 3B
la **chuleta** der Spickzettel 2Ac
chulo/-a (**ser**) cool sein 1B
el **churro** *fritiertes Spritzgebäck* 3B
Ciencias Sociales Gesellschaftskunde *Schulfach*
el **cine** das Kino
la **ciudad** die Stadt
Ciudad de México Mexiko-Stadt 5Ac
claro *adv.* (na) klar, natürlich
la **clase** die Klasse, das Klassenzimmer, der Unterricht; **¡A ~!** In die Klasse!
la **cobertura** (**de móvil**) der Handyempfang
la **cocina** die Küche
el **codo** der Ellenbogen M1
coger etw. nehmen; **~** (**la calle**) abbiegen

el **Cola Cao** *spanisches Kakaogetränk* 2A
el **colegio** (= el cole *fam.*) die Schule, *in Spanien:* die Grundschule
colocar algo etw. stellen, legen 6B
el **comedor** das Esszimmer, der Speisesaal 4A
comer algo etw. essen
el **cómic** der Comic
la **comida** das Essen 5A
¿cómo? wie?; **¿~ se dice/escribe ... en español?** Wie sagt / schreibt man ... auf Spanisch?
como wie; **tan +** *adj.* **~** so + *Adj.* wie 3B
como da *Konjunktion* 6A
el/la **compañero/-a** der/die Lebensgefährte/in; **el/la ~** (**de clase**) der/die Mitschüler/in; der/die Partner/in
compartir algo etw. teilen
la **compra** der Einkauf 1A; **hacer la ~** einkaufen 1A
comprar algo etw. kaufen
la **comunidad autónoma** die Autonome Region 3Ac
con mit
el **concierto** das Konzert; **el ~ final** das Abschlusskonzert
el **conejillo de Indias** das Meerschweinchen
el **conejo** das Kaninchen
conmigo mit mir 1Ac
conocer algo / a alguien (**c → zc**) etw./jdn kennen, etw./ jdn kennen lernen 3A
el/la **conserje** der/die Pförtner/in
la **consola de videojuegos** die Spielkonsole
el **consumo** der Konsum 6Ac
contar algo (**o → ue**) etw. erzählen
contento/-a (**estar**) zufrieden sein
contestar algo etw. (be)antworten 1A
contigo mit dir 1Ac
convencer a alguien (**c → z**) jdn überzeugen 6B
copiar algo etw. abschreiben, kopieren 6B
el **coro** der Chor 2B
corregir algo / a alguien (**e → i**) etw./jdn korrigieren, verbessern 5A
correr rennen, laufen
cortar algo etw. schneiden M3
corte, dar ~ a alguien jdm peinlich sein 4B

corto/-a (ser) kurz sein
la cosa die Sache
la cosmética die Kosmetik 6Ac
la costa die Küste 5B
costar algo (o → ue) etw. kosten M3
creer algo etw. glauben 4A
cruzar algo etw. überqueren
el cuaderno das Heft
¿cuál/es? welche/r?, welches?
cuando (immer) wenn; als 1A
¿cuándo? wann?
¿cuánto? wie viel? M3; ¿~ es? Wie viel macht das?
¿cuántos/-as? wie viel/e?; ¿Cuántos años tienes? Wie alt bist du?
el cuarto das Viertel *Uhrzeit*
el/la cuarto/-a (+ *sust.*) der/die/das vierte (+ *S.*) 5Ac
la cuchara der Esslöffel 4Ac
el cuchillo das Messer 4Ac
el cuerpo der Körper M1
la cultura die Kultur 5Ac
el cumple *fam.* (= el cumpleaños) der Geburtstag; ¡Feliz cumpleaños! Alles Gute zum Geburtstag!
cumplir, ~ ... años ... Jahre alt werden
el curso de salsa der Salsakurs

D

dar algo a alguien jdm etw. geben 1A; ~ corte a alguien jdm peinlich sein 4B; ~ lo mismo a alguien jdm egal sein 6Ac
de aus, von, über; ~ ... a ... von ... bis ... *Wochentage*; ~ acuerdo einverstanden; ¿~ dónde? woher?; ¿~ qué? über was?, worüber? ~ repente plötzlich; ~ todo alles mögliche
debajo de unter
los deberes *pl.* die Hausaufgaben
decir algo a alguien (e → i) jdm etw. sagen 3B
el dedo der Finger M1
dejar algo etw. lassen; ~ algo (a alguien) (jdm) etw. (hinter) lassen 5Ac
delante de vor
el/la delantero/-a der/die Stürmer/in 2B
los demás die anderen 5A
el/la dentista *m./f.* der Zahnarzt, die Zahnärztin M1
dentro de in, in ... hinein 6B
el deporte der Sport; hacer ~ Sport treiben

el desafío die Herausforderung 6A
el desastre die Katastrophe
desayunar frühstücken
el desayuno das Frühstück
descansar sich ausruhen 3A
descargar algo etw. herunterladen 6A
desconectado/-a (estar) offline sein 6A
descubrir algo etw. entdecken 3A
desde von; ~ la/s ... hasta la/s von ... bis *Uhrzeit*
el desfile der Umzug, die Parade *Fest* 1A
despertarse (e → ie) aufwachen 2A
despistado/-a (ser) zerstreut sein, schusselig sein
después danach, später; ~ de + *sust. zeitlich* nach + *S.*; ~ + *inf.* nachdem 4B; poco ~ kurz darauf 1A
la desventaja der Nachteil 6A
detrás de hinter
el día *m.* der Tag; el ~ de las puertas abiertas der Tag der offenen Tür; el ~ de los enamorados der Tag der Verliebten 1A
el diario das Tagebuch
dibujar algo etw. zeichnen 6B
el dibujo die Zeichnung, das Zeichnen *Aktivität* 2B
dicho gesagt M4
el diciembre der Dezember
el diente de ajo die Knoblauchzehe M3
diferente (ser) verschieden sein 3B
difícil (ser) schwer sein, schwierig sein
el dinero das Geld
la dirección das Sekretariat
el/la director/-a der/die Direktor/in
¡Disculpa! Entschuldige!
¡Disculpe! Entschuldigen Sie! 3B
discutir diskutieren, streiten
el diseño das Muster 6B
divertido/-a (ser) lustig sein
doler (o → ue) schmerzen, wehtun M1
el dolor der Schmerz M1; el ~ de muelas die Zahnschmerzen M1
el domingo der Sonntag
¿dónde? wo?; ¿de ~? woher?
dormir (o → ue) schlafen
ducharse sich duschen 2A

E

e (y vor i- und hi-) und
el edificio das Gebäude
Educación Física Sportunterricht *Schulfach*
el ejemplo das Beispiel 5Ac; por ~ zum Beispiel 5Ac
el ejercicio die Aufgabe, die Übung
el, la der, die, das
él er
ella sie
el e-mail die E-Mail
empezar algo (e → ie) etw. anfangen, beginnen
empollar *fam.* pauken *ugs.* 2Ac
en in, an, auf; ~ casa (de alguien) (bei jdm) zu Hause; ~ cambio dagegen 5B; ~ punto Punkt *Uhrzeit*; ¿~ qué? wofür? 6Ac; ~ serio im Ernst 2Ac
encantar a alguien jdm sehr gefallen 6B
encender algo (e → ie) etw. anschalten 4B
la enchilada *gefüllter Maisfladen* 5B
encima de über
encontrar algo / a alguien (o → ue) etw./jdn finden; jdm begegnen 4A
el enero der Januar
enfadarse (con alguien) sich ärgern (über jdn.) 6A
enfermarse krank werden 5B
enfermo/-a (estar) krank sein
enfrente de gegenüber von
enganchado/-a (a algo) (estar) süchtig sein (nach etw.) 6A
enorme (ser) riesig sein 5A
la ensalada der Salat 4Ac
ensayar algo etw. üben, proben
enseñar algo a alguien jdm etw. beibringen, jdm etw. zeigen 5B
entender algo / a alguien (e → ie) etw./jdn verstehen 2Ac; no ~ ni jota nur Bahnhof verstehen 2Ac
enterarse de algo etw. mitbekommen 6A
entonces dann, also
la entrada der Eintritt, die Eintrittskarte 3A
entrar hereinkommen
entre ... y ... zwischen ... und ...
el/la entrenador/-a der/die Trainer/in 2B
el entrenamiento das Training 1Ac

entrenar trainieren 1Ac

el **equipo** die Mannschaft, das Team 1B; **el ~ de fútbol** die Fußballmannschaft 1B

equivocado/-a (estar) *falsch sein* M4

Es que... Es ist nämlich so, dass ...

Es una pasada. *fam.* Das ist fantastisch.

escalar klettern

esconder algo etw. verstecken

escribir algo etw. schreiben

escrito *geschrieben* M4

el **escritorio** der Schreibtisch

escuchar algo etw. hören

ese, esa dieser, diese da *(m./w./Sg.)*

Eso es todo. Das wär's. *Einkaufen* M3

la **espalda** der Rücken M1

España Spanien

el **español** Spanisch *Sprache*

especial (ser) besonders sein 1Ac

esperar a alguien auf jdn warten 1A

la **esquina** die Ecke 1B

el **estadio** das Stadion

Estados Unidos Mexicanos *m. pl.* Vereinigte Mexikanische Staaten 5Ac

Estados Unidos *m. pl.* Vereinigte Staaten von Amerika 5Ac

el **estanque** der Teich

la **estantería** das Regal

estar (da) sein, sich befinden; **~ a favor de algo** für etw. sein 6Ac; **~ de vacaciones** in den Ferien sein, im Urlaub sein 5A **~ en contra de algo** gegen etw. sein 6A; **~ en las nubes** in Gedanken sein; **¿Estás bien?** Geht es dir gut? M1

la **estatua** die Statue 3A

este, esta dieser, diese *(m./w./Sg.)*

estricto/-a (ser) streng sein

el **estuche** die Federmappe

el/la **estudiante** *m./f.* der/die Schüler/in 2Ac

estudiar lernen

la **etiqueta** *das Etikett* M4

el **euro** der Euro

Europa Europa 5Ac

el **examen** die Prüfung, die Klassenarbeit

la **excursión** der Ausflug; **ir de ~ (a)** einen Ausflug machen (nach) 3Ac

la **experiencia** die Erfahrung 6A

el **experimento** das Experiment

la **exposición** die Ausstellung 1B

F

fácil (ser) leicht sein

la **falda** der Rock M2

la **falta** das Foul(spiel) 2B

faltar fehlen

la **familia** die Familie

famoso/-a (por algo) (ser) für etw. berühmt sein 3Ac

el/la **fan** der Fan 6B

la **farmacia** die Apotheke 1B

fatal *adv./adj.* **(ser)** mies (sein), furchtbar (sein)

favorito/-a Lieblings- + *(S.)*

el **febrero** der Februar

¡Felicidades! Herzlichen Glückwunsch!

¡Feliz cumpleaños! Alles Gute zum Geburtstag!

fenomenal *adv./adj.* **(ser)** toll (sein), wunderbar (sein)

la **fiebre** das Fieber M1

fiel (ser) treu sein

la **fiesta** die Party

la **figura** die Figur

el **fin de semana** das Wochenende

final, al ~ am Ende; **al ~ de +** *Sust.* am Ende des/der + *S.* 6Ac

firmar (algo) (etw.) unterschreiben 4A

el **flan** *Karamellpudding* 2A; **ponerse como un ~** *fam.* ein Nervenbündel sein 2A

el **folleto** der Prospekt

formar algo etw. bilden

la **foto** *fam.* **(= la fotografía)** das Foto, **sacar fotos** Fotos machen 2Ac

el **francés** Französisch *Sprache* 3Ac

Francés *m.* Französisch *Schulfach* 2Ac

Francia Frankreich 3Ac

el **frío** die Kälte; **hace ~** es ist kalt **frío/-a (ser)** kalt sein M3; **(estar) bien ~** schön kalt sein M3

la **fruta** die Frucht, das Obst 4A

fuera (de algo) außerhalb (von etw.) 1B

fuerte (ser) stark sein 2B

el **fútbol** der Fußball *Sportart*

G

las **gafas** *pl.* die Brille; **las ~ de sol** *pl.* die Sonnenbrille M2

Galicia Galicien 3Ac

el **gallego** Galicisch *Sprache* 3Ac

la **galleta** der Keks 2A

la **gallina** das Huhn

ganar (algo) (etw.) gewinnen 2B

gastar algo (en algo) etw. (für etw.) ausgeben 6Ac

el **gatito** das Kätzchen

el/la **gato/-a** der Kater, die Katze

el **gazpacho** *kalte Gemüsesuppe* M3

general (ser) allgemein sein 5Ac

genial (ser) genial sein, toll sein

la **gente** die Leute

la **geografía** die Geografie 5Ac **Geografía** Erdkunde *Schulfach* 3Ac

el **gimnasio** die Turnhalle

girar abbiegen

el **gol** das Tor 2B; **marcar un ~** ein Tor schießen 2B

las **golosinas** die Süßigkeiten

la **gorra** die Mütze, das Basecap M2

gracias danke; **~ por +** *sust.* danke für + *S.* 5Ac

gracioso/-a (ser) witzig sein

el **gramo** das Gramm M3

grande (ser) groß sein

la **granja** der Bauernhof

gratis (ser) kostenlos sein 3A

la **gripe** die Grippe M1

gris (ser) grau sein M2

el **grupo (de teatro)** die (Theater-) Gruppe

guapo/-a (ser) hübsch sein

Guatemala Guatemala 5Ac

guay *fam.* **(ser)** toll sein

la **guitarra** die Gitarre

gustar a alguien jdm gefallen, etw. mögen, etw. gerne tun

H

haber haben *Hilfsverb* M4

la **habitación** das Zimmer

el/la **habitante** *m./f.* der/die Einwohner/in 5Ac

hablar sprechen; **~ por teléfono** telefonieren

hace + *tiempo* vor + *Zeitangabe* 4B

hacer algo (por alguien) etw. machen (für jdn) 6B; **~ camping** zelten; **~ deporte** Sport treiben; **~ la compra** einkaufen 1A

el **hambre** *f.* der Hunger

la **harina** das Mehl 4A

harto/-a (de algo) (estar) die Nase voll haben (von etw.) 2Ac
hasta bis; sogar 6A; **desde la/s ... ~ la/s** von ... bis *Uhrzeit*; **¡~ luego!** Bis später!, Bis dann!
hay es gibt; **~ que** + *inf.* man muss + *Inf.* 6B
hecho gemacht M4
la **heladería** die Eisdiele
el **helado** das Eis
el/la **hermano/-a** der Bruder, die Schwester
los **hermanos** *pl.* die Geschwister
el/la **hijo/-a** der Sohn, die Tochter
la **historia** die Geschichte; *Historie* 5Ac
histórico/-a (ser) historisch sein
la **hoguera** das Lagerfeuer
¡Hola! Hallo!
la **hora** die Uhrzeit, die Stunde; **¿a qué ~?** um wie viel Uhr? / wann?; **¿A qué ~ empieza?** Wann beginnt er/sie/es?; **¿Qué ~ es?** Wie spät ist es?
el **horario (de clase)** der Stundenplan
hoy heute
el **huevo** das Ei 4A

I

la **idea** die Idee
ideal (ser) ideal sein
imaginarse (algo) sich (etw.) vorstellen 5Ac
importante (ser) wichtig sein 2Ac
imposible (ser) unmöglich sein
incluso sogar 2A
increíble (ser) unglaublich sein 4B
indígena (ser) indigen sein, einheimisch sein 5Ac
la **información** die Information
Inglaterra England 4B
el **inglés** Englisch *Sprache*
Inglés *m.* Englisch *Schulfach*
el **ingrediente** die Zutat 4A
el **instituto (=el insti** *fam.***)** das Gymnasium, die Schule 1Ac
inteligente (ser) intelligent sein, klug sein
intentar (hacer algo) versuchen (etw. zu tun) 2B
el **intercambio** der Austausch 4B
interesante (ser) interessant sein
interesar a alguien jdn interessieren 6B

el **Internet** das Internet; **chatear por ~** im Internet chatten 5A
ir (a) gehen (zu, nach); **~ a pie** zu Fuß gehen; **~ en autobús (= bus** *fam.***)** Bus fahren; **~ en bici** Fahrrad fahren; **~ en metro** Metro fahren; **~ en paragua** Kanu fahren
irse weggehen 2A; **~ a la cama** zu Bett gehen 2A
la **isla** die Insel 3Ac
las **Islas Baleares** die Balearischen Inseln 3Ac
Italia Italien 3Ac

J

el **jamón** der Schinken; **el ~ ibérico** *spanischer Schinken einer besonderen Schweinerasse* M3
el **jardín** der Garten
el **jersey** der Pullover M2
¡Jo! *fam.* Mensch! 4A
el/la **joven** der/die Jugendliche
el **juego** das Spiel
el **jueves** der Donnerstag
el/la **jugador/-a** der/die Spieler/in 2B
jugar a algo (u → ue) etw. spielen *Sport* 2B; **~ como algo** als etw. spielen 2B
el **jugo** *lat. am.* der Saft 5A
el **juguete** das Spielzeug
el **julio** der Juli
el **junio** der Juni
juntos/-as zusammen 2Ac
justo/-a (ser) gerecht sein 6Ac

K

el **kilo** das Kilo
el **kilómetro** der Kilometer 3Ac

L

la, el der, die, das
el **laboratorio** das Labor
el **lado** die Seite 6A **poner al ~** zur Seite legen 1B; **al ~ de** neben; **por un ~ ... por otro ~** einerseits ... andererseits 6A
la **lámpara** die Lampe
lanzarse sich (hin)werfen 2B
el **lápiz** der Stift, der Bleistift; **el ~ de cera** der Wachsmalstift 6B
largo/-a (ser) lang sein
la **lata** die Dose M3
la **leche** die Milch M3
leer algo etw. lesen
leído gelesen M4
lejos (estar) *adv.* weit (weg) (sein)

la **lengua** die Sprache 3Ac
Lengua Castellana y Literatura (= Lengua *fam.***)** Spanischunterricht *Schulfach*
la **lengua oficial** die Amtssprache 3Ac
levantarse aufstehen 2A
libre (ser) frei sein
el **libro** das Buch
limitar con algo an etw. grenzen 3Ac
lindo/-a (ser) *lat. am.* schön sein 5A
liso/-a (ser) glatt sein
listo/-a (estar) fertig sein 6B
el **litro** der Liter M3
llamar a alguien jdn anrufen
llamarse heißen 2B
llegar (a) kommen, ankommen
llevar algo etw. tragen *Kleidung*; etw. mitnehmen M2
llover (o → ue) regnen
lo mismo dasselbe
lo siento es/das tut mir leid
loco/-a (estar) verrückt sein 6B
la **longitud** die Länge 3Ac; **tener una ~ de ...** ... lang sein 3Ac
los, las die *(m./w./Pl.)*
los demás die anderen 5A
luego dann, später, nachher
el **lugar** der Platz, der Ort
el **lunes** der Montag

M

la **madre** die Mutter
la **madrina** die (Schul)Patin 1Ac
el **maíz** der Mais 5Ac
majo/-a *fam.* **(ser)** nett sein, sympathisch sein
mal adv. falsch M4; schlecht
la **maleta** der Koffer M2
malo/-a (en algo) (ser) schlecht sein (in etw.) 2Ac
la **mamá** *fam.* **(= la madre)** die Mama *ugs.* (= die Mutter)
mañana morgen M1; **la ~** der Morgen **por la ~** morgens
mandar algo (a alguien) (jdm) etw. schicken
la **manga** der Ärmel M2; **de ~ corta (ser)** kurzärmelig sein M2; **de ~ larga (ser)** langärmelig sein M2
la **mano** die Hand M1
la **mantequilla** die Butter 4A
la **manzana** der Apfel M3
el **mar** das Meer
el **marcador** die Anzeigetafel 2B; **el ~ está ...** der Stand ist ... 2B

marcar un gol ein Tor schießen 2B

marrón *inv.* **(ser)** braun sein M2

Marruecos *m.* Marokko 4B

el **martes** der Dienstag

el **marzo** der März

más mehr; ~ **de** + *número* mehr als + *Zahl* 5Ac; **o menos** geht so; **¿Qué ~?** Was noch? M2; **un … ~** noch ein … 2Ac

la **mascota** das Haustier

Matemáticas *pl.* (= **Mates** *fam.*) Mathematik *Schulfach*

maya *inv.* Maya- (+ *S.*) 5Ac

el **mayo** der Mai

el/la **mayor** + *sust.* der/die ältere + *S.* 3B

el **mazapán** das Marzipan 1A

Me da igual. Das ist mir egal.

la **mediateca** die Mediathek 1B

el/la **médico/-a** der Arzt, die Ärztin M1

medio/-a halbe/r, halbes M3; **media** halb *Uhrzeit*

el **medio tubo** die Halfpipe 1B

los **medios** die Medien 6Ac

el/la **mejor** + *sust.* der/die/das beste + *S.* 3A; **a lo ~** vielleicht 4B

mejor (que) besser (als) 3B

menor (que) jünger (als) 3B

menos vor *Uhrzeit*; weniger 3B; **~ + adj. (que)** weniger + *Adj.*(als) 3B

el **mensaje** die SMS, die Nachricht

el **mercado** der Markt

la **merienda** die Vesper, der Imbiss *am Nachmittag*

el **mes** der Monat

la **mesa** der Tisch

la **meta** das Ziel 3A

el **metro** der Meter 5Ac

mexicano/-a (ser) mexikanisch sein 5Ac

México Mexiko

mi, mis *pl.* mein, meine

el **miércoles** der Mittwoch

mil tausend 5Ac

el **mililitro** der Milliliter M3

el **millón** die Million 5Ac

el **minuto** die Minute 2B

mirar algo etw. anschauen; **¡Mira!** Schau mal!

la **mitad** die Hälfte 6Ac

la **mochila** der Rucksack

moderno/-a (ser) modern sein 3A

mogollón de + *sust. fam.* ein Haufen + *S. ugs.*, sehr viele + *S.* 4B

¡Mola mucho! *fam.* Das ist total cool! M2

el **mole** *herzhafte Schokoladensoße mit Chili* 5B

el **momento** der Moment 4A

mono/-a *fam.* **(ser)** niedlich sein

el **monopatín** das Skateboard 1Ac

la **montaña** der Berg M2

un **montón** eine Menge, sehr 2Ac

el **monumento** das Denkmal 3B

el **móvil** das Handy

mucho *adv.* viel, sehr

mucho/-a *adj.* viel, viele

la **mujer** die Frau, die Ehefrau

el **mundo** die Welt 3B

el **museo** das Museum

la **música** die Musik

Música Musikunterricht *Schulfach*

muy sehr

N

nada nichts 5A; **no … ~** nichts 5B; **para ~** überhaupt nicht 1Ac; **No pasa ~.** Das macht nichts. 4A

nadar schwimmen

nadie niemand 5A; **no … ~** niemand 5B

la **naranja** die Orange

la **nariz** die Nase M1

Ciencias Naturales *pl.* (= **Naturales** *fam.*) Naturwissenschaften *Schulfach*

necesitar algo etw. brauchen

negro/-a (ser) schwarz sein

nervioso/-a (por algo) (estar) (wegen etw.) nervös sein 2Ac

¡Ni idea! Keine Ahnung!

no nicht; kein, keine; nein; **a mí ~** mir nicht; **~ importa.** Das macht nichts.; **¡~ me digas!** Sag bloß!, Wirklich? 4A; **~ … nada** nichts 5B; **~ … nadie** niemand 5B; **~ … nunca** nie 5B; **~ obstante** trotzdem, dennoch 6A

la **noche** die Nacht, der (späte) Abend; **por la ~** abends, nachts

el **nombre** der Name 5Ac

normal (ser) normal sein 6B

normalmente normalerweise 2A

la **nota** die Notiz 4B; die Schulnote 2Ac

el **notable** Gut *Schulnote* 2Ac

el **noviembre** der November

el/la **novio/-a** der/die feste Freund/in 5B

nuestro/-a unser, unsere

el/la **nuevo/-a** der/die Neue

nuevo/-a (ser) neu sein 1Ac; **de nuevo** von neuem 4A

el **número** die Zahl, Nummer 2B

nunca nie 5A; **no … ~** nie 5B

O

o oder (**u** *vor o-*); **~ eso parece.** So scheint es zumindest. 5B; **¿~ no?** oder nicht? 3B

la **obra** das Werk; **la ~ de arte** das Kunstwerk

observar algo etw. beobachten 5A

el **octubre** der Oktober

oficial (ser) offiziell sein 3Ac

el **ojo** das Auge M1

olvidar algo etw. vergessen 4A

olvidarse de algo etw. vergessen 2A

el **ordenador** der Computer

ordenar algo etw. aufräumen

la **oreja** das Ohr M1

organizar algo etw. organisieren

el **origen** der Ursprung, die Herkunft 5Ac; **ser de** + *adj.* einer Herkunft sein 5Ac

otro/-a ein anderer/-s, eine andere; noch ein/-e, noch eins 2A; **otra vez** noch einmal, schon wieder 2A

¡oye! hör mal!

P

el **pádel** das Padel *Sportart*

el **padre** der Vater; **¡Qué ~!** *mex.* Wie cool! 5A

los **padres** *pl.* die Eltern

el **padrino** der (Schul)Pate 1Ac

la **paga** das Taschengeld 6Ac

la **página web** die Webseite

el **país** das Land 3Ac

el **País Vasco** das Baskenland 3Ac

el **pan** das Brot 1B

la **panadería** die Bäckerei 1B

los **pantalones** die Hose M2

el **pañuelo** das Taschentuch M1

el **papel vegetal** das Transparentpapier 6B

el **paquete** das Paket M3

un **par** ein Paar M2

para + *inf.* um zu + *Inf.*; für; **~ mí** für mich 2Ac; **~ nada** überhaupt nicht 1Ac; **¿~ qué?** wozu? 6Ac; **¿Y ~ ti?** Und für dich?

la **parada** die Haltestelle, der Halt 3A

parar de + *inf.* aufhören, etw. zu tun 5A

parecer (c → zc) a alguien jdm scheinen, etw. finden 6B; O eso parece. So scheint es zumindest. 5B

la pared die Wand

el parque der Park

la parte der Teil M1; la ~ del cuerpo der Körperteil M1

participar (en algo) (an etw.) teilnehmen

el partido das Spiel *Match*

pasado/-a vergangene/r, vergangenes 4A

pasar hineingehen; verbringen; passieren, geschehen 4A; ~ algo a alguien jdm etw. (weiter)geben 4Ac; ~ la noche übernachten; ~ la plancha por encima de algo über etw. bügeln 6B; ~ por algo an etw. vorbeigehen 1B; ~lo fenomenal viel Spaß haben 4B; ~lo mal jdm schlecht ergehen 6A; No pasa nada. Das macht nichts. 4A; Yo paso. Ich passe.

la pasada, Es una ~. Das ist fantastisch.

el paseo der Spaziergang; dar un ~ einen Spaziergang machen 3A; de ~ por unterwegs in 3Ac

el pasillo das Treppenhaus, der Flur

el paso der Schritt 6B

el pastel der Kuchen 4A

la patata die Kartoffel 4Ac

las patatas die Kartoffelchips 4Ac

el payaso der Clown

pedir algo (a alguien) (e → i) jdn um etw. bitten, etw. bestellen 5A

pelar algo etw. schälen M3

la película (= la peli *fam.*) der Film; la ~ 3D der 3D Film

el pelo das Haar

pensar algo, en algo/alguien (e → ie) etw. denken, an etw./ jdn denken

el/la peor + *sust.* der/die/das schlimmste/schlechteste + *S.* 3Ac

peor (que) schlechter (als) 3B

el pepino die Gurke M3

pequeño/-a (ser) klein sein

perder (algo) (e → ie) (etw.) verlieren 2B

pero aber

el/la perro/-a der Hund, die Hündin

la persona die Person 5Ac

pesado/-a (ser) nervig sein

el/la pesado/-a die Nervensäge 5A

pescar angeln, fischen

el piano das Klavier

picante (ser) scharf sein *Speisen* 5B

el picnic das Picknick 5A

el pie der Fuß M1

la pierna das Bein M1

el pimiento die Paprika M3

el/la pintor/-a der/die Maler/in 3A

la piragua das Kanu; ir en ~ Kanufahren

la pirámide die Pyramide 5Ac

los Pirineos *pl.* die Pyrenäen

la piscina das Schwimmbad

el piso die Wohnung

pitar pfeifen 2B

la pizarra die Tafel

el plan der Plan 3B

la plancha das Bügeleisen 6B; pasar la ~ por encima de algo über etw. bügeln 6B

la plataforma del instituto die Plattform der Schule 6B

el plato das Gericht *Speise* M3; der Teller 4Ac

la playa der Strand

la plaza der Platz

el/la pobre der/die Arme 2A

poco/-a wenig/e; un poco ein bisschen, ein wenig; ~ después kurz darauf 1A

poder (o → ue) können

el polideportivo das Sportzentrum

poner algo etw. setzen, stellen, legen 1B; ~ algo a alguien jdm etw. geben *Einkaufen* M3; ~ al lado zur Seite legen 1B; ~ la mesa den Tisch decken 4Ac; ~ música Musik einschalten 1B; ~ una película einen Film zeigen 1B; ¿Qué te/le pongo? Was darf's sein? M3

ponerse + *adj.* werden + *Adj.* 2A; ~ algo sich etw. anziehen 2A; ~ como un flan *fam.* ein Nervenbündel sein 2A

popular (ser) beliebt sein 6B

un poquito ein kleines bisschen 6Ac

por pro; durch; wegen 1Ac; ~ ... am ... entlang 3B; ~ aquí hier (in der Nähe); ~ cierto übrigens; ~ ejemplo zum Beispiel 5Ac; ~ eso deswegen; ~ favor bitte; ~ fin endlich; ~ la mañana morgens; ~ la noche abends, nachts;

~ la tarde nachmittags; ~ primera/segunda vez zum ersten/zweiten Mal 4A; ¿~ qué? warum?; ~ suerte zum Glück 3B; ~ supuesto natürlich 2B; ~ un lado, ~ otro lado einerseits, andererseits 6A

porfa *fam.* (= por favor) bitte

porque weil

la portería die Pförtnerloge

el/la portero/-a der/die Torwart/in 2B

Portugal Portugal 3Ac

el portugués Portugiesisch *Sprache* 3Ac

la postal die Postkarte

el póster das Poster

el postre das Dessert, der Nachtisch 4Ac; de ~ zum Nachtisch 4Ac

el *precio* der Preis M4

precioso/-a (ser) entzückend sein

precolombino/-a (ser) präkolumbisch sein 5Ac

preferir + *inf.* (e → ie) etw. lieber (+ *Inf.*) wollen

la pregunta die Frage 3Ac

preguntar algo etw. fragen

preparar algo etw. zubereiten, etw. vorbereiten 2A

la preparación die Zubereitung M3

la presentación das Referat, die Präsentation 5Ac

presentar algo etw. präsentieren, zeigen

primero *adv.* zuerst

el/la primero/-a (+ *sust.*) der/die/ das erste (+ *S.*) 6Ac

el/la primo/-a der/die Cousin/e

el problema *m.* das Problem

el producto das Produkt 5Ac

el/la profesor/-a (= el/la profe *fam.*) der/die Lehrer/in

el programa *m.* das Programm; die Sendung *Fernsehen/Radio* 4B

pronto bald

propio/-a eigene/r, eigenes 6B

la propuesta der Vorschlag 3B

el pueblo das Dorf

la puerta die Tür

pues naja, also; ~ sí ja, schon 4B

puesto gelegt M4

punto, en ~ Punkt *Uhrzeit*

Q

¡**Qué** + *adj.*/+ *sust.*! Wie + *Adj.*! / Was für ein, eine + *S.!*; ¿**en ~?** wofür? 6Ac; ¿**~hora es?** Wie spät ist es?; ¡**~ más!** Was noch? M2; ¡**~ nervios!** Wie nervenaufreibend! 2A; ¡**~ palo!** *fam.* Wie doof! 4A; ¿**~ pasa?** Was ist los?, Was gibt's?; ¿**~ pinta tenéis?** Wie seht ihr denn aus?; ¡**~ rico!** Wie lecker! 1A; ¿**~ tal?** Wie geht's?; ¿**~ tal** + *sust.***?** Wie ist + *S.*?; ¿**~ te pasa?** Was ist los mit dir?; ¡**~ va!** Quatsch!

que dass 6A; der/die/das *Relativpronomen*

¡**Que aproveche!** Guten Appetit! 4Ac

quedar (con alguien) sich (mit jdm) verabreden; **~ bien/mal** gut/schlecht werden 6B

quejarse (de algo) sich (über etw.) beschweren 2A

quemarse sich verbrennen, ein Brennen verspüren 5A

querer algo / + *inf.* (e → ie) etw. wollen, *Inf.* + wollen

Querido/-a … Liebe/r … *Brief*

el **queso** der Käse

¿**quién?** *sg.* wer?

¿**quiénes?** *pl.* wer?

el/la **quinto/-a** (+ *sust.*) der/die/das fünfte (+ *S.*) 6B

el **quiosco** der Kiosk

quitar algo etw. entfernen

R

la **radio** *f.* das Radio 6A

el **rally** die Rallye 3A

rápido *adv.* schnell 5B

raro/-a (ser) selten sein, komisch sein 5B

el **rato** die Weile

recibir algo etw. bekommen, erhalten 3A

recordar algo (o → ue) sich an etw. erinnern 6B

el **recreo** die Schulpause

el **recuerdo** der Gruß; das Souvenir, das Andenken 3B; **recuerdos desde** Grüße aus *Brief*

la **red** das Netz *Internet* 6A

el **regalo** das Geschenk

regular *adv./adj.* **(ser)** gewöhnlich (sein), es geht so

Religión Religion *Schulfach*

rellenar algo etw. ausfüllen 6B

la **respuesta** die Antwort 3Ac

el **resultado** das Ergebnis 6A

la **revista** die Zeitschrift

rico/-a (ser) lecker sein 5B; ¡**Qué ~!** Wie lecker! 1A

el **río** der Fluss 3Ac

rizado/-a (ser) lockig sein

la **rodilla** das Knie M1

rojo/-a (ser) rot sein M2

el **rollo** *fam.* der Ärger, der Stress 2A

la **ropa** die Kleidung 1B

rosa *inv.* **(ser)** rosa(farben) sein M2

rubio/-a (ser) blond sein

el **ruido** der Lärm 5B

S

el **sábado** der Samstag

saber algo etw. wissen, etw. kennen 3B

sacar algo (de) etw. herausholen (aus); bekommen *Schulnote* 2Ac; **~ fotos** Fotos machen 1Ac; **~ punta a algo** etw. anspitzen 6B

la **sal** das Salz M3

la **sala de juegos** der Spieletreff

salir (hinaus)gehen; **~ de casa** aus dem Haus gehen

el **salón** das Wohnzimmer

la **salsa** die Soße 5A

saltar springen 4A

el **saludo** der Gruß; **saludos** Liebe Grüße *Brief*

Se dice/escribe … . Man sagt/schreibt … .

seguir (e → i) weitergehen

el/la **segundo/-a** (+ *sust.*) der/die/das zweite (+ *S.*) 6B

seguro *adv.* bestimmt, sicherlich; **~ que** + *Satz* Sicherlich + *Satz*

seguro/-a (estar) sicher sein

la **semana** die Woche; **la ~ que viene** kommende Woche 6B; **la última ~** die letzte Woche

el/la **señor/-a** der Herr, die Frau 3B

sentarse (e → ie) sich (hin)setzen 2B

sentirse (e → ie) sich fühlen 2A

el **septiembre** der September

ser sein

la **servilleta** die Serviette 4Ac

servir algo (e → i) etw. servieren M3

si wenn, falls 3A; ob 6A

sí ja; doch, schon; ¿**~, diga?** Ja, hallo? *am Telefon*; **a mí ~** mir schon

siempre immer

la **sierra** das Gebirge M2

significar algo etw. bedeuten 4B

el/la **siguiente** (+ *sust.*) der/die/das folgende (+ *S.*) , der/die/das nächste (+ *S.*) 3A

la **silla** der Stuhl

el **sillón** der Sessel

sin ohne 2A; **~ embargo** trotzdem 6A

la **situación** die Situation 6A

sobre über; **~ todo** vor allem

el **sobresaliente** Sehr gut *Schulnote* 2Ac

el **sol** die Sonne; **hace ~** die Sonne scheint; **tomar el ~** sonnenbaden

solo nur 2Ac

solo/-a (estar) alleine sein 6A

la **solución** die Lösung 6A

la **sorpresa** die Überraschung; **de ~** als Überraschung 5A

su, sus *sg./pl.* sein, seine, ihr, ihre; ihre (*Pl.*)

subir algo etw. hochladen 6B

el **suelo** der Boden 4A; **terminar en el ~** auf dem Boden landen 4A

el **suficiente** Ausreichend *Schulnote* 2Ac

super- + *adj.* total, super + *Adj.* 5B

el **supermercado** der Supermarkt 1B

el **susto** der Schreck(en) 6A

T

la **tabla de planchar** das Bügelbrett 6B

la **tableta** das Tablet *Computer*

el **tablón de anuncios** das schwarze Brett 1Ac

tal vez vielleicht 3B

el **taller** der Workshop

también auch; **a mí ~** mir auch

tampoco auch nicht; **a mí ~** mir auch nicht

tan + *adj.* **como** so + *Adj.* wie 3B

tanto/-a so viel/e 4A

tapar algo etw. bedecken 6B

el **tapir** *Säugetier* 5B

tarde spät, zu spät 2B; **más ~** später 2B

la **tarde** der Nachmittag; **por la ~** nachmittags

la **tarjeta** die Karte *Spiel* 3A

el **teatro** das Theater

la **tele** *fam.* (= la televisión) der Fernseher

el **teléfono** das Telefon
temprano *adv.* früh, zeitig
el **tenedor** die Gabel 4Ac
tener algo (e → ie) etw. haben;
~ … años … Jahre alt sein;
~ cuidado (con) aufpassen
(auf); **~ ganas (de algo** / **+ *inf.*)**
Lust auf etw. haben; Lust ha-
ben, etw. zu tun; **~ que** + *inf.*
etw. tun müssen; **~ razón**
Recht haben 3B; **~ sed** Durst
haben
el/la **tercero/-a** (+ *sust.*) der/die/das
dritte (+ *S.*) 6B
terminar enden; fertig werden
4A; **~ en el suelo** auf dem
Boden landen 4A; **~ algo** etw.
beenden
el **tiburón** der Haifisch
el **tiempo** das Wetter; die Zeit;
el ~ libre die Freizeit; **el primer
~** die erste Halbzeit 2B; **hace
buen/mal ~** das Wetter ist
gut/schlecht
la **tienda** das Geschäft; **la ~ de
ropa** das Kleidungsgeschäft 1B
el/la **tío/-a** der Onkel, die Tante
típico/-a (ser) typisch sein 5B
la **tirita** das Pflaster M1
tocar + *instrumento* spielen
Instrument
todavía noch (immer)
todo/-a alle, ganz, jeder 1B;
todo *pron.* alles M2; **Eso es ~.**
Das wär's. *Einkaufen* M3;
~ recto geradeaus
todos/-as *pron.* alle 3B
tomar algo etw. nehmen, essen, trinken; **~ el sol** sonnenbaden
el **tomate** die Tomate M3
ser tonto/-a *dumm sein* M4
la **tortilla** die Tortilla *das Kartof-
felomelette*; *Maisfladen* 5A
el **trabajo** die Arbeit
traer algo (a alguien) (jdm)
etw. mitbringen, etw. dabeihaben 4A

¡Trágame tierra! Ich würde am
liebsten im Erdboden versinken! 1A
la **trajinera** *Boot in Xochimilco* 5A
tranquilo/-a (ser) ruhig sein;
¡~! Keine Sorge! 2A
tratar sobre algo von etw. handeln 5Ac
triturar algo etw. zerkleinern,
etw. pürieren M3
el **truco** der Trick 1B
tu, tus *pl.* dein, deine
tú du
el **tutorial** das Tutorial 6B

U

la **última semana** die letzte
Woche
un, una ein, eine
el **uniforme** die Uniform, das
Trikot 2B
usar algo etw. benutzen 1B
usted/es Sie *höfliche Anrede* 3B

V

las **vacaciones** *pl.* die Ferien, der
Urlaub; **estar de ~** im Urlaub
sein 5A
vale okay, in Ordnung
el **vals** der Walzer 5B
los **vaqueros** die Jeans M2
el **vasco** Baskisch *Sprache* 3Ac
el **vaso** das Glas 4Ac
¡Vaya! Wow!, Nicht schlecht!
2Ac; **¡~ + *sust.*!** Was für ein/e +
S.! 5B
el/la **vendedor/a** der/die Verkäufer/
in
¡Venga! Los!
venir (e → ie) kommen
la **ventaja** der Vorteil 6A
la **ventana** das Fenster
ver algo etw. sehen; **a ~** mal
sehen 2A
el **verano** der Sommer
¿verdad? stimmt's?, nicht
wahr?; **Es ~.** *Das stimmt.* M4
verde (ser) grün sein M2

el **vestido** das Kleid M2
la **vez** das Mal; **a veces** manchmal; **a la ~** auf einmal, gleichzeitig 1A; *alguna* ~ *schon einmal* M4; **otra ~** noch einmal,
schon wieder 2A; **por primera/
segunda ~** zum ersten/zwei-
ten Mal 4A; **tal ~** vielleicht 3B;
viajar (a) reisen (nach)
el **viaje** die Reise M2; **de ~** auf
Reisen M2
el **vídeo** das Video
el **viernes** der Freitag
el **vinagre** der Essig M3
la **viruta** der Span 6B
la **visita** der Besuch
visitar a alguien jdn besuchen;
~ algo etw. besuchen, etw. besichtigen 3B
visto *gesehen* M4
vivir (en + *sust.*) (in + *S.*) leben,
wohnen; **~ algo** etw. erleben
4B
vivo/-a (estar) lebendig sein
3A
el **volcán** der Vulkan 5Ac
el **voleibol** der Volleyball *Sportart*
2B
volver (a) (o → ue) zurückkommen (nach) 2A
vosotros/-as ihr *(m./w./Pl.)*
vuestro/-a euer, eure

Y

y und (**e** *vor i- und hi-*)
ya schon; **~ no** nicht mehr
yo ich

Z

las **zapatillas de deporte** die
Sportschuhe M2
los **zapatos** die Schuhe M2
la **zona protegida** das Naturschutzgebiet 5B
el **zumo** der Saft

Deutsch-spanisches Wörterbuch

A

abbiegen coger (la calle); girar
Abend la noche; **zu ~ essen** cenar 2A
abends por la noche
aber pero
Abmachung el acuerdo 6Ac
Abschlusskonzert el concierto final
abschreiben (etw.) copiar algo 6B
Ach Mensch! ¡Ay no! 4A
aktiv sein ser activo/-a 5Ac
Aktivität la actividad, **außer-schulische ~** la actividad extraescolar 2B
akzeptieren (etw.) aceptar algo 6A
alle todos/-as 3B; cada 6A; todo/-a 1B
alleine sein estar solo/-a 6A
allergisch sein ser alérgico/-a
alles todo *pron.* M2; **~ mögliche** de todo
allgemein sein ser general 5Ac
Alphabet el alfabeto
als cuando 1A
also entonces; pues
alt sein ser antiguo/-a; ... **Jahre ~ sein** tener ... años; ... **Jahre ~ werden** cumplir ... años
ältere (der/die/das) (+ *S.*) el/la mayor + *sust.* 3B
am ... entlang por... 3B
Amerika América 5Ac
Amtssprache la lengua oficial 3Ac
an en, a
Andalusien Andalucía 3Ac
Andenken el recuerdo 3B
anderen (die) los demás 5A
anderer/-s (ein), eine andere otro/-a 2A
anders sein ser diferente 3B
Änderung el cambio 6A
anfangen (etw.) empezar algo (e → ie)
angeln pescar
anmelden (sich) apuntarse 2B
anrufen (jdn) llamar a alguien 3B
anschalten (etw.) encender algo (e → ie) 4B
anschauen (etw.) mirar algo
anspitzen (etw.) sacar punta a algo 6B
Antwort la respuesta 3Ac
antworten (etw.) contestar algo 1A
Anzeige el anuncio 1Ac
Anzeigetafel el marcador 2B
anziehen (sich etw.) ponerse algo 2A
Apfel la manzana M3
Apotheke la farmacia 1B
App la aplicación 6Ac
April el abril

Aquarium el acuario
Arabisch *Sprache* el árabe 4B
Arbeit el trabajo
Ärger el rollo 2A
ärgern (sich über jdn.) enfadarse (con alguien) 6A
Arm el brazo M1
Arme (der/die) el/la pobre 2A
Ärmel la manga M2
Artikel el artículo M4
Arzt, Ärztin el/la médico/-a M1
Aspirin la aspirina M2
auch también; **~ nicht** tampoco
auf en, encima de; **~ einmal** a la vez 1A; **~ Reisen** de viaje M2; **~ Wiedersehen!** ¡Adiós!
Aufgabe el ejercicio
aufhören etw. zu tun parar de + *inf.* 5A
Aufmerksamkeit la atención 5Ac
aufpassen (auf) tener cuidado (con)
aufräumen (etw.) ordenar algo
aufstehen levantarse 2A
aufwachen despertarse (e → ie) 2A
Auge el ojo M1
August el agosto
aus de
Ausflug la excursión; **einen ~ machen (nach)** ir de excursión (a) 3Ac
ausfüllen (etw.) rellenar algo 6B
ausgeben (etw. für etw.) gastar algo (en algo) 6Ac
ausreichen bastar (con algo) M2; alcanzar 6Ac
Ausreichend *Schulnote* el suficiente 2Ac
ausruhen (sich) descansar 3A
außerdem además
außerhalb (von etw.) fuera (de algo) 1B
außerschulische Aktivität la actividad extraescolar 2B
Ausstellung la exposición 1B
Austausch el intercambio 4B
Autonome Region la comunidad autónoma 3Ac
Axolotl *mexikanischer Molch* el ajolote 5Ac
aztekisch azteca *inv.* 5Ac

B

Bäckerei la panadería 1B
Badeanzug el bañador M2
Badehose el bañador M2
Badezimmer el baño
bald pronto
Balearische Inseln las Islas Baleares 3Ac
Ball el balón
Band la banda 1Ac

Basecap la gorra M2
Baskenland el País Vasco 3Ac
Basketball *Sportart* el baloncesto
Baskisch *Sprache* el vasco 3Ac
Bauch la barriga M1
Bauernhof la granja
beantworten (etw.) contestar algo 1A
bedecken (etw.) tapar algo 6B
bedeuten (etw.) significar algo 4B
beenden (etw.) terminar algo
befinden (sich) estar
Befriedigend *Schulnote* el bien 2Ac
begegnen (jdm) encontrar a alguien (o → ue) 4A
beginnen (etw.) empezar algo (e → ie)
beibringen (jdm etw.) enseñar algo a alguien 5B
Bein la pierna M1
Beispiel el ejemplo 5Ac; **zum ~** por ejemplo 5Ac
beklagen (sich über etw.) quejarse (de algo) 2A
bekommen (etw.) recibir algo 3A; *Schulnote* sacar 2Ac
beliebt sein ser popular 6B
Belize Belice *m.* 5Ac
benutzen (etw.) usar algo 1B
beobachten (etw.) observar algo 5A
Berg la montaña M2
Berlin Berlín 4B
berühmt sein (für etw.) ser famoso/-a (por algo) 3Ac
Beschäftigung la actividad
beschweren (sich) (über etw.) quejarse (de algo) 2A
besichtigen (etw.) visitar algo 3B
besonders sein ser especial 1Ac
besser (als) mejor (que) 3B
beste (der/die/das) (+ *S.*) el/la mejor + *sust.* 3A
bestellen (etw.) pedir algo (e → i) 5A
bestimmt seguro *adv.*
Besuch la visita
besuchen (jdn) visitar a alguien; **~ (etw.)** visitar algo 3B
Bett la cama; **zu ~ gehen** irse a la cama 2A
bevor antes de + *inf.* 4B
Bibliothek la biblioteca; **öffentliche ~** biblioteca pública 1B
Bibliothekar/in el/la bibliotecario/-a 6A
Bikini el bikini M2
bilden (etw.) formar algo
bis hasta; **von ... ~ ... Wochentage** de... a...; *Uhrzeit* desde la/s ... hasta la/s; **~ später/dann!** ¡Hasta luego!

ein bisschen un poco; **kleines ~** un poquito 6Ac

bitte por favor; porfa *fam.* (= por favor); *beim Bezahlen* Aquí tiene.

bitten (jdn um etw.) pedir algo a alguien (e → i) 5A

blau sein ser azul M2

Bleistift el lápiz

Blog el blog M3

blond sein ser rubio/-a

Boden el suelo 4A; **auf dem ~ landen** terminar en el suelo 4A

Boot la barca

brauchen (etw.) necesitar algo

braun sein ser castaño/-a; ser marrón *inv.* M2

Brett, schwarzes ~ el tablón de anuncios 1Ac

Brief la carta

Brille las gafas *pl.*

Brot el pan 1B

Brötchen (belegt) el bocadillo

Bruder el hermano

Buch el libro

Bügelbrett la tabla de planchar 6B

Bügeleisen la plancha 6B

bügeln (über etw.) pasar la plancha por encima de algo 6B

Bus el autobús; **~ fahren** ir en autobús (= bus *fam.*)

Butter la mantequilla 4A

C

Cafeteria la cafetería

CD el cedé

Cent el céntimo

chatten chatear; **im Internet ~** chatear por Internet 5A

Chor el coro 2B

Clown el payaso

Comic el cómic

Computer el ordenador

cool sein ser chulo/-a 1B; **Das ist total ~!** ¡Mola mucho! 1B

Cousin/-e el/la primo/-a

D

da ahí 1A

da *Konjunktion* como 6A

dabeihaben (etw.) traer algo 4A

dagegen en cambio 5B

danach después

danke gracias; **~ für +** *S.* gracias por **+** *sust.* 5Ac

dann entonces; luego

Das stimmt. *Es verdad.* M4

Das wär's. *Einkaufen* Eso es todo. M3

dass que 6A

dasselbe lo mismo

decken (den Tisch) poner la mesa 4Ac

dein, deine tu, tus *pl.*

denken (etw., an etw./jdn) pensar algo, en algo/alguien (e → ie)

Denkmal el monumento 3B

dennoch no obstante 6A

der, die, das el, la *Artikel*; que *Relativpronomen*

Dessert el postre 4Ac

deswegen por eso

Deutsch el alemán

Deutschland Alemania

Dezember el diciembre

die (*m./w./Pl.*) los, las

Dienstag el martes

dieser, diese (*m./w./Sg.*) este, esta

dieser, diese da (*m./w./Sg.*) ese, esa

Direktor/in el/la director/-a

diskutieren discutir

doch pues sí 4B; sí

Donnerstag el jueves

Dorf el pueblo

dort allí

Dose la lata M3

dritte (der/die/das) (+ *S.*) el/la tercero/-a (+ *sust.*) 6B

du tú

dumm sein ser tonto/-a M4

durch por

Durst haben tener sed

duschen (sich) ducharse 2A

E

Ecke la esquina 1B

egal sein (jdm) dar lo mismo a alguien 6Ac

Ehefrau la mujer

Ei el huevo 4A

eigene/r, eigenes propio/-a 6B

ein/e un, una

einerseits ... andererseits por un lado ... por otro lado 6A

einheimisch sein ser indígena 5Ac

Einkauf la compra 1A

einkaufen hacer la compra 1A

Einkaufszentrum el centro comercial

einschalten, Musik ~ poner música 1B

Eintritt la entrada 3A

Eintrittskarte la entrada 3A

einverstanden sein estar de acuerdo

Einwohner/in el/la habitante *m./f.* 5Ac

Eis el helado

Eisdiele la heladería

Ellenbogen el codo M1

Eltern los padres *pl.*

E-Mail el e-mail

Ende (am) al final; **am ~ des/der +** *S.* a final de **+** *sust.* 6Ac

enden terminar

endlich por fin

England Inglaterra 4B

Englisch *Schulfach* Inglés *m.*; **~ Sprache** el inglés

entdecken (etw.) descubrir algo 3A

entfernen (etw.) quitar algo 6B

Entschuldige! ¡Disculpa!

Entschuldigen Sie! ¡Disculpe! 3B

entzückend sein ser precioso/-a

er él

Erdkunde *Schulfach* Geografía 3Ac

Erfahrung la experiencia 6A

Ergebnis el resultado 6A

ergehen (jdm schlecht) pasarlo mal 6A

erhalten (etw.) recibir algo 3A

erinnern (sich an etw.) acordarse (de algo) (o → ue) 2A; recordar algo (o → ue) 6B

erleben (etw.) vivir algo 4B

erste (der/die/das) (+ *S.*) el/la primero/-a (+ *sust.*) 6Ac; **die ~ Halbzeit** el primer tiempo 2B

ertragen (etw.) aguantar algo 2A

erzählen (etw.) contar algo (o → ue)

es geht so regular *adv./adj.*

es gibt hay

Es ist nämlich so, dass ... Es que...

es/das tut mir leid lo siento

Essen la comida 5A

essen (etw.) comer algo; tomar algo

Essig el vinagre M3

Esslöffel la cuchara 4Ac

Esszimmer el comedor 4A

Etikett la etiqueta M4

etwas algo

euer, eure vuestro/-a

Euro el euro

Europa Europa 5Ac

Experiment el experimento

F

fahren ir, andar; **Bus ~** ir en autobús (= bus *fam.*); **Fahrrad ~** ir en bicicleta; **Metro ~** ir en metro; **Skateboard ~ (durch etw.)** andar en monopatín (por algo) 1Ac

Fahrrad la bicicleta (la bici *fam.*); **~ fahren** ir en bici

fair sein ser justo/-a 6Ac

falls si 3A

falsch sein estar equivocado/-a M4; *mal adv.* M4

Familie la familia

Fan el/la fan 6B

fast casi

Februar el febrero

Federmappe el estuche

fehlen faltar

Fenster la ventana

Ferien las vacaciones *pl.*; **in den ~ sein** estar de vacaciones 5A

Ferienlager el campamento

Fernseher la tele *fam.* (= la televisión)

fertig sein estar listo/-a 6B

fertig werden terminar 4A

Fieber la fiebre M1

Figur la figura

Film la película (= peli *fam.*); **einen ~ zeigen** poner una película 1B; **3D ~** la película 3D

finden (etw./jdn) encontrar algo / a alguien (o → ue); **etw. ~** parecer (c → zc) a alguien 6B

Finger el dedo M1

fischen pescar

Flasche la botella

Flip-Flops las chanclas M2

Flur el pasillo

Fluss el río 3Ac

folgende (der/die/das) (+ S.) el/la siguiente (+ *sust.*) 3A

Foto la foto *fam.* (= la fotografía); **Fotos machen** sacar fotos 1Ac

Foul(spiel) la falta 2B

Frage la pregunta 3Ac

fragen (etw.) preguntar algo

Frankreich Francia 3Ac

Französisch *Schulfach* Francés *m.* 2Ac; **~ Sprache** el francés 3Ac

Frau la mujer; la señora 3B

Freak el bicho raro 6A

frei sein ser libre

Freitag el viernes

Freizeit el tiempo libre

freuen (sich über etw.) alegrarse (de algo) 2B

Freund/in (feste/r) el/la novio/-a 5B

Freund/in el/la amigo/-a

freundlich sein ser amable 5B

Frucht la fruta 4A

früh temprano *adv.*

Frühstück el desayuno

frühstücken desayunar

fühlen (sich) sentirse (e → ie) 2A

fünfte (der/die/das) (+ S.) el/la quinto/-a (+ *sust.*) 6B

für para; **~ mich** para mí 2Ac; **Und ~ dich?** ¿Y para ti?; **~ etw. sein** estar a favor de algo 6A

furchtbar (sein) (ser) fatal *adv./adj.*

Fuß el pie M1

Fußball *Sportart* el fútbol

Fußballmannschaft el equipo de fútbol 1B

G

Gabel el tenedor 4Ac

Galicien Galicia 3Ac

Galicisch *Sprache* el gallego 3Ac

ganz todo/-a 1B

Garten el jardín

Gebäude el edificio

geben (jdm etw.) dar algo a alguien 1A; pasar algo a alguien 4Ac; *Einkaufen* poner algo a alguien M3

Gebirge la sierra M2

Geburtstag el cumple *fam.* (= el cumpleaños); **Alles Gute zum ~!** ¡Feliz cumpleaños!

Gedanken, in ~ sein estar en las nubes

gefallen (jdm) gustar a alguien; **~ (sehr, jdm)** encantar a alguien 6B

gegen etw. sein estar en contra de algo 6A

gegenüber von enfrente de

gehen (zu, nach) ir (a), andar 1Ac; **zu Fuß ~** ir a pie

Geht es dir gut? ¿Estás bien? M1

geht so más o menos

gelb sein ser amarillo/-a M2

Geld el dinero

gelegt puesto M4

gelesen leído M4

gemacht hecho M4

geöffnet sein estar abierto/-a

Geografie la geografía 5Ac

geradeaus todo recto

gerecht sein ser justo/-a 6Ac

Gericht *Speise* el plato M3

gerne tun (etw.) gustar a alguien

gesagt dicho M4

Geschäft la tienda

geschehen pasar 4A

Geschenk el regalo

Geschichte la historia; *Historie* la historia 5Ac

geschrieben escrito M4

Geschwister los hermanos

gesehen visto M4

Gesellschaftskunde *Schulfach* Ciencias Sociales

gestern ayer 4A

Getränk la bebida 6Ac

gewinnen (etw.) ganar (algo) 2B

gewöhnlich (sein) (ser) regular *adv./adj.*

Gitarre la guitarra

Glas el vaso 4Ac

glatt sein ser liso/-a

glauben (etw.) creer (algo) 4A

gleichzeitig a la vez 1A

Glück, zum ~ por suerte 3B

Gramm el gramo M3

gratis sein ser gratis 3A

grau sein ser gris M2

grenzen (an etw.) limitar con algo 3Ac

Grippe la gripe M1

groß sein ser grande; **~ Menschen**

ser alto/-a

Großeltern los abuelos *pl.*

Großmutter la abuela

Großvater el abuelo

grün sein ser verde M2

Gruß el recuerdo; el saludo; **Liebe Grüße (aus)** *Brief* saludos, recuerdos (desde)

Guatemala Guatemala 5Ac

Gurke el pepino M3

gut sein (in etw.) ser bueno/-a (en algo) 2Ac; bien *adv.*; **~ werden** quedar bien 6B

Gut *Schulnote* el notable 2Ac

Guten Morgen/Tag! ¡Buenos días!

Guten Appetit! ¡Que aproveche! 4Ac

Gymnasium el instituto (= insti *fam.*) 1Ac

H

Haar el pelo

haben (etw.) tener algo (e → ie); **~ (Hilfsverb)** *haber* M4

Haifisch el tiburón

halbe/r, halbes *medio/-a* M3; **halb** *Uhrzeit* media

Halbzeit, die erste ~ el primer tiempo 2B

Halfpipe el medio tubo 1B

Hälfte la mitad 6Ac

Hallo! ¡Hola!

Halt la parada 3A

Haltestelle la parada 3A

Hand la mano M1

handeln (von etw.) tratar sobre algo 5Ac

Handy el móvil

Handyempfang la cobertura (de móvil)

Handyguthaben la carga del móvil 6Ac

Haufen mogollón de + *sust. fam.* 4B

Hauptstadt la capital 3Ac

Haus la casa; **(bei jdm) zu Hause** en casa (de alguien)

Hausaufgaben los deberes *pl.*

Haustier la mascota

Heft el cuaderno

heiß (es ist sehr) hace mucho calor

heißen llamarse 2B

helfen (jdm) ayudar a alguien 3A

Hemd la camisa M2

Herausforderung el desafío 6A

herausholen (etw. aus) sacar algo (de)

hereinkommen entrar

Herkunft el origen 5Ac; **~ sein (einer)** ser de origen + *adj.* 5Ac

Herr el señor 3B

herunterladen (etw.) descargar algo 6Ac

Herzlichen Glückwunsch! ¡Felicidades!

heute hoy

hier aquí; **~ (in der Nähe)** por aquí

Hilfe la ayuda 6B

(hinaus)gehen salir

hineingehen pasar

hinsetzen (sich) sentarse (e → ie) 2B

hinter detrás de

hinterlassen (jdm etw.) dejar algo a alguien 5Ac

hinwerfen (sich) lanzarse 2B

hinzufügen (etw.) añadir algo M3

historisch sein ser histórico/-a

Hitze el calor

hoch sein *Berge/Gebäude* ser alto/-a; **... Meter ~ sein** tener ... metros de altura 5Ac

hochladen (etw.) subir algo 6B

Höhe la altura 5Ac

hören (etw.) escuchar algo; **hör mal!** ¡oye!

Hose los pantalones M2

hübsch sein ser bonito/-a; ser guapo/-a

Huhn la gallina

Hund, Hündin el/la perro/-a

Hunger el hambre *f.*

I

ich yo; **~ passe.** Yo paso.; **~ würde am liebsten im Erdboden versinken!** ¡Trágame tierra! 1A

ideal sein ser ideal

Idee la idea

ihr (*m./w./Pl.*) vosotros/-as

ihr, ihre su, sus *sg.*

ihre (*Pl.*) su, sus *pl.*

im Ernst en serio 2Ac

Imbiss (am Nachmittag) la merienda

immer siempre; **~ wenn** cuando

in en; **~ (hinein)** dentro de 6B; **~ der Nähe (von)** cerca (de) *adv.*; **~ Gedanken sein** estar en las nubes

Information la información

Insel la isla 3Ac

intelligent sein ser inteligente

interessant sein ser interesante

interessieren (jdn) interesar a alguien 6B

Internet Internet; **im ~ chatten** chatear por Internet 5A; **~kanal** el canal de Internet 4B

Italien Italia 3Ac

J

ja sí; pués sí 4B; **~, hallo?** *am Telefon* ¿Sí, diga?

Jacke la chaqueta M2

Jahr el año; **... Jahre alt sein** tener... años; **... Jahre alt werden** cumplir... años

Januar el enero

anrufen (jdn) llamar a alguien

interessieren (jdn) interesar a alguien 6B

Jeans los vaqueros M2

jede/r, jedes cada 6Ac; todo/-a 1B

jetzt ahora

Jugendliche (der/die) el/la joven

Juli el julio

Junge el chico

jünger (als) menor (que) 3B

Juni el junio

K

Kakao el cacao 5Ac

kalt sein ser frío/-a M3; **es ist ~** hace frío; **schön ~ sein** estar bien frío/a M3

Kälte el frío

Kanal *Internet* el canal 4B

Kaninchen el conejo

Kanu la piragua; **~ fahren** ir en piragua

Karte *Spiel* la tarjeta 3A

Kartoffel la patata 4Ac

Kartoffelchips las patatas 4Ac

Karton el cartón

Käse el queso

Katalanisch *Sprache* el catalán 3Ac

Katastrophe el desastre

Kater, Katze el/la gato/-a

Kätzchen el gatito

kaufen (etw.) comprar algo

kein/e no; **~ Ahnung!** ¡Ni idea!; **~ Sorge!** ¡Tranquilo! 2A

Keks la galleta 2A

kennen (etw.) saber algo 3B

kennen (lernen) (etw./jdn) conocer algo / a alguien (c → zc) 3A

Kilo el kilo

Kilometer el kilómetro 3Ac

Kino el cine

Kiosk el quiosco

klar (na) claro *adv.*

Klasse la clase; **In die ~!** ¡A clase!

Klassenarbeit el examen

Klassenzimmer el aula *f.*; la clase

Klavier el piano

Kleid el vestido M2

Kleidung la ropa 1B

Kleidungsgeschäft la tienda de ropa 1B

klein sein ser pequeño/-a; *Menschen* ser bajo/-a

klettern escalar

klug sein ser inteligente

Knie la rodilla M1

Knoblauch el ajo M3; **~zehe** el diente de ajo M3

Koffer la maleta M2

komisch sein ser raro/-a 5B

Komm schon! ¡Anda! *fam.*

kommen venir (e → ie); **(an)~** llegar (a)

kommende Woche la semana que viene 6B

können (etw.) poder algo (o->ue)

Konsum el consumo 6Ac

Konzert el concierto

Kopf la cabeza M1

kopieren (etw.) copiar algo 6B

Körper el cuerpo M1

Körperteil la parte del cuerpo M1

korrigieren (etw./jdn) corregir algo / a alguien (e → i) 5A

Kosmetik la cosmética 6Ac

kosten (etw.) costar algo (o → ue) M3

kostenlos sein ser gratis 3A

krank sein estar enfermo/-a; **~ werden** enfermarse 5B

Küche la cocina

Kuchen el pastel 4A

Kuli (= Kugelschreiber) el boli *fam.* (= el bolígrafo)

Kultur la cultura 5Ac

Kunst el arte; **~ Schulfach** Artes Plásticas

Kunstwerk la obra de arte

kurz sein ser corto/-a; **~ darauf** poco después 1A

kurzärmelig sein ser de manga corta M2

Küsschen *Brief* un beso

Küste la costa 5B

L

Labor el laboratorio

Lagerfeuer la hoguera

Laib *Brot* la barra M3

Lampe la lámpara

Land el campo; el país 3Ac

Landstraße la carretera 3A

lang sein ser largo/-a, **... ~ sein** tener una longitud de... 3Ac

langärmelig sein ser de manga larga M2

Länge la longitud 3Ac

langweilig sein ser aburrido/-a

Lärm el ruido 5B

lassen (etw.) dejar algo

laufen correr

leben (in + S.) vivir (en + *sust.*)

lebendig sein estar vivo/-a 3A

Lebensgefährte/in el/la compañero/-a

lecker sein ser rico/-a 5B; **Wie ~** ¡Qué rico! 1A

legen (etw.) colocar algo 6B; poner algo 1B

Lehrer/in el/la profesor/-a (= el/la profe *fam.*)

leicht sein ser fácil

lernen (etw.) aprender algo; estudiar algo

lesen (etw.) leer algo

letzte Woche la última semana

Leute la gente; ~, ... Chicos, ...

lieben (etw.) amar algo 6A

Liebe/r ... Querido/-a...

liebevoll sein ser cariñoso/-a

Liebling el cariño M4

Lieblings- + (*S.*) favorito/-a

Lied la canción 6Ac

links (von) a la izquierda (de)

Liter el litro M3

lockig sein ser rizado/-a

Los! ¡Venga!

löschen (etw.) borrar algo 6B

Lösung la solución 6A

Lust haben (auf etw. / etw. zu tun) tener ganas (de algo/+ *inf.*)

lustig sein ser divertido/-a

M

machen (etw. für jdn) hacer algo (por alguien) 6B; **Fotos ~** sacar fotos 1Ac

Mädchen la chica

Mai el mayo

Mais el maíz 5Ac

Mal la vez; **zum ersten/zweiten ~** por primera/segunda vez 4A

mal sehen a ver 2A

Maler/in el/la pintor/-a 3A

Mama *ugs.* (**= die Mutter**) la mamá *fam.* (= la madre)

Man sagt/schreibt ... . Se dice/escribe... .

man muss + *Inf.* hay que + *inf.* 6B

manchmal a veces

Mannschaft el equipo 1B

Mantel el abrigo M2

Markt el mercado

März el marzo

Marroko Marruecos *m.* 4B

Marzipan el mazapán 1A

Mathematik *Schulfach* Matemáticas *pl.* (= Mates *fam.*)

Maya- (+ *S.*) maya *inv.* 5Ac

Mediathek la mediateca 1B

Medien los medios *pl.* 6Ac

Meer el mar

Meerestier el animal marino

Meerschweinchen el conejillo de Indias

Mehl la harina 4A

mehr más; **~ als** + *Zahl* más de + *número* 5Ac

mein/e mi, mis *pl.*

Menge (eine) un montón 2Ac

Mensch! ¡Jo! *fam.* 4A; **Ach ~ !** ¡Ay, no! 4A

Messer el cuchillo 4Ac

Meter el metro 5Ac

Metro el metro; **~ fahren** ir en metro

mexikanisch sein ser mexicano/-a 5Ac

Mexiko México

Mexiko-Stadt la Ciudad de México 5Ac

mies (sein) (ser) fatal *adv./adj.*

mieten (etw.) alquilar algo

Milch la leche M3

Milliliter el mililitro M3

Million el millón 5Ac

Minute el minuto 2B

mir me; **~ auch** a mí también; **~ auch nicht** a mí tampoco; **~ nicht** a mí no; **~ schon** a mí sí

mit con; **~ dir** contigo 1Ac; **~ mir** conmigo 1Ac

mitbekommen (etw.) enterarse de algo 6A

mitbringen (etw. jdm) traer algo (a alguien) 4A

mitmachen apuntarse 2B

mitnehmen (etw.) llevar algo M2

Mitschüler/in el/la compañero/-a (de clase)

Mittagessen el almuerzo 2A

Mittwoch el miércoles

Mixer la batidora M3

modern sein ser moderno/-a

Moment el momento 4A

mögen (etw.) gustar a alguien

Monat el mes

Montag el lunes

morgen mañana M1

Morgen la mañana

morgens por la mañana

müde sein estar cansado/-a

Mund la boca M1; **den ~ halten** callarse 5Ac

Museum el museo

Musik la música; **~ einschalten** poner música 1B

Musikunterricht *Schulfach* Música

müssen (etw. tun) tener que + *inf.* (e → ie)

Muster el diseño 6B

Mutter la madre

Mütze la gorra M2

N

nach a; **~ +** *S. zeitlich* después de + *sust.*

nachdem después de + *inf.* 4B

nachher luego

Nachmittag la tarde

nachmittags por la tarde

Nachricht el mensaje

nächste (der/die/das) (+ *S.*) el/la siguiente (+ *sust.*) 3A

Nacht la noche

nachts por la noche

Nachteil la desventaja 6A

Nachtisch el postre 4Ac; **zum ~** de postre 4Ac

naja pues

Name el nombre 5Ac

Nase la nariz M1; **die ~ voll haben (von etw.)** estar harto/-a (de algo) 2Ac

natürlich claro *adv.*; por supuesto 2B

Naturschutzgebiet la zona protegida 5B

Naturwissenschaften *Schulfach* Ciencias Naturales *pl.* (Naturales *fam.*)

neben al lado de

nehmen (etw.) coger algo; tomar algo

nein no

Nervenbündel, ein ~ sein ponerse como un flan 2A

Nervensäge el/la pesado/-a 5A

nervig sein ser pesado/-a

nervös sein (wegen etw.) estar nervioso/-a (por algo) 2Ac

nett sein ser majo/-a *fam.*

Netz *Internet* la red 6A

Neue (der/die) el/la nuevo/-a

neu sein ser nuevo/-a 1Ac

nicht no; **~ mehr** ya no; **~ wahr?** ¿verdad?; **~ schlecht!** ¡Vaya! 2Ac

nichts nada 5A; no...nada 5B; **das macht ~** no importa; No pasa nada. 4A

nie nunca 5A; no...nunca 5B

niedlich sein ser mono/-a *fam.*

niemand nadie 5A; no...nadie 5B

noch (immer) todavía

noch ein/-e, noch eins otro/-a 2A; un... más 2Ac; **~ einmal** otra vez 2A; **~ etwas?** ¿Algo más?

normal sein ser normal 6B

normalerweise normalmente 2A

Notiz la nota 4B

November el noviembre

null cero 3A

Nummer el número 2B

nur solo 2Ac

O

ob si 6A

Obst la fruta 4A

obwohl aunque 5B

oder o (*u vor o-*); **~ nicht?** ¿o no? 3B

offiziell sein ser oficial 3Ac

offline sein estar desconectado/-a 6A

öffnen (etw.) abrir algo

ohne sin 2A
Ohr la oreja M1
okay bueno; vale
Oktober el octubre
Öl el aceite M3; **Oliven~** el aceite de oliva M3
Oma la abuela
Onkel el tío
Opa el abuelo
Orange la naranja
organisieren (etw.) organizar algo
Ort el lugar

P

Paar un par M2
Padel *Sportart* el pádel
Paket el paquete M3
Pappe el cartón
Paprika el pimiento M3
Parade el desfile 1A
Park el parque
Partner/in el/la compañero/-a (de clase)
Party la fiesta
passieren pasar 4A
Pate/-in el padrino, la madrina 1Ac
pauken *ugs.* empollar *fam.* 2Ac
peinlich sein (jdm) dar corte a alguien 4B
Person la persona 5Ac
pfeifen pitar 2B
Pferd el caballo
Pflaster la tirita M1
Pförtner/in el/la conserje
Pförtnerloge la portería
Picknick el picnic 5A
Plan el plan 3B
Plattform der Schule la plataforma del instituto 6B
Platz el lugar; la plaza; *Spielfeld* el campo 1Ac
plaudern charlar
plötzlich de repente
Portugal Portugal 3Ac
Portugiesisch *Sprache* el portugués 3Ac
Poster el póster
Postkarte la postal
präkolumbisch sein ser precolombino/-a 5Ac
Präsentation la presentación 5Ac
präsentieren (etw.) presentar algo
Preis *el precio* M4
pro por
proben (etw.) ensayar (algo)
Problem el problema *m.*
Produkt el producto 5Ac
Programm el programa *m.*
Prospekt el folleto
Prüfung el examen
Pullover el jersey M2

Punkt *Uhrzeit* en punto
pürieren (etw.) triturar algo M3
Pyramide la pirámide 5Ac
Pyrenäen los Pirineos *pl.*

Q

Quatsch! ¡Qué va!

R

Radio la radio *f.* 6A
Rallye el rally 3A
Rätsel la adivinanza 3A
Recht haben tener razón 3B
rechts (von) a la derecha (de)
reden charlar
Referat la presentación 5Ac
Regal la estantería
regnen llover (o → ue)
Reis el arroz M3
Reise el viaje M2
reisen (nach) viajar (a)
Religion *Schulfach* Religión
rennen correr
riesig sein ser enorme 5A
Rock la falda M2
rosa(farben) sein ser rosa *inv.* M2
rot sein ser rojo/-a M2
Rücken la espalda M1
Rucksack la mochila
ruhig sein ser tranquilo/-a

S

Sache la cosa
Saft el zumo; el jugo *lat. am.* 5A
sagen (jdm etw.) decir algo a alguien (e → i) 3B; **Sag bloß!** ¡No me digas! 4A
Salat la ensalada 4Ac
Salsakurs el curso de salsa
Salz la sal M3
Samstag el sábado
schälen (etw.) pelar algo M3
scharf sein *Speisen* ser picante 5B
Schau mal! ¡Mira!
scheinen (jdm) parecer a alguien (c → zc) 6B; **So scheint es zumindest.** O eso parece. 5B
schicken (jdm etw.) mandar algo (a alguien)
Schiedsrichter/in el/la árbitro/-a 2B
schießen (ein Tor) marcar un gol 2B
Schinken el jamón
schlafen dormir (o → ue)
Schlagzeug la batería 1Ac
schlecht mal *adv.*; **das Wetter ist ~** hace mal tiempo; **~ werden** quedar mal 6B
schlecht sein (in etw.) ser malo/-a (en algo) 2Ac
schlechter (als) peor (que) 3B

schlechteste (der/die/das) (+ *S.*) el/la peor (+ *sust.*) 3Ac
schließen (etw.) cerrar algo (e → ie)
schlimmste (der/die/das) (+ *S.*) el/la peor (+ *sust.*) 3Ac
Schmerz el dolor M1
schmerzen (jdm etw.) doler a alguien (o → ue) M2
schneiden (etw.) cortar algo M3
schnell rápido/-a *adv.* 5B
Schokolade el chocolate 3B
schon ya; *doch* sí; pués sí 4B; **~ wieder** otra vez 2A; **~ einmal** alguna vez M4
schön sein ser bonito/-a; ser lindo/-a *lat. am.* 5A; **~ kalt sein** estar bien frío M3
Schrank el armario
Schreck(en) el susto 6A
schreiben (etw.) escribir algo
Schreibtisch el escritorio
Schritt el paso 6B
Schuhe los zapatos M2
Schule el colegio (= el cole *fam.*), el instituto (= el insti *fam.*)
Schüler/in el/la alumno/-a; el/la estudiante *m./f.* 2Ac
Schulfach la asignatura
Schulnote la nota 2Ac
Schulpate/in el padrino, la madrina 1Ac
Schulpause el recreo
schusselig sein ser despistado/-a
schwarz sein ser negro/-a; **~ Brett** el tablón de anuncios 1Ac
schweigen callarse 5Ac
schweigsam sein estar callado/-a 4B
schwer sein ser difícil
Schwester la hermana
Schwimmbad la piscina
schwimmen nadar
sehen (etw.) ver algo; **mal ~** a ver 2A
sehr mucho *adv.*; muy; un montón 2Ac; **~ viele** mogollón de + *sust. fam.* 4B
Sehr gut *Schulnote* el sobresaliente 2Ac
sein ser; **(da) ~** estar; **für etw. ~** estar a favor (de algo) 6A
sein, seine su, sus *sg.*
Seite el lado; **zur ~ legen** poner al lado 1B
Sekretariat la dirección
selten sein ser raro/-a 5B
Sender el canal (de internet) 4B
Sendung *Fernsehen/Radio* el programa 4B
September el septiembre
servieren (etw.) servir algo (e → i) M3
Serviette la servilleta 4Ac
Sessel el sillón

setzen (etw.) poner algo 1B; **~ (sich)** sentarse (e → ie) 2B
sicher sein estar seguro/-a
Sicherlich + *Satz* Seguro que + *Satz*
sie ella
Sie usted/es 3B
singen cantar
Situation la situación 6A
Skateboard el monopatín 1Ac; **~ fahren (durch etw.)** andar en monopatín (por algo) 1Ac
SMS el mensaje
so así; **~ viel/e** tanto/-a 4A; **~ + Adj. wie** tan + *adj.* como 3B
sogar incluso 2A; hasta 6A
Sohn el hijo
Sommer el verano
Sonderling el bicho raro 6A
Sonne el sol; **die ~ scheint** hace sol
sonnenbaden tomar el sol
Sonnenbrille las gafas de sol *pl.* M2
Sonntag el domingo
Soße la salsa 5A
Souvenir el recuerdo 3B
Span la viruta 6B
Spanien España
Spanisch *Sprache* el español
Spanischunterricht *Schulfach* Lengua Castellana y Literatura (= Lengua *fam.*)
sparen (etw.) ahorrar (algo) 6Ac
Spaß (viel ~ haben) pasarlo fenomenal *fam.* 4B
spät, (zu ~) tarde 2B
später después, luego; más tarde 2B
Spaziergang el paseo; **einen ~ machen** dar un paseo 3A
Speisesaal el comedor 4A
Spickzettel la chuleta 2Ac
Spiel el juego; *Match* el partido
spielen (etw.) jugar a algo (u → ue) 2B; **~ (als etw.)** jugar como algo (u → ue) 2B; **~ Instrument** tocar + *instrumento*
Spieler/in el/la jugador/-a 2B
Spieletreff la sala de juegos
Spielfeld el campo 1Ac
Spielkonsole la consola de video-juegos
Spielzeug el juguete
Sport el deporte; **~ treiben** hacer deporte
Sportschuhe las zapatillas de deporte M2
Sportunterricht *Schulfach* Educación Física
Sportzentrum el polideportivo
Sprache la lengua 3Ac
sprechen (etw.) hablar (algo)
Stadion el estadio

Stadt la ciudad
Stadtviertel el barrio
Stand, der ~ ist el marcador está 2B
stark sein ser fuerte 2B
Statue la estatua 3A
stellen (etw.) colocar algo 6B; poner algo 1B
Stiefel las botas M2
Stift el lápiz
stimmt's? ¿verdad?
Strand la playa
Strandbar el chiringuito 1B
Strandrestaurant el chiringuito 1B
Straße la calle; la carretera 3A
streiten discutir
streng sein ser estricto/-a
Stress el rollo *fam.* 2A
Stuhl la silla
Stunde la hora
Stundenplan el horario (de clase)
Stürmer/in el/la delantero/-a 2B
suchen (etw./jdn) buscar algo / a alguien
süchtig sein (nach etw.) estar enganchado/-a (a algo) 6A
super + Adj. super- + *adj.* 5B
Supermarkt el supermercado 1B
Süßigkeiten las golosinas
sympathisch sein ser majo/-a *fam.*

T

Tablet *Computer* la tableta
Tafel la pizarra
Tag el día *m.*; **Guten ~!** ¡Buenos días!; **~ der offenen Tür** el Día de las puertas abiertas; **~ der Verliebten** el día de los enamorados 1A
Tagebuch el diario
Tante la tía
tanzen bailar 1Ac
Taschengeld la paga 6Ac
Taschentuch el pañuelo M1
tausend mil 5Ac
Team el equipo 1B
Teich el estanque
Teil la parte M1
teilen (etw.) compartir algo
teilnehmen (an etw.) participar (en algo)
Telefon el teléfono
telefonieren hablar por teléfono
Teller el plato 4Ac
teuer sein ser caro/-a
Theater el teatro; **(~)gruppe** el grupo (de teatro)
Thunfisch el atún M3
Tier el animal
Tisch la mesa; **den ~ decken** poner la mesa 4Ac
Tochter la hija

toll sein ser fenomenal, ser genial, ser guay *fam.*
Tomate el tomate M3
Tor el gol 2B; **ein ~ schießen** marcar un gol 2B
Torte el pastel 4A
Torwart/-in el/la portero/-a 2B
total + Adj. super- + *adj.* 5B
tragen (etw.) *Kleidung* llevar algo
Trainer/in el/la entrenador/-a 2B
trainieren entrenar 1Ac
Training el entrenamiento 1Ac
Transparentpapier el papel vegetal 6B
treffen (sich mit jdm) quedar con alguien
Treppenhaus el pasillo
treu sein ser fiel
Trick el truco 1B
Trikot el uniforme 2B
trinken (etw.) beber algo
trotzdem no obstante 6A; sin embargo 6A
Tschüss ¡Adiós!; ¡Adéu! *valenciano*
T-Shirt la camiseta M2
Tür la puerta
Turnhalle el gimnasio
Tutorial el tutorial 6B
typisch sein ser típico/-a 5B

U

üben (etw.) ensayar (algo)
über encima de; sobre; **~ was?** ¿de qué?
überhaupt nicht para nada 1Ac
übernachten pasar la noche
überqueren (etw.) cruzar algo
Überraschung la sorpresa; **als ~** de sorpresa 5A
überzeugen (jdn) convencer a alguien (c → z) 6B
übrigens por cierto
Übung el ejercicio
Uhrzeit la hora
um wie viel Uhr? ¿a qué hora?
um zu + Inf. para + *inf.*
Umarmung el abrazo
Umzug *Fest* el desfile 1A
und y (e *vor i- und hi-*)
unglaublich sein ser increíble 4B
Uniform el uniforme 2B
unmöglich sein ser imposible
unser, unsere nuestro/-a
unter debajo de
Unterricht la clase
unterschreiben (etw.) firmar (algo) 4A
unterwegs in de paseo por 3Ac
Urlaub las vacaciones *pl.*; **im ~ sein** estar de vacaciones 5A
Ursprung el origen 5Ac

V

Vater el padre
verabreden (sich) quedar
verbessern (jdn/etw.) corregir algo / a alguien (e → i) 5A
verbrennen (sich) quemarse 5A
verbringen pasar
Vereinigte Mexikanische Staaten Estados Unidos Mexicanos *m. pl.* 5Ac
Vereinigte Staaten von Amerika Estados Unidos *m. pl.* 5Ac
vergangene/r, vergangenes pasado/-a 4A
vergessen (etw.) olvidar algo 4A; olvidarse de algo 2A
Verkäufer/in el/la vendedor/-a
verlieren (etw.) perder (algo) (e → ie) 2B
verrückt sein estar loco/-a 6B
verschieden sein ser diferente 3B
verstecken (etw.) esconder algo
verstehen (etw./jdn) entender (algo / a alguien) (e → ie) 2Ac; **nur Bahnhof ~** no entender ni jota 2Ac
versuchen (etw. zu tun) intentar (hacer algo) 2B
Vesper la merienda
Video el vídeo
viel mucho *adv.*
viel/e mucho/-a *adj.*
vielleicht a lo mejor 4B; tal vez 3B
vierte (der/die/das) (+ *S.*) el/la cuarto/-a (+ *sust.*) 5Ac
Viertel el cuarto *Uhrzeit*
Volk el pueblo
Volleyball *Sportart* el voleibol 2B
von de; desde; **~ + *Zeitangabe* + an** a partir de + *tiempo* 2B; **~ ... bis ...** *Wochentage* de... a...; *Uhrzeit* desde la/s ... hasta la/s
von neuem de nuevo 4A
vor *örtlich* delante de; *Uhrzeit* menos; **~ allem** sobre todo; **~ + *S.*** *zeitlich* antes de + *sust.* 2B; **~ + *Zeitangabe*** hace + *tiempo* 4B
vorbeigehen (an etw.) pasar por algo 1B
vorbereiten (etw.) preparar algo 2A
vorgestern anteayer 4B
Vorschlag la propuesta 3B
vorstellen (sich etw.) imaginarse (algo) 5Ac
Vorteil la ventaja 6A
Vulkan el volcán 5Ac

W

Wachsmalstift el lápiz de cera 6B
Wald el bosque

Walzer el vals 5B
Wand la pared
wann ¿cuándo?; *Uhrzeit* ¿a qué hora?
Wärme el calor
warten (auf jdn) esperar a alguien 1A
warum? ¿por qué?
was (für)? ¿qué? **~ noch?** ¿Qué más? M2; **~ darf's sein?** ¿Qué te/le pongo? M3
Was für ein/e + *S.!* ¡Qué + *sust.!*; ¡Vaya + *sust.!* 5B
Was ist los (mit dir)? ¿Qué (te) pasa?
Wasser el agua *f.*
Wasserfall la cascada 5A
Webseite la página web
Weg el camino 3B
wegen por 1Ac
weggehen irse 2A
wehtun (jdm etw.) doler a alguien (o→ ue) M1
weil porque
Weile el rato
weiß sein ser blanco/-a M2
weit (weg) sein estar lejos *adv.*
weitergeben (jdm etw.) pasar algo a alguien 4Ac
weitergehen seguir (e → i)
welche/r/s? ¿cuál? *sg.*; ¿cuáles? *pl.*
Welt el mundo 3B
wenig/e poco/-a *adj.*; **ein ~** un poco
weniger menos 3B; **~ + *Adj.* (als)** menos + *adj.* (que) 3B
wenn si 3A
wer? ¿quién/es?
werden + *Adj.* ponerse + *adj.* 2A
werfen (sich) lanzarse 2B
Werk la obra; **Kunst~** la obra de arte
Wetter el tiempo; **das ~ ist gut** hace buen tiempo; **das ~ ist schlecht** hace mal tiempo
wichtig sein ser importante 2Ac
wie como
wie? ¿cómo?; **~ alt bist du?** ¿Cuántos años tienes?; **~ geht's?** ¿Qué tal?; **~ ist + *S.*?** ¿Qué tal + *sust.*?; **~ sagt/schreibt man ... auf Spanisch?** ¿Cómo se dice/escribe... en español?; **~ spät ist es?** ¿Qué hora es?; **~ viel macht das?** ¿Cuánto es?
Wie + *Adj.!* ¡Qué + *adj.!*; **~ cool!** ¡Qué padre! *mex.* 5A; **~ doof!** ¡Qué palo! 4A; **~ nervenaufreibend!** ¡Qué nervios! 2A
wie viel? ¿cuánto? M3
wie viel/e? ¿cuántos/-as? *pl.*
willkommen bienvenido/-a 1Ac
Winterschuhe las botas M2
wirklich? ¡No me digas! 4A

wissen (etw.) saber algo 3B
witzig sein ser gracioso/-a
wo? ¿dónde?
Woche la semana; **letzte ~** la última semana
Wochenende el fin de semana
wofür? ¿en qué? 6Ac
woher? ¿de dónde?
wohin? ¿adónde?
wohnen (in + *S.*) vivir (en + *sust.*)
Wohnung el piso
Wohnzimmer el salón
wollen (etw. / + *Inf.*) querer algo / + *inf.* (e → ie)
wollen (etw. lieber) preferir algo/ + *inf.* (e → ie)
Workshop el taller
worüber? ¿de qué?
Wow! ¡Vaya! 2Ac
wozu? ¿para qué? 6Ac

Z

Zahl el número 2B
Zahnarzt, Zahnärztin el/la dentista *m./f.* M1
Zahnschmerzen el dolor de muelas M1
Zahnspange el aparato de dientes
Zeichnen *Aktivität* el dibujo 2B
zeichnen (etw.) dibujar algo 6B
Zeichnung el dibujo 2B
zeigen (etw.) presentar algo; **~ (jdm etw.)** enseñar algo a alguien 5B; **einen Film ~** poner una película 1R
Zeit el tiempo
zeitig temprano *adv.*
Zeitschrift la revista
zelten hacer camping
Zentrum el centro
zerkleinern (etw.) triturar algo M3
zerstreut sein ser despistado/-a
Ziel la meta 3A
ziemlich bastante
Zimmer la habitación
zu a; **~ Hause (bei jdm)** en casa (de alguien); **2 ~ 2** dos a dos 2B
zubereiten (etw.) preparar algo 2A
Zubereitung la preparación M3
Zucker el azúcar 4A
zuerst primero *adv.*
zufrieden sein estar contento/-a
zurückkommen (nach) volver (a) (o → ue) 2A
zusammen juntos/-as 2Ac
Zutat el ingrediente 4A
zutraulich sein ser cariñoso/-a
zweite (der/die/das) (+ *S.*) el/la segundo/-a (+ *sust.*) 6B
zwischen ... und ... entre... y...

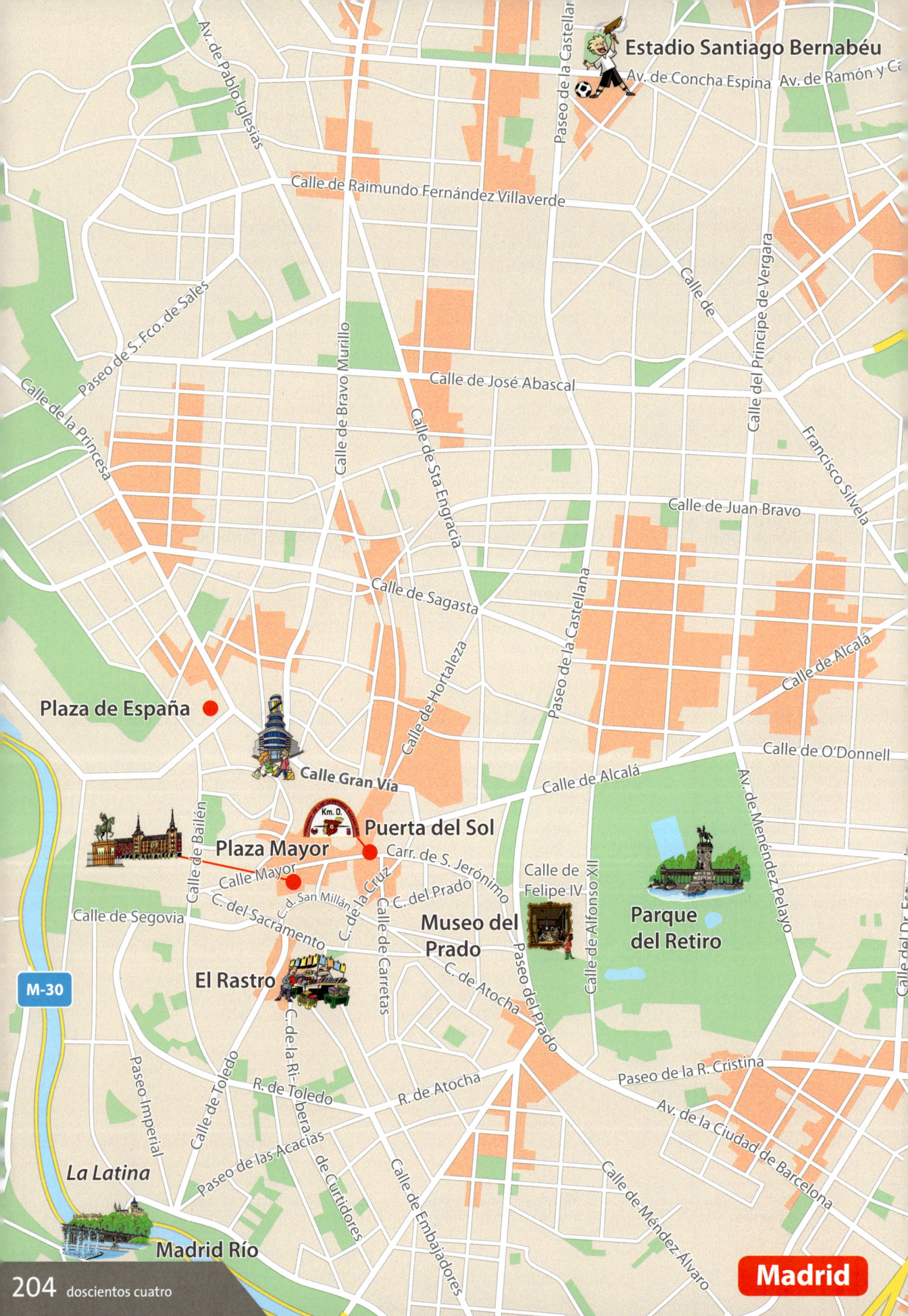

Estadio Santiago Bernabéu

Av. de Concha Espina   Av. de Ramón y Ca

Paseo de la Castellana

Calle de Raimundo Fernández Villaverde

Calle del Príncipe de Vergara

Calle de

Calle de la Princesa

Paseo de S. Fco. de Sales

Av. de Pablo Iglesias

Calle de Bravo Murillo

Calle de José Abascal

Calle de Sta. Engracia

Calle de Juan Bravo

Francisco Silvela

Calle de Sagasta

Paseo de la Castellana

Calle de Alcalá

Plaza de España

Calle Gran Vía

Calle de Hortaleza

Calle de O'Donnell

Calle de Bailén

Plaza Mayor

Km. 0   Puerta del Sol

Carr. de S. Jerónimo

Calle de Alcalá

Av. de Menéndez Pelayo

Calle Mayor

C. d. San Millán

C. de la Cruz

C. del Prado

Calle de Felipe IV

Parque del Retiro

Calle de Segovia

C. del Sacramento

Calle de Carretas

Museo del Prado

Calle de Alfonso XII

Calle del Dr

M-30

El Rastro

C. de Atocha

Paseo del Prado

Paseo de la R. Cristina

Paseo Imperial

C. de la Ri

R. de Toledo

R. de Atocha

Av. de la Ciudad de Barcelona

Calle de Toledo

Paseo de las Acacias

de Curtidores

Calle de Embajadores

Calle de Méndez Álvaro

La Latina

Madrid Río

Madrid

Alemania

Dinamarca

el Mar Báltico

el Mar del Norte

las Islas Frisias orientales

Kiel

Schleswig-Holstein

Mecklemburgo-Pomerania Occidental

Schwerin

Hamburgo

Hamburgo

Brema

Brema

Baja Sajonia

Brandemburgo

el Óder

Países Bajos

Hanóver

el Weser

Berlín

Berlín

Potsdam

Fráncfort del Óder

Magdeburgo

el Elba

el Rin

el Brocken (altura: 1141 m)

el Harz

Sajonia-Anhalt

Renania del Norte-Westfalia

Düsseldorf

Sajonia

Dresde

Colonia

Erfurt

las Montañas Areniscas del Suiza Sa...

Aquisgrán

Turingia

Bosque de Turingia

los Montes Metálicos

Bélgica

Hesse

Renania

Wiesbaden

Fráncfort del Meno

el Meno

República Checa

el Mosela

Maguncia

Wurzburgo

Luxem-burgo

Tréveris

Palatinado

Nuremberg

Sarre

el Pala-tinado

Espira

Ratisbona

Saarebruck

el Danubio

Stuttgart

Baviera

Francia

Baden-Wurtemberg

Múnich

la Selva Negra

el Lago Chiem

el Danubio

el Lago de Constanza

la Algovia

los Alpes

Austria

Constanza

Suiza

el Rin

el Zugspitze (altura: 2962 m)

0   50   100   150   200

Bildquellen

¡Apúntate! 2

Nueva edición

Lehrerfassung

Lehrwerk für den Spanischunterricht

Im Auftrag des Verlages erarbeitet von:
Joachim Balser, Isabel Calderón Villarino, Amparo Elices Macías, Alexander Grimm, Heike Kolacki und Ulrike Lützen

und der Redaktion Spanisch
Úrsula Ávalos León, Grizel Delgado, Dr. Martin Fischer, Ute Gebel (Projektkoordination), Dirk Kessing und Christin Klöppner
Projektleitung: Heike Malinowski
Lehrerfassung: Ute Gebel, Sophie Kornprobst

Beratende Mitwirkung:
David Alonso Muñiz, Ramin Azadian, Dr. Barbara Köberle, Bàrbara Roviró, Sandra Sawellion, Verena Schiel, Manuel Vila Baleato, Frauke Wegener-Höllings, Lucía Westerholt und Mirjam Wimmer

Illustrationen: Rafael Broseta
Karten: Dr. Volkhard Binder (Spanienkarte, Lateinamerikakarte, S. 48/49, S. 112, S. 206), Christian Görke (S. 204, S. 205)
Umschlagfoto: Shutterstock/Marques
Gesamtgestaltung und technische Umsetzung: werkstatt für gebrauchsgrafik, Berlin
Technische Umsetzung Lehrerfassung: Corngreen GmbH, Leipzig

Begleitmaterialien zu ¡Apúntate! 2 Nueva Edición:
Schülerbuch (E-Book):   ISBN 978-3-06-121199-8
Schülerbuch: ISBN 978-3-06-121118-9
Handreichungen für den Unterricht: ISBN 978-3-06-121125-7
Arbeitsheft (Gymnasium):   ISBN 978-3-06-121120-2
Arbeitsheft (Differenzierende Ausgabe):   ISBN 978-3-06-121388-6
Audio-CD: ISBN 978-3-06-121122-6
Video-DVD: ISBN 978-3-06-121124-0

www.cornelsen.de

Soweit in diesem Lehrwerk Personen fotografisch abgebildet sind und ihnen von der Redaktion fiktive Namen, Berufe, Dialoge und Ähnliches zugeordnet oder diese Personen in bestimmte Kontexte gesetzt werden, dienen diese Zuordnungen und Darstellungen ausschließlich der Veranschaulichung und dem besseren Verständnis des Inhalts.

1. Auflage, 3. Druck 2019

Alle Drucke dieser Auflage sind inhaltlich unverändert und können im Unterricht nebeneinander verwendet werden.

© 2017 Cornelsen Verlag GmbH, Berlin

Druck: Grafisches Centrum Cuno GmbH & Co.KG, Calbe

ISBN: 978-3-06-121203-2

PEFC zertifiziert
Dieses Produkt stammt aus nachhaltig bewirtschafteten Wäldern und kontrollierten Quellen.
www.pefc.de
PEFC/04-31-1370